RAINER MARIA SCHIESSLER, geboren 1960, ist ein katholischer Pfarrer.
Seit 1993 ist er Pfarrer in St. Maximilian in München und übernahm im Jahr
2011 auch die Münchner Heilig-Geist Gemeinde am Viktualienmarkt.
Schießler gilt durch unkonventionelle Seelsorge und teilweise
medienwirksame Aktionen als einer der bekanntesten Kirchenmänner
in Bayern und wird als Münchens bekanntester Pfarrer bezeichnet.

Rainer Maria Schießler in der Presse:

»Schießler ist wahrscheinlich der bekannteste,
sicher aber der präsenteste Pfarrer Münchens.«
Süddeutsche Zeitung

»Einer der streitbarsten Seelsorger Deutschlands.«
Die Zeit

»Schießlers Credo:
Nicht warten, dass die Gläubigen wiederkommen, sondern
ausschwärmen und die Kirche dorthin bringen, wo die Menschen sind.«
Münchner Merkur

Rainer Maria Schießler

unter Mitarbeit von Stefan Linde

Himmel, Herrgott, Sakrament

Auftreten statt austreten

 **PENGUIN** VERLAG

Die Originalausgabe erschien 2016 im Kösel-Verlag, München.

Der Text entstand unter Mitarbeit von Stefan Linde.

Sollte diese Publikation Links auf Webseiten Dritter enthalten,
so übernehmen wir für deren Inhalte keine Haftung,
da wir uns diese nicht zu eigen machen, sondern lediglich
auf deren Stand zum Zeitpunkt der Erstveröffentlichung verweisen.

Verlagsgruppe Random House FSC® N001967

PENGUIN und das Penguin Logo sind Markenzeichen
von Penguin Books Limited und werden
hier unter Lizenz benutzt.

1. Auflage 2018
Copyright © 2016 by Kösel-Verlag, München,
in der Verlagsgruppe Random House GmbH,
Neumarkter Straße 28, 81673 München
Umschlag: Cornelia Niere, München,
unter Verwendung einer Vorlage von Weiss Werkstatt, München
Umschlagmotiv: Alessandra Schellnegger
Druck und Bindung: GGP Media GmbH, Pößneck
Printed in Germany
ISBN 978-3-328-10203-8
www.penguin-verlag.de

 Dieses Buch ist auch als E-Book erhältlich.

Inhalt

Vorwort

Jetzt flucht er auch noch! Oder was soll »Himmel, Herrgott, Sakrament« bitte sonst bedeuten? Na ja, passt irgendwie zu ihm. So hemdsärmelig wie er dasteht und auftritt.

Nein, ich bin nicht böse, wenn das die erste Reaktion des Lesers sein sollte. Wer sollte es ihm verdenken, hat sich die Aufzählung dieser drei heiligen Worte doch als der Fluch schlechthin gerade in bayerischen Dialekten durchgesetzt.

Jedoch nicht bei mir! Es war ja so was von verboten, überhaupt nur irgendwie zu fluchen bei uns zu Hause. In einer 3-Zimmer- und 56 qm großen Wohnung braucht es sehr viel Disziplin und Selbstkontrolle in einer vierköpfigen Familie, um nicht ständig in sozialen Stress zu geraten. Fluchen ist da das absolut falsche Rezept gewesen!

Nein, es ist kein Fluch, sondern schlichtweg die Aneinanderreihung dessen, was mir seit Kindesbeinen Kirche bedeutet. Sie vermittelt ein Gefühl von dem, was HIMMEL unter uns Menschen sein kann. Wir sind einander immer gegenseitig Himmel oder Hölle, sagt Jean-Paul Sartre. Ich bin ein so glücklicher Mensch, denn man hat mir Kirche als Himmel angeboten. Und da war immer die Rede von einem liebenden, den Menschen umsorgenden, mich behütenden HERRGOTT! Der Liebhaber des Lebens – immer an meiner

Seite! Was für ein Evangelium! Das kann einem regelrecht unter die Haut gehen, so wie man wohlriechendes, duftendes Salböl spürt, riecht und einwirken lässt, wenn man es bei den SAKRAMENTEN empfängt. Da wird Himmel und Herrgott greifbar. Da nimmt Kirche Gestalt an.

Jetzt wissen Sie um die Bedeutung des Titels und das Anliegen des Buches für alle, die mit der Kirche hadern, aus welchen Gründen auch immer. Irgendwo ist da vielleicht auch nur ein winziger Rest an liebender Erinnerung an eine solche Kirche in deren Leben. Ein kirchliches Fest, Weihnachten, Ostern, Firmung oder was auch immer, was einfach nur schön war. Ein Nikolausbesuch, der ein freudiges Ereignis sein durfte und kein Erziehungsmandat. Irgendeinen Rest dieser Art, sofern es ihn gibt, den möchte ich in Erinnerung rufen. Möge es mir gelingen!

Morgenläuten

Am Mittag hatten sie angerufen, dass ihr Vater im Sterben liegt. Viel zu jung. Viel zu früh. Aber das denkt man immer. Ich erlebe ganz selten, dass jemand sagt, der Tod sei gerecht gewesen und auch zur rechten Zeit gekommen. Jetzt war es bei ihm so weit. Seine Familie hatte mich gebeten, ob ich zu ihnen rauskommen würde, dem Vater die Kankensalbung zu geben. Eine gute Familie. Eine gute Ehe. Drei erwachsene Kinder. Du kannst nichts mitnehmen. Ihr Haus – das Ergebnis eines fleißigen, arbeitsreichen Lebens – lag weit draußen vor den Toren Münchens in einem der schönsten Landstriche Oberbayerns. Weit jenseits meiner Gemeindegrenze. Eine fremde Pfarrgemeinde. Nicht meine Zuständigkeit. Aber sollte ich diese Familie enttäuschen, mit der mich einiges an Erinnerungen verband? Wie oft waren sie zu mir in den Gottesdienst nach München gekommen, alle zusammen, weil sie sich von dem, was ich predige, berührt und verstanden fühlten? Mehr als in ihrem Heimatort, wo sie sich von ihrer Gemeinde entfremdet und zurückgezogen hatten? Ich kenne viele solcher Geschichten der Entfremdung und der Abwendung von meiner Kirche. Die meisten der Gläubigen in meinen Gottesdiensten kommen aus dem ganzen Münchner Stadtgebiet und darüber hinaus. Sie wollen eine andere Form der Verkündigung des Evangeliums und sind unzufrieden mit der Art, wie es in ihrer Heimatgemeinde geschieht. Dass sie wie Fremde einem seltsamen Ritus beiwohnen, der sie nicht länger berührt. Ich weiß genau, was sie meinen. Sakramente musst du spüren. Du musst es wieder in dir fühlen. Deinen Glauben. Aus dieser Sehnsucht kommen sie zu mir. Sie wollen, dass ich sie verheirate und ihre Kinder taufe, dann Kommunion und Firmung und schließlich ihre Angehörigen beerdige. Ich frage mich oft, was passiert da zu Hause in euren Gemeinden, warum nehmt ihr den weiten Weg auf euch und kommt ausgerechnet zu mir, Rainer Maria Schießler, dem Pfarrer von Sankt Maximilian und Heilig Geist. Was läuft da schief?

◆

An diesem Morgen waren die neuesten Hochrechnungen zu den Kirchenaustritten in Deutschland für das Jahr 2014 veröffentlicht worden. Die Nachrichten sprachen von einem dramatischen Anstieg. Die evangelische Kirche verzeichnete nach EKD-Angaben im Jahr 2014 einen Rückgang von 410 000 Mitgliedern. Für meine katholische Kirche schien es nicht besser auszusehen. Nach den von der Deutschen Bischofskonferenz und den 27 (Erz-)Diözesen veröffentlichten »Eckdaten des Kirchlichen Lebens in den Bistümern Deutschlands« ist die Zahl der Kirchenaustritte 2014 damit erneut drastisch angestiegen: von 178 805 in 2013 auf 217 716 in 2014. Das ist deutlich mehr als in den beiden vorangegangenen Jahren. Jedes Jahr eine ganze Stadt von der Größe Augsburgs – oder die drei Städte Bayreuth, Bamberg und Ingolstadt zusammengenommen – wären leer, immer gemessen an ihrer Bevölkerungszahl. Ebenso Lübeck, Halle – oder Wiesbaden oder Bonn. 217 216 Gläubige, die meiner Kirche den Rücken zuwenden. Das sind 290 voll besetzte ICEs mit 750 Plätzen und knapp zwei Drittel der Menschen, die jeden Tag bundesweit im Fernverkehr der Bahn unterwegs sind. Und jeder weiß, wie überfüllt die Züge sind.

Jahrelang haben die Kirchenoberen es als Erfolg verzeichnet, wenn in einem Jahr mal ein paar Menschen weniger austreten. Ein

Erfolg aber wäre erst da, würde die Austrittswelle überhaupt mal zu stoppen sein oder wenn die Zahl der Kircheneintritte erstmals wieder größer wäre als die der Austritte. Aber diesen »Turnaround« schaffe selbst ich nicht in meiner höchst lebendigen und munteren Gemeinde mit der höchsten Zahl an Kirchenneueintritten oder Wiedereintritten innerhalb einer Pfarrei deutschlandweit. Unser Rekord in Sankt Max: zwischen 40 bis 60 Menschen treten jährlich neu ein. Unsere Niederlage: 120 treten gleichzeitig aus! Wenn ich das arithmetisch durchrechne, dann haben wir in 75 Jahren das Problem, dass hier in Sankt Max keine Christen mehr sind. Abgereist mit unbekanntem Ziel in einem der 290 ICE-Züge. Der letzte macht das Licht aus. Ich werde zu diesem Zeitpunkt bereits verstorben sein. Was geht mich das an? Wir schaffen das schon ... irgendwie ... und so. Was aber, wenn es noch schneller geht? Dann ist mein Lebensabend in Gefahr. Denn beim Schnitt von 120 Kirchenaustritten pro Jahr bleibt es nur, wenn nicht wieder ein großer Missbrauchsskandal eingeläutet wird. Oder so ein, wie ich sage, »Tebartz van Elst«-Jahr der angeblichen Verschwendung von Kirchengeldern – egal ob mit Doppelbadewanne oder ohne. Oder ein Jahr wie 2015, als meine Kirche – ohne es den Gläubigen ausreichend zu vermitteln – zum 1. Januar plötzlich den Direkteinzug der Kirchensteuer auf Kapitalerträge durch Banken und Versicherungen vollziehen ließ. Keine neue Steuer zwar, nur eine neue, direkte Art des Geldabgriffs mit dem ganz großen Klingelbeutel, doch viele Kirchensteuerzahler empfanden es als Gier und traten in Scharen aus. Das Kirchenvolk wunderte sich angesichts immer knapperer Mittel in den Haushaltskassen der Familien, wenn sie dann im SPIEGEL lesen, das Bistum Paderborn würde seine Vermögenswerte mit ca. 4 Milliarden Euro beziffern – sogar rund 660 Millionen Euro mehr, als der bisherige Rekordhalter, das Erzbistum Köln, mit ca. 4,7 Milliarden Euro Vermögen aufruft – ein Großteil davon Wertpapierbesitz und Immobilien. Ein »Tebartz«-Jahr, das haut rein. 2014 war so ein Jahr. 2013 auch. Nicht zu vergessen 2012 ... und 2010, einem der schwärzesten Jahre der Kirchengeschichte überhaupt, als jeden Tag mehr die Umrisse eines gigantischen Missbrauchsskandals aus einem Nebel des Schweigens und Vertuschens auftauchten. In so einem Skandaljahr können es leicht doppelt und dreifach so viele Austritte werden. Damals kam es zu gewaltigen, bisher nie da gewesenen Massenaustritten. Fünf Jahre später hoffte man, Derartiges werde sich nie wiederholen und alles würde langsam in Vergessenheit geraten, wie schon so oft vorher. Ich habe da eine andere Einstellung: Wir haben den Missbrauchsskandal erst dann überwunden, wenn das letzte lebende Opfer sagen kann, ich habe dieser Kirche verziehen. Das zu bestimmen ist aber Sache der Opfer – und nicht der Kirche. Solange da auch nur einer übrig bleibt, den ich nicht in Liebe für mich gewinnen kann, ist und bleibt der Missbrauchsskandal nicht aufgearbeitet. Und genau deshalb ist der Missbrauch bei den Gläubigen nicht vergessen und wirkt in vielen anderen Bereichen nach bei jedem neuen Vorfall, der kommt. Die vielen Skandale haben das Vertrauen der Menschen und das Ansehen der Kirche nachhaltig erschüttert. Für viele war das der Startschuss für den endgültigen Bruch mit der Kirche – nach einer längst vollzogenen inneren Abkehr. Sie fliehen in Scharen und lassen etwas im Stich, dessen Wert sie nicht mehr erkennen – für sich selbst nicht und für ihre Mitmenschen in den Gemeinden und für den Zusammenhalt unserer Gesellschaft. Wir befinden uns mitten in einem »Basejump«, mitten im freien Fall, und tasten ängstlich, wo wir die Reißleine suchen sollen für den Schirm, der den Aufprall verhindert. Natürlich kenne ich auch die Bilder der begeisterten Massen beim Weltkirchentag, bei den Open-Air-Gottesdiensten des Papstes. Natürlich weiß ich, dass die Gesamtzahl der Priester 2014 nur gering geschrumpft ist – um ca. hundert auf 12 219 (2013: 12 336). Natürlich habe ich auch gelesen, dass die Zahl der Pastoralreferenten und -assistenten um 31 auf 3171 (2013: 3140) gestiegen ist, ebenso die Zahl der Gemeindereferenten um sagenhafte 56 auf 4526 (2013: 4470). Auch gab es bei der Sakramentenspendung im Vergleich zum

Jahr 2013 leichte Zuwächse bei den Trauungen mit 44158 (2013: 43728) und Taufen mit 164833 (2013: 164664). Im vergangenen Jahr konnte die katholische Kirche in Deutschland 2809 Eintritte und 6314 Wiederaufnahmen verzeichnen. Bleibt ein statistisches Minus von 208093 Abgängen. Die Statistik 2014 hält, so die Autoren der Statistik, für die katholische Kirche auch einen kleinen Lichtblick bereit: Ihre Sonntagsgottesdienste würden wieder besser besucht. Der Anteil der Teilnehmer an der sonntäglichen Messe stieg von 10,8 auf 10,9 – also um null Komma eins Prozent. Wow! Aber null Komma eins Prozent wovon? Sicher nicht von den knapp 24 Millionen Katholiken, die in Deutschland immer noch 29,5 Prozent der Bevölkerung stellen.

Wie viele dieser knapp 24 Millionen der katholischen Kirche fiskalisch zugeordneten Menschen sind denn in ihren Gemeinden tatsächlich täglich noch in der Eucharistie aktiv? Beteiligen sich, bringen sich ein, gehen in den Gottesdienst? Und wie viele von ihnen sind nur noch zahlende Karteileichen, von denen jeder Verein gut lebt? Die Wahrheit: Es ist nur ein Bruchteil, ein in Zahlen kaum messbarer Zuwachs. Der Kirche geht es längst ähnlich wie den SPD-Ortsvereinen in Bayern: In der Fläche herrscht gähnende Leere – stellenweise ist das tägliche Gemeindeleben zum Erliegen gekommen. Wenn ich da 0,1 Prozent Zuwachs als »Erfolg« verbuche, dann ist das eine sehr überschaubare Menge.

Mein »Oberhirte« Kardinal Reinhard Marx, fasste die Statistik 2014 in einer Pressemeldung so zusammen: »Die heute veröffentlichte Statistik zeigt, dass Kirche vielgestaltig ist und eine missionarische Kraft hat, auch wenn uns die hohe Zahl von Kirchenaustritten schmerzlich bewusst macht, dass wir Menschen mit unserer Botschaft nicht erreichen. Hinter der Zahl der Kirchenaustritte stehen persönliche Lebensentscheidungen, die wir in jedem einzelnen Fall zutiefst bedauern, aber auch als freie Entscheidung respektieren. Wir werden uns weiter bemühen, unseren Auftrag glaubwürdig so zu erfüllen, dass wir die Freude des Evangeliums verkünden können und viele Menschen in der Gemeinschaft der Kirche Heimat finden oder auch wiederfinden.« Aber wie?

◆

Über all das dachte ich nach, während ich das Eisengitter zu meinem Pfarrbüro abschloss und in den vierten Stock zu meiner Dienstwohnung im Pfarrhaus hinaufstieg. Tatsache bleibt: Meine Kirche ist alt und unbeweglich geworden. Die Jugend flieht vor dieser erstarrten und mit sich selbst beschäftigten Kirche. Ich schaue auf diesen Zerfall, seit ich vor 28 Jahren Priester geworden bin. Es ist eine Kirche, an der ich oft verzweifle, die mich in vielem scheitern lässt und zu der ich immer wieder Ja sage, selbst wenn ich besonders hart über sie schimpfe. Denn das bin ich selbst, den ich da anklage. Ich bin diese Kirche. Mit jeder Faser meines Herzens. Nicht nur ein Teil von mir. Ich muss meine Kirche neu entdecken und wiederbeleben, wie eine langjährige Ehe, in der Gewohnheit und schlechte Angewohnheiten das zerstört haben, was einen verbunden hat. Ich will meine Kirche bewahren und retten. Denn das bedeutet, mich selbst zu retten und alles, woran ich glaube. Das ist der Kern meiner täglichen Arbeit und meine Motivation. Wenn wir den weiteren Niedergang meiner Kirche verhindern wollen, dann muss sie dahin, wo ich hergekommen bin, damals, als ich mich entschieden habe, Priester zu werden. An die Basis, in die Gemeinden, zu den Gläubigen. Ich habe erkannt, dass Rettung nicht aus Rom kommt, nicht im Vatikan beginnt, nicht in der Kurie, nicht bei den Kardinälen, Bischöfen – nicht in der erstarrten Struktur der Ordinariate – sondern ganz, ganz weit unten, bei den Menschen direkt vor der Haustür meiner Pfarrei. Meine Kirche müsste all dem, was die Menschen bewegt, was sie denken, fühlen und im Alltag ihrer Lebenswirklichkeiten erleben, endlich wieder näher kommen. Doch was ich tatsächlich überall sehe, ist zunehmende Entfernung: zwischen Glauben und Kirche, zwischen der Verwaltung des Glaubens und sich verwaltet fühlenden Gläubigen, zwischen Gemeinden und einem Priestertum, von dem sich die Gläubigen in weiten Teilen entfremdet haben – und den Priestern, die zwischen Gläubigen und Kirche stehen und sich zunehmend unverstanden fühlen. Mir ist im Laufe meiner Geschichte klar geworden, dass ich den Stein nicht alleine den Berg hochrollen kann. Dass die Struktur zu schwer und zu mächtig ist, als dass ich sie verändern könnte – dass ich mich anpassen und mitschwimmen muss. Aber kann ich das? Die Antwort ist: Ich habe es nie gekonnt. Aus meiner Ablehnung heraus und dem, was mir immer wertvoll an meinem Glauben erschienen ist, habe ich für mich beschlossen: Ich muss wieder ganz weit zurück, zu meinen Anfängen. Dorthin, wo man die Sakramente noch spüren kann. Und weil ich erkannt habe, dass ich zurückmuss, um meine Kirche und damit auch mich zu retten und alles, was mir wertvoll ist im Leben: meinen Glauben.

Ich habe mich daher schon sehr früh auf meinem Weg als Priester für eine Karriere nach unten entschieden. Ich muss nicht Karriere machen, Dompropst, Bischof, Kardinal in Rom werden, im Purpur zeitlos über jahrhundertealten Marmorböden schweben, antichambrieren, intrigieren, Netzwerke aufbauen, diplomatisch und verwinkelt sein und mich durch Synoden kämpfen. Nein, ich muss geradeaus dahin zurück, wo ich hergekommen bin. Ich muss zurück zu meinen Wurzeln, nach den Felsen graben, auf denen die Fundamente meines Glaubens ruhen, ganz weit zurück zu mir und meiner Geschichte. Ich weiß, es ist der einzige Weg, der auch meine Kirche wieder direkt und auf dem kürzesten Weg dorthin führt, wo sie wieder hinmuss – zu den Herzen der Menschen, zu unserem Glauben, zum Leben, zu Gott. Die Nachricht über die niederschmetternden Zahlen der Kirchenaustritte und der bevorstehende Besuch bei einem Sterbenden lösten an diesem Morgen eine Kaskade von Gedanken und Erinnerungen aus. Es gibt so Tage im Leben, an denen einen mitten im Arbeitsstress, in einer Konferenz, beim Bäcker, im Wartezimmer oder im Bus in völlig banalen Situationen scheinbar völlig unpassend plötzlich eine Flut von Erinnerungen anspringen, die einen zwingen, sich mit seinem Leben, dem, was war und kommen soll, auseinanderzusetzen. Das heute war ein solcher Tag.

◆

Wo ist meine Kirche in 30, 40, 50 Jahren? Wenn man mich nach der Zukunft der katholischen Kirche als Institution fragt, rede ich mir nichts mehr schön, sondern sage: ich weiß es nicht – ich weiß nur, wir schrumpfen weiter. Ich bin eine von den verbliebenen 10 911 Pfarreien, seit 28 Jahren Pfarrer der Gemeinde Sankt Maximilian und Heilig Geist, in einem der spannendsten und buntesten Stadtviertel von Bayerns Landeshauptstadt München. Das heutige Pfarrgebiet von Sankt Max, wie wir liebevoll sagen, umfasst das sogenannte Glockenbachviertel und reicht östlich bis an die Isar, im Norden bis zum Gärtnerplatz, westlich zum Sendlingertorplatz und im Süden bis zum Baldeplatz. Weiter bin ich für Heilig Geist verantwortlich, eine der ältesten Kirchengründungen in München aus dem Jahr 1208, jener barocken Kirche, die im Osten direkt im Zentrum an den Viktualienmarkt, das Rathaus und Münchens älteste Gasthäuser grenzt. Wie unter einem Brennglas steht Kirche hier im Spannungsfeld einer sich ständig verändernden modernen Lebenswirklichkeit. Dieses Viertel übt eine magische Anziehung gerade auf junge Menschen aus – steht aber eben auch für die Unbehaustheit einer stark wechselnden Einwohnerschaft. In diese »volatile« Gegend entlang der Isar strömen Künstler, Kreative, Hipster, junge Familien und Immigranten – die Geburtenrate ist eine der höchsten in Deutschland. Nirgendwo sonst im Süden Deutschlands gibt es so viele Schwulen-Lokale – in denen Freddy Mercury, Queen, Rainer Werner Fassbinder einst exzessiv Party feierten. Aber das ist Geschichte. Heute ist es so, dass sich das Glockenbachviertel in den letzten Jahren vom einstigen Insider-Treffpunkt der Homosexuellen-Szene zum »In«-Viertel der Stadt entwickelt und sehr viele Kneipen, Boutiquen, Edel-Restaurants, Architekturbüros, Goldschmieden und Werbeagenturen entstanden sind, mit einem Publikum, welches das Erscheinungsbild in den Straßen deutlich jünger aussehen lässt. In der Folge dieser Gentrifizierung sind die Wohnungen und Gewerberäume mittlerweile so teuer, dass viele angestammte Handwerksbetriebe und vor allem Rentner und junge Familien mit Kindern sich das Leben hier nicht mehr leisten können. Dabei ist die Durchmischung von Alt und Jung, die Vielfalt des Viertels immer dessen größter Reiz gewesen.

In meinen Gottesdiensten verwandelt sich das in den Straßen sichtbare junge, hippe Publikum ins Gegenteil. Bei einem durchschnittlichen Kirchenbesuch von 3 % aller meiner Gemeinde zugeordneten Menschen katholischen Glaubens bleibt der Anteil an älteren Menschen im Gottesdienst bestimmend. Während die Menschen in den Straßen immer jünger werden – sterben sie mir in der Kirche aus. Meine Kirche ist überaltert und seit Jahrzehnten am Schrumpfen – mit immer größerer Geschwindigkeit.

Papst Franziskus hat jüngst erst dazu aufgerufen: »Geht an die Ränder!« Früher, als die Theologie der Befreiung aufkam, hieß es, man müsse das Evangelium aus der Sicht der Armen verkünden. Da waren also die Armen die Ränder. Heute bin ich es – mit meiner Kirche. Zum Beispiel hatten wir neulich eine Hochzeit. Von der über hundertköpfigen Gesellschaft sind gerade noch die ersten beiden Reihen zur Kommunion gegangen, der Rest blieb desinteressiert in den Bänken sitzen und hätte lieber den Hochzeitsschmaus den gesegneten Oblaten vorgezogen. Oder unsere Firmlinge: nach ihrer Beziehung zur Kirche gefragt sagen die meisten: In die Kirche gehe ich sonst nie. Im Sommer 2009 hat eine Umfrage ergeben, dass nur für acht Prozent der Bayern zwischen 15 und 25 Jahren Kirche und Religion noch eine Rolle spielen. Heute, sechs Jahre später, werden sich diese Zahlen dramatisch verschlechtert haben. Wir verlieren eine ganze Generation und scheinbar beunruhigt das keinen so richtig in der Amtskirche. »Wir schaffen das!« ist überall. Scheinoptimismus statt Konzepten, die greifen.

Habe ich selbst welche? Ich könnte mich entspannt zurücklehnen: Meine Pfarrgottesdienste sind auch wochentags gut besucht – an Feiertagen brechend voll. Sankt Max scheint auf den ersten Blick wie ein blühender Gegenbeweis, dass es der Kirche schlecht geht. Doch das wird mich nicht über die tatsächliche Grundströmung hinwegtäuschen – sie ist erschreckend stark und negativ: Es geht stetig bergab und ich kann diese Entwicklung nur zu genau an den Zahlen meiner Gemeindemitglieder ablesen. Als ich vor 28 Jahren in Sankt Max angefangen habe, zählte die Gemeinde 7500 Leute. Ich war ein Großstadtpfarrer. Heute sind es auf dem Papier noch 4500 als katholisch eingetragene Kirchensteuerzahler, von denen vielleicht 4,5 Prozent – das wären nur noch 200 Menschen – regelmäßig meinen Gottesdienst besuchen. Dreitausend weniger, fast schon halbiert in nur 28 Jahren. Habe ich etwa versagt? Ich kann doch nicht dreitausend Menschen weggeekelt haben? Wenn es nur an mir läge, würde ich mich auf die Knie werfen und um Verzeihung bitten, von heute auf morgen das Handtuch schmeißen, mit dem Motorrad durch die Lande fahren und an Autobahnraststätten predigen.

◆

Ich will keine Fehler übertünchen. Nichts verharmlosen, was es an Fehlentwicklungen in meiner Kirche gibt. Aber es sind auch die Zeiten, die sich ändern. Das wird besonders deutlich, wenn ich einen längeren Zeitraum in der Entwicklung meiner Gemeinde betrachte, wie etwa die vergangenen 122 Jahre Geschichte von Sankt Max, die ich für unsere Homepage zusammengestellt habe. In seinem Hirtenbrief vom 20. November 1883 wies der damalige Münchener Erzbischof Anton v. Steichele darauf hin, dass durch das schnelle Wachstum der Stadt München »dringendst« drei neue Kirchen benötigt würden: St. Benno in der Maxvorstadt, St. Paul an der Theresienwiese und – St. Maximilian hier im Glockenbachviertel. Neubauten wohlgemerkt: »dringendst!« Explosives Bevölkerungswachstum. Geburtenüberschuss. Die alten Kirchen reichten nicht einmal mehr für den Schulgottesdienst aus. Allein die Mutterpfarrei

Hl. Geist umfasste damals noch über 50 000 Seelen! Am 26. April 1895 war der erste Spatenstich – und am 6. Oktober 1901, nach vielen Baustopps wegen Geldmangels und explodierender Baukosten, die feierliche Kirchenweihe. 50 000 Seelen um 1900 – gegen meine 4500 heute, Anno Domini 2015 – ein Verlust von über 90 Prozent.

Die Bevölkerung ist nicht nur hier im Glockenbachviertel, sondern bundesweit nicht mehr homogen, geschweige denn ausnahmslos katholisch wie in Bayern vor 100 Jahren. Zugehörigkeiten zu Beruf, Stand, Familie, Religion, Wohnort haben sich früher das ganze Leben über nur selten geändert. Heute ist alles fließend. Zugehörigkeiten wechseln mehrfach im Leben. Die Biografien der Menschen heute verzeichnen gravierende Brüche und Wendepunkte – und nur noch selten Kontinuität. Familien zerfallen und fügen sich neu zusammen. Berufsbilder verändern sich, mit dramatischen Wechseln in immer kürzeren Abständen. In meinem Stadtviertel herrscht eine derart große Fluktuation allein schon wegen der ständig steigenden Mieten, wegen fehlender Einkünfte wegen der unsteten Beschäftigungen einer jungen, der aktuellen Wirtschaftsdynamik voll ausgelieferten Bevölkerung. Das ganze Leben hat viel von seiner früheren Gemächlichkeit verloren. Der soziale Zusammenhalt in den Nachbarschaften, in der Gemeinde hat sich aufgelöst. Die wenigsten Zugezogenen im Viertel sind noch katholisch. Gehören anderen Religionsgemeinschaften und anderen Ethnien an. Viele der jungen Leute lehnen Kirche grundsätzlich ab. Oder basteln sich im Baukastensystem eigene Glaubensvorstellungen. Die Jungen haben gelernt, ihr Selbstwertgefühl nicht länger aus der Zugehörigkeit zu einer bestimmten Gruppe zu gewinnen, sondern aus sich selbst heraus: Aus dem, was sie können, was sie wollen, was sie ablehnen, setzen sie eigene Wertesysteme zusammen. Sie wollen nichts Fremdbestimmtes. Die Konfessionsgrenzen werden zukünftig noch bedeutungsloser und die einzelnen Gemeinschaften werden informeller sein, sich in sozialen Netzwerken im Internet abspielen, einfacher, aber eben auch sozial ärmer sein. Alles verändert sich fast täglich, rasend schnell. Wir verzeichnen einen dramatischen Abbruch der Kirchen-bindung einer ganzen Generation. Die Jungen sind weg. Kaum mehr zu erreichen. Die Alten sterben weg. Und dazu kommen in der Altersgruppe 30 bis 50 die Austritte. Erosion an allen Ecken und Enden. Selbst wenn diese »Restgläubigen« alle auf einmal kämen, wären in einer so großen Kirche wie Sankt Max gerade mal die ersten Bankreihen voll. Zynisch betrachtet könnte man sagen, »Gottseidank«, dass gleichzeitig das Personal und der Priesternachwuchs mitschrumpfen – dann gibt es wenigstens keine arbeitslosen Priester, die auf der Straße oder vor dem Arbeitsamt gegen Hartz IV predigen. Wäre doch furchtbar, wenn sich die Pfarrer zukünftig gegenseitig auf die Füße treten würden, weil Pfarreien mangels Nachfrage und Geld geschlossen werden und leer stehende Kirchen, wie in Frankreich jetzt gefordert wird, in Moscheen umgewandelt werden. Vielleicht ist das auch das künftige Schicksal so überdimensionierter Kirchen wie Sankt Max und Heilig Geist? Eventuell greift ja noch der Denkmalschutz und die Kirchen werden nicht abgerissen oder entweiht – sondern umgewandelt zu musealen Stätten der Erinnerung an eine Kirche, die verschwunden ist? Wenn ich, jetzt wo ich diese Zeilen schreibe, Nachrichten aus dem Vatikan von den dortigen Grabenkämpfen im Umfeld der 2015 stattfindenden Familiensynode höre, die Gerüchte, die gestreut werden, beschleicht mich manchmal die Angst, dass eher die Urheber dieser Gerüchte einen »schwarzen, dunklen Fleck« im Gehirn haben und die meisten Würdenträger der Synode immer noch nicht verinnerlicht haben, dass die Kirche aufhören muss, um sich selbst zu kreisen, sich selbst zu zerstören und sich an Themen totzulaufen, die draußen kaum noch interessieren. Während Antworten auf die drängenden Fragen ausbleiben.

Sollen wir uns hier an der Basis, in unseren Kirchen verstecken, tatenlos zusehen und warten, bis niemand mehr kommt und der Letzte gegangen ist? Müssen wir nicht vielmehr raus aus den Kirchen, unsere Gläubigen wiederfinden – und die Kirche in die Räume tragen, wo die Menschen heute stehen, damit sie und ihre Kinder und deren Kinder nicht vollends die Berührung mit der Eucharistie verlieren und für immer verloren sind? Es reicht nicht aus, die Kirchenaustritte und den Verlust an Substanz zu beklagen – die Kirche muss sich aus ihrer Erstarrung lösen, sich von Grund auf erneuern, sich bewegen, um die Gläubigen zu bewegen – damit Kirche nicht zum Auslaufmodell wird. Die Apologeten des Gestrigen und der angeblich reinen Lehre raunen immer, die katholische Kirche müsse aufpassen, dass ihr Anspruch auf absolute Wahrheit nicht verwässert wird. Aber es gibt keine absolute Wahrheit, die Menschen aufstellen könnten! Wir Katholiken müssen lernen, dass wir nur ein Versuch, ein Weg von vielen sind – auch wenn die Botschaft der Liebe vermutlich eine der stärksten ist und mehr gebraucht wird im Wertekanon denn je. Aber wird sie noch gehört? Die ganze Welt ist im Umbruch. Uns fehlen Antworten auf die drängenden Probleme, die die Menschen beschäftigen. Vom grassierenden Manchesterkapitalismus, der Ausbeutung von Mensch und Natur, der drohenden Klimakatastrophe, der Verarmung und Zersplitterung unserer Gesellschaft, bis hin zu einem friedlichen Zusammenleben mit einem sich immer dynamischer und oftmals auch aggressiv auftretenden Islam. Jetzt, da die soziale Balance verloren zu gehen droht, sehe ich meine Kirche gefordert, wo immer es geht, Heimat zu erhalten und neue Räume für Heimat zu erschließen – und damit meine ich auch eine spirituelle Heimat. Die Institution Kirche kann sonst zerfallen, weil sich die Menschen andere Formen des Glaubens prägen werden, wenn die alten nicht mehr die Lebenswirklichkeit tragen. Genauso, wie das Christentum die nicht mehr zeitgemäßen Götter im Römischen Reich verdrängt hat. Die Art der Glaubensausübung unterliegt Moden und Machtverhältnissen. Nur der Glaube selbst fällt nie aus der Zeit – weil der Mensch immer ein religiöser Mensch bleibt. Christus war der Allerletzte, der an die Gründung einer Amtskirche oder die Formulierung eines Katechismus oder an Enzykliken und Synoden gedacht hätte. Er war »ganz unten«, ganz dicht bei den Gläubigen. Darüber sollte die Amtskirche sehr intensiv nachdenken. Das tut sie nur widerwillig. Das Denken in dieser Institution geht immer noch superselbstgefällig in die Richtung, es ginge nicht ohne sie. Die Kirche sei für die Ewigkeit. Dass es die katholische Kirche automatisch ewig geben muss, nur weil sie schon seit über 2000 Jahren in der Welt ist, sozusagen zum Inventar gehört, halte ich für einen folgenschweren Irrtum. Es könnte auch sein, dass die Menschen finden, 2000 Jahre seien genug.

◆

Es sind diese hellen, klaren Momente, in denen an einem eigentlich unbedeutenden Beispiel klar wird, was schiefläuft. Als ich Priester wurde, wollte ich Mitarbeiter in einem florierenden, expandierenden Premiumunternehmen sein. Ich identifizierte mich völlig mit diesem »Unternehmen« Kirche und hatte die Vorstellung, so zu dienen, dass die Leute sagen würden, wow, das ist klasse, was der macht – da will ich auch hin. Immer wieder Paulus: Fragt nicht die Leute, welchen Glauben sie haben – lebt so, dass die Leute euch fragen, welchen Glauben ihr habt. Ich bin gerne auf der Siegerseite. Ich bin gerne bei Ferrari, weil der Vettel wieder siegt. Ich bin gerne bei BMW – weil das ein Aushängeschild der deutschen Wirtschaft ist, die ihre Abgaswerte vielleicht nicht manipulieren. Ich wollte stolz sein, für das Unternehmen Kirche und Gott zu arbeiten. Anstatt wie Anton Schlecker zu sehen, wie meine Läden immer leerer und meine Firma auf den wirtschaftlichen und moralischen Konkurs zutreibt, weil ich nicht modernisiert und meine Angestellten mit Niedriglöhnen ausgebeutet habe. Dieses Gefühl, plötzlich auf der Verliererseite zu sein, hatte ich zum ersten Mal auf dem Höhepunkt der Missbrauchskrise. Und dann noch einmal, als sich ein Kardinal eine Designer-Doppelbadewanne aus Kirchengeldern in seine Privatgemächer bauen ließ. Und zum dritten Mal, wenn ich miterleben muss, wie viele Menschen meine Kirche einfach aufgeben! Seit dreißig Jahren erlebe ich nun, wie mein Unternehmen immer schneller an Zustimmung verliert. Alles nimmt ab. Die Kundschaft nimmt ab.

Das Personal nimmt ab. Die Bereitschaft, sich mit meiner Firma zu identifizieren, nimmt ab. Mir wäre eine Kirche lieber, die blüht, die lebt. Ich habe mir den folgenden Niedergang nie träumen lassen. »Nie hätte ich geglaubt, einmal miterleben zu müssen, wie das Fernsehen stirbt«, hat mir vor Kurzem ein bekannter bayerischer Film- und Fernsehregisseur bekannt. »Aber mir geht's doch oft genug genauso mit meiner Kirche!«, antwortete ich ihm. Warum hatte ich mich auf diesen Irrsinn eingelassen? Es hatte doch alles so gut begonnen. Ich fiel in den Sog meiner Erinnerungen. Ich fiel tief zurück. Menschen, Gespräche, Situationen, die an mir vorüberzogen. Und plötzlich stand er wieder vor mir, dieser Mensch, der mit einem Satz alles gerettet hat, was verloren schien, von dem Rettung kam, als du keine Rettung mehr erwartet hast, der aber nie etwas anderes hätte tun wollen, als eben dich, nur dich in diesem Moment zurückzuholen. Da war er wieder, der entscheidende Moment, der mein Leben mitgeprägt hat. Wäre dieser Mensch nicht gewesen, das Leben hätte mich in eine völlig andere Bahn geschossen, weit, weit weg von der Kirche. Aber er hat mich zurückgeholt.

Es war in den 1970er-Jahren, Wirtschaftswunderland, anschwellender Wohlstand allerorten. Wir lebten in einer Siedlung in München-Laim, wo nach meiner Erinnerung wirklich alle katholisch waren – auch wir Kinder. Es gab nichts anderes. Wie selbstverständlich fand sich die ganze Nachbarschaft zum Gottesdienst ein. Ich war zehn Jahre alt und gerade aus der Volksschule auf das Wittelsbacher Gymnasium gewechselt. Es war nach einem Sonntagsgottesdienst im Oktober 1970. Ich weiß das noch wie heute. Wir, mein Bruder und ich, kamen nach Hause und ich sagte zur Überraschung aller Anwesenden, zu meinen Eltern, vor allem zur Mama: »Ruf morgen bitte in der Pfarrei an – ich möchte Ministrant werden.« Irgendwas war geschehen, aber ich weiß nicht, was. Kein übernatürliches Zeichen von oben, einfach ein Einfall, ein Klick, einfach so! Vielleicht waren es nur die anderen Ministranten, ihre Feierlichkeit und Würde, ihr Herausgehobensein, die sanfte Musik – es ergriff mich so, dass ich dachte, das möchtest du auch machen. Ich möchte Teil werden all dessen, was ich heute erlebt habe, möchte die Messe mitgestalten. Damit zu tun haben, vorne am Altar – nicht nur Zuschauer sein, sondern aktiv mit gestalten, darum ging es mir. Meine Mama hat mein Ansinnen damals entschieden abgelehnt. »Nein, da rufe ich nicht an!« »Ja, warum nicht?« »Du kannst dich nie richtig ruhig halten. Zu Hause nicht. In der Schule nicht. In der Kirche nicht. Als Ministrant schon gar nicht!« Wenn man sich meine heutigen Predigten anschaut, meine ausladenden Gesten und meine Dynamik im Improvisieren – andere würden sagen meine Begeisterung –, dann war meine Mama nicht weit entfernt von der Wahrheit. Aber ganz weit entfernt von dem, was ich mir in den Kopf gesetzt hatte. Einige Zuschauer haben in den Zuschriften nach meinem ersten ZDF-Fernsehgottesdienst im Mai 2015 mein angebliches »Herumgehampel« ähnlich kritisch vermerkt. Andere wiederum haben ihre Anerkennung kundgetan, weil da keine Sprechpuppe im Talar einfach Psalmen und Einstudiertes runterraspelt – sondern jemand aus innerer Bewegung heraus predigt, also glaubhaft ist in dem, was er sagt. Das überträgt sich – auf die meisten. Im Übrigen habe ich aufgehört, das einstellen zu wollen. Ich kann nicht gegen meine dynamische Natur. Und die sollte damals verhindern, dass ich Ministrant werde? Ich rief laut: »Doch, Mama! Ich versprech's dir – ich verhalte mich ganz ruhig!« Die nächsten Tage habe ich gequengelt, gebetet, gebettelt. Und dann hat sie angerufen. Meine Mama. So begann alles. Ich trat in den Dienst meines Kaplans Johann Hagel – »Jonny Haytschäl«, wie wir ihn später liebevoll anglisierten – und bin achtkantig gleich wieder rausgeflogen. Aber der Reihe nach. Zunächst musste ich an Proben teilnehmen. Ministranten müssen fromm aussehen. Dürfen nicht grinsen. Herumalbern. Aufrechte Körperhaltung. Andacht im Gesicht. Hände falten. Knie beugen. Knicks. Die Eucharistie verlangt einen genauen Ablauf und jeder Ministrant muss wissen, was er zu tun hat – damit nicht alle alles verkehrt machen, wenn der Oberministrant pennt. Bei den Proben sollten einem die Abläufe in Fleisch und Blut übergehen. Wer ist wann für welche Tätigkeit zuständig. Rangfolge. Reihenfolge. Oberministrant, Ministrant. Auftritt. Abgang. Und am Ende der Kette ich, der Neuling.

Die Proben verliefen vielversprechend. Ich brannte für meine neue Aufgabe und war peinlichst darauf bedacht, mir alles einzuprägen, keine Fehler zu machen – und mich still zu verhalten. Ich würde meiner Mutter schon zeigen, wie sehr sie irrte. Die ersten Wochen durfte ich jedoch nur am Samstagabend beim Rosenkranz knien, neben dem Altar – musste mich ruhig verhalten und mit gefalteten Händen fromm die Augen niederschlagen. Eine halbe Stunde lang. Auf einem kalten, harten Kirchenboden. »Maria voll der Gnaden …« Da beginnst du im Winter ohne Fußbodenheizung automatisch mitzubeten. Ministrieren durfte ich noch nicht und ich begann mich schon zu fragen, ob ich irgendwo Missfallen erregt oder mich unbewusst fehlverhalten hätte – oder eben doch zu unruhig war? Eines Sonntags dann, es war der dritte Advent 1971, saß ich kurz vor Beginn des Gottesdienstes wie gewohnt nur als Zuschauer mit meinen Spezln zusammen in unserer Kirchenbank, als sich plötzlich die Tür zur Sakristei öffnete und der Mesner auf mich zuschoss. Ein Mensch, der mich bei den Proben schon immer so böse angeschaut hatte und den ich bereits als »Verhinderer« meiner Karriere im Verdacht hatte. Jetzt zischte er mir auf Bayrisch zu und nickte mit dem Kopf Richtung Sakristei: »Ziag di o – da fehlt oaner!« Zieh dich an. Ein Ministrant war krank geworden. Und jetzt war ich dran, seine zweite Wahl.

◆

Ich hatte noch nie ministriert bei einer Messe. Es traf mich gänzlich unvorbereitet. Die Kirche war rammelvoll und zum ersten Mal spürte ich Lampenfieber, bei dem sich der Magen nach ganz weit hinten zusammenkrampft. Starr vor Schreck bin ich in die Sakristei und habe das Ministrantengewand übergezogen. Dort stand der

Priester, ein gewisser Elmar Gruber, der frei tätig war in unserer Gemeinde – aber aus unserer Pfarrei stammte. Der kannte weder mich noch meine Eltern. Ich starrte ihn an, wie er so würdevoll dastand in seinem Messgewand. Er dagegen schien mich nicht zu beachten, so vertieft war er in seine Vorbereitung. Bei diesem Priester habe ich dann zum ersten Mal ministriert. Unter solcher Anspannung, mit derartiger Konzentration, peinlichst bedacht, keinen Fehler zu machen, Mamas Stimme über mir, mich ruhig zu verhalten – mit Tunnelblick, ohne Wahrnehmung, was im Kirchenraum sonst noch vor sich ging. Da waren alle Gefühle auf einmal in mir drin. Von Angst über Euphorie bis Stolz, es endlich geschafft zu haben, ein Ministrant zu sein. Eine solche Aufregung. Ein solcher innerer Aufruhr – und dennoch: es lief gut. Ich habe alles richtig gemacht. Kannte den Ablauf. Stand immer richtig. Noch nie war ich während einer Messe so nah am Altar gewesen. Und, mein Gott, wie war das schön hier oben. Ich durchlebe heute noch dieses Gefühl wie im Traum. Ich kann das auf Knopfdruck abrufen. Sehe meine Freunde, wie sie atemlos zu mir aufschauten. Wie der Gottesdienst in der voll besetzten Kirche seinem Höhepunkt zustrebte, der Mahlfeier. »Meine« Gabenbereitung war einfach nur perfekt. Formvollendete Bewegungen. Elmar Gruber hatte schon den Leib Christi und die Blicke in den Himmel gehoben, spricht die Wandlungsworte – und ich – ich hätte eigentlich läuten müssen. Stattdessen bin ich ballettmäßig einen kleinen Schritt für die Menschheit, einen entscheidenden für mich nach vorne getreten, habe mich leicht verbeugt wie im Theater und im hohen Bogen unaufhaltsam alles herausgekotzt, was in meinem kleinen, von Aufregung und Angst durchgewalkten Magen vorhanden war. Das ganze Frühstück. Die ganze Anspannung. In einer gewaltigen Eruption einfach alles weggekotzt. Vor die Füße der Leute und meiner Spezln in der ersten Bank. Das ist die Altarstufen runtergeronnen, wie die Paradiesströme in Jerusalem. Die anderen Ministranten sind noch um den Altar gestanden und haben fassungslos geschaut. Der ganze Saal hat fassungslos geschaut. Und der Mesner hat mich schon in der Sakristei erwartet und schön weitergemacht mit der Demütigung, bayerisch derb hat er geflucht und mich beschimpft: »Ja, kannst du net früher reinkommen? Den ganzen Tempel hast mir zugespeit. Das Gewand nimmst mit zum Reinigen, sag deiner Mutter, was du angerichtet hast, sie muss es für dich richten ...« Ich bin völlig niedergeschmettert nach Hause geschlichen. So ungefähr habe ich mir später immer das Kriegsende vorgestellt. Kapitulation. Zug der Gefangenen. Vollkommene Leere und Kraftlosigkeit. Was für eine Niederlage! Erst so erhöht, endlich Ministrant. Und dann so tief gefallen. Erniedrigt vor allen. Ich habe gewusst, das war die kürzeste Karriere eines Ministrantenlebens in der ganzen Kirchengeschichte. Dauer ca. zwanzig Minuten. Und ich der bekannteste: mein Name würde noch Jahre später die Runde machen in der »Hall of Shame«. Die Pfarrei würde mich nie wieder in den Kreis der Erlesenen zurückholen. Der Mesner, rotes Wutgesicht, zwei Hörner, langer Schwanz und Schwefelgeruch, wie hieß er gleich? – würde das zu verhindern wissen. Ich kotze denen ja doch nur wieder »den Tempel voll«, würde er sagen. Meine Darbietung war einfach zu spektakulär. Und jeder würde sich lustig machen über mein Unglück. Zunächst am Montag in der Schule. Dann immer weiter. Für Jahrzehnte. Ende. Aus. Und Amen.

Ich war an dem Punkt, wo erwachsene Menschen ans Auswandern nach Australien oder über plastische Gesichtsoperationen nachdenken. Ich bin zu Hause zur Tür reingeschlichen. Habe meiner Mama tränenüberströmt von meinem Schicksal berichtet. Sie war zu meiner Überraschung gar nicht böse, eher besorgt und verständnisvoll und machte sich, praktisch, wie sie war, gleich an die Reinigung des Ministrantenkittels. Mit einem Kamillentee versorgt lag ich wenig später auf der Couch in unserem Wohnzimmer und versuchte zu sterben. Innerlich war ich schon tot. Du weißt, du kannst es nicht ungeschehen machen. Du weißt, die Folgen deines Sturzes würden unabsehbar sein. Wie auch sollte ich das je wieder gutmachen? Für mich war eine Welt zusammengebrochen. Und in diesem Zustand der Zerrüttung liegst du da mit deinen zehn Jahren Unschuld, als plötzlich das Telefon die Stille durchschneidet. Ich war elektrisiert und sah die nächste Stufe der Vernichtung auf mich zukommen. Jetzt würde der Mesner zu Hause Meldung machen, seine Wut rausbrüllen und alles würde noch schlimmer. Ich lauschte, wie meine Mutter mit einem Unbekannten telefonierte, erst leise zuhörend, dann bestätigend, dann einmal lachend. Und wie sie das Gespräch mit einem freundlichen Gruß beendete. Einen Moment später setzte sie sich neben mich auf die Couch und sagte: »Du, da hat jetzt der Pfarrer Gruber angerufen, dem du die Messe geschmissen hast.« »Und?«, rutschte ich tiefer ins Sofa. »Er hat gefragt, wie es dir geht.« »Was?« »Und ich soll dir ausrichten, er ist stolz auf dich!« »Wie bitte? Wie kann der stolz auf mich sein?« »Er hat es so ausgedrückt: Weil du heute der Einzige in der gesamten Messe gewesen bist, der wirklich, aber auch wirklich alles gegeben hat.« Ich habe den Wortwitz erst nicht kapiert. Diese Doppeldeutigkeit. »… er hat wirklich alles gegeben.« Aber diese Art Humor war typisch für den Elmar Gruber – mit Worten zu spielen. Er bat meine Mutter, mich zum nächsten Gottesdienst zu schicken. Er würde mich selbstverständlich wieder ministrieren lassen. Der ganze Skandal mag für Erwachsene nichtig erscheinen – und die Haltung Elmar Grubers aus pädagogischer Sicht vollkommen selbstverständlich. Für mich war es das prägendste Erlebnis meines Lebens, es war, als wäre mir Jesus Christus höchstpersönlich erschienen, hätte seine Arme ausgebreitet und mich zurückgenommen. Elmar Grubers vorbehaltlose Barmherzigkeit war für einen Gefallenen wie mich, der eben noch geglaubt hatte, er sei in Ewigkeit verstoßen, die vollkommene Erschütterung, so unerwartet traf es mich. Ich hatte alles gegeben – und alles bekommen. So blöd es klingt, aber vom Gefühl her habe ich nie wieder in meinem Leben so derart intensiv erfahren, was »Liebe deinen Nächsten« und bedingungslose Barmherzigkeit wirklich ist. Ich war von etwas sehr Großem, einem sehr schönen Gefühl vollkommen ausgefüllt. Niemand hat mir danach noch einmal irgendetwas aus dem Wirken von Jesus Christus erklären müssen. Wer das mal erlebt hat, braucht keine fünf Jahre Theologie studieren, um ein guter Seelsorger zu werden – oder andersherum: Wer das Prinzip der Nächstenliebe nicht mit jeder Faser seines Seins in sich aufgesogen hat, der sollte niemals Priester werden.

◆

Dieses Zusammentreffen hatte Folgen für mein ganzes weiteres Leben. Ich bin mit zehn Jahren Ministrant geworden und war mit vierzehn begeistert Oberministrant. Danach setzte ich meine Arbeit in der Gemeinde fort, Jugendgruppen, Gruppenleiter, Mädchen für alles – ja, die Gemeinde wurde bis zu meinem Abitur mein Lebensmittelpunkt und Priester wie Elmar Gruber meine Vorbilder. Ich bin in der Gemeindearbeit völlig aufgegangen. Neben Elmar war da Herbert Krist – Christ – aber geschrieben mit K. Der war zwei Jahre Kaplan in unserer Pfarrei. Und danach zwei Jahre studierender Priester. Ich war vierzehn Jahre, als er kam. Und siebzehn, als er gegangen ist. Einer, der ebenfalls so viel Weiteres in mir ausgelöst hat, bis er später mein »Spiritual« im Priesterseminar geworden ist. Krist hat mich später in meiner priesterlichen Existenz herausgefordert und geformt. Es war die unprätentiöse Art und die große Ernsthaftigkeit und Spiritualität, mit der Priester wie Gruber, Krist und Hagel täglich ihre Arbeit auf sich nahmen. Ich habe in dieser Zeit wunderbare Menschen erlebt, die mir ein Christentum vorgelebt haben, das so einfach und zutiefst menschlich und liebevoll war, dass ich Priester werden wollte. Und weil mir das in meiner heutigen Arbeit so wichtig ist: Nicht nur Priester, also Männer, waren meine Vorbilder, sondern auch Frauen. Meinen Kommunionunterricht – fast fünfzig Jahre ist das her, hatte eine Frau geleitet, die bis heute jeden Montag um 9:30 in meiner Messe in Heilig Geist ist. Frau Richter! Ich bin vor Kurzem mal zu ihr hin, eine kleine, resolute Dame, ehemalige Volksschullehrerin, und habe erfreut angehoben zu sagen: »Frau Richter, das ehrt mich aber, dass sie jeden Montag hier zu mir in den Gottesdienst ...« Sie fiel mir ins Wort: »Ich komme doch nicht wegen Ihnen. Ich komme wegen Christus.« Sie ging jeden Tag in ihre Kirche im angestammten Stadtteil Sendling. Nur eben am Montag nicht – weil an diesem Tag dort keine Messe gehalten wurde. Nur deshalb saß sie in Heilig Geist – nicht wegen mir – wegen Christus. An dem nachfolgenden Montag habe ich das Evangelium vom Brotwunder und der Speisung der fünftausend vorgelesen, wo Jesus sagt: »Gebt ihr ihnen zu essen ...« Nach dem Ende der Lesung bin ich auf die Seite getreten, habe zu Frau Richter hingedeutet und gesagt: »Frau Richter, kommen Sie doch mal vor zu mir!« Sie, Hand auf's Herz, sich umschauend, wer gemeint sein könnte. Ich wieder: »Ja, Sie – nur Sie heißen hier Richter – niemand sonst!« Und dann habe ich den Besuchern der Messe meine Frau Richter vorgestellt: »Diese Frau hat mich vor über 45 Jahren zur Kommunion geführt. Sie hat mich im Kommunionunterricht gelehrt, was dieser Satz Jesu bedeutet: ›Gebt ihr ihnen zu essen!‹ Es ist die Aufforderung, Eucharistie zu teilen. Damals waren wir über hundert Kommunionkinder – das sind Zahlen, von denen die Kirche heute nur noch träumen kann. Wir saßen in einem übervollen Raum und Frau Richter, Kriegsgeneration, zeigte uns Kindern, wie man richtig Brot isst. Wir bekamen ein kleines Stück alte Semmel und mussten es schweigend essen. Es gab nichts zu trinken. Sie wollte, dass wir den Geschmack spüren, dass wir begreifen, was Brot ist und die Kommunion bedeutet – das gelebte Gleichnis des Brotwunders. Wir saßen da, wir Kinder, haben gekaut und gekaut, bis die Kaumuskeln versagten, und haben das kleine Stück Semmel nicht runterbekommen. Trotzdem waren wir satt. Das Brotwunder!« Die Leute in meiner Messe haben das sofort verstanden. Sie applaudierten und meine liebe Frau Richter neben mir hatte vor Freude Tränen in den Augen. Natürlich spielte eine Rolle, dass ein Stück Brot bis in die Siebzigerjahre bei den Erinnerungen an vergangene Notzeiten fast alle älteren Menschen in diesem Gottesdienst miteinander teilten, noch eine ganz andere Wertigkeit besaß als heute, wo wir im Überfluss leben und die Discounter, Supermärkte und Privathaushalte es tonnenweise ungenutzt in den Müll kippen.

◆

Ich schloss die Tür zu meiner Dienstwohnung auf, was ich selten mit Freude, sondern fast immer mit einer gewissen Beklemmung tue – denn diese Wohnung ist nicht der Ort, wo ich jemals Heimat gefunden habe, seit ich 1993 in Sankt Max die Pfarrstelle übernommen habe. Sie ist mir immer fremd geblieben. Das hat viel damit zu tun, dass ich in den Anfangsjahren in Sankt Max in dieser Wohnung schwierige Zeiten durchzustehen hatte mit sehr wenig und sehr unruhigem Schlaf und vielen unguten Gefühlen. Ich bin dieser Wohnung nie mit Liebe begegnet – und die Wohnung gibt mir bis heute dieses Mordsgefühl zurück, »ein ewig Rätsel will ich bleiben«. Drinnen erwartete mich wie gewohnt eine Unordnung, wie man sie von den seltsamerweise stets zölibatär lebenden Tatortkommissaren kennt und die ich mit dem Wort »unbehaust« umschreiben würde. Nur dass bei mir alles echt und keine Requisite ist. Ich war wegen meines überquellenden Terminkalenders wieder mal seit Tagen nur zum Schlafen hergekommen, nachts sehr spät, und morgens ganz früh wieder raus. Entsprechend groß war das Chaos, das sich wie schon so oft in ungeordneten Schichten auszubreiten begann. Schichten, in denen ich nach 24 Jahren Dienst in dieser Wohnung wie Dendrologen in den Jahresringen eines Baumes lesen kann. Ein Tagebuch meiner vergangenen Tätigkeiten, das dicker und dicker wird, je länger ich diese Wohnung als das nutze, was sie für mich ist: eine ungeliebte, unpersönliche, ungemütliche Schlafstätte, um meinem Körper ein paar Stunden Ruhe zu geben, die er für den kommenden Tag braucht, damit es weitergehen kann. Meine Dienstwohnung ist die Geschichte einer Ablehnung. Das ist keine Wohnung, die mir Behaglichkeit und Heimat schenkt, die sagt: »schön, dass du nach Hause kommst, Feierabend – wie war dein Tag?« Keine Wohnung eben, auf die man sich freut. Eher Lockenwickler und

Kippe im Mund. Das Chaos war an diesem Tag besonders schlimm. Ich würde länger suchen müssen, um meine Motorradutensilien zu finden. Was ich für die Letzte Ölung brauchen würde, Weihwasser und Krankenöl, sind immer griffbereit. Natürlich hatte ich alle Termine für den Nachmittag abgesagt, um der Bitte der Familie zu entsprechen, ihrem Vater diesen letzten Dienst zu erweisen. Die Krankensalbung ist etwas Elementares. Der Tod ist etwas sehr Elementares. Nur der Priester darf das Sakrament der Krankensalbung spenden – weil dessen »Vollmacht« für die Vergebung der Sünden notwendig ist – genau wie beim Sakrament der Buße. Ärzte oder Krankenpflegepersonal dürfen von sich aus den Priester nicht zur Krankensalbung rufen. Nur der Kranke selbst oder seine nächsten Angehörigen. Das hat auch damit zu tun, dass das Erscheinen des Priesters leider immer noch das Signal auslöst, dass es zu Ende geht und man als »Ersatzsensenmann« kommt – dabei geht es um Beistand und Hilfe. Nur wenn Gefahr im Verzug ist – bei Unfällen zum Beispiel –, wird der Priester auch von den Rettungskräften gerufen und auf »Verdacht« und ungefragt gesalbt – weil man nicht immer weiß, ob das Opfer katholisch ist. Ich wusste nicht, wo ich die Tasche mit den Motorradklamotten abgelegt hatte. Ich hatte nicht einmal die Chance, jemandem die Schuld in die Schuhe zu schieben, er hätte meine Sachen verräumt. Im Zölibat ist da niemand, der auf dich wartet. Da ist keine Wärme. Spätabends stehe ich manchmal einfach so im Zimmer und höre dem Rauschen des Verkehrs zu. Dann kommt diese Bitterkeit. Dreiundzwanzig Jahre Einsamkeit in dieser Wohnung – so lange währt jetzt die Zwangsehe mit dieser Dienstwohnung. Und mit diesem Gefühl setze ich vermutlich die Tradition meiner Vorgänger fort, die hier nichts anderes empfunden haben können als ich: Leere. Der fensterlose Innenflur ist düster, obwohl ich ihn vor ein paar Jahren orange gestrichen habe. Rechts vom Eingang befindet sich das funktionale Dienstklo mit der Normtür, wie man es auf einem Finanzamt findet. Das Bad Marke AOK-Altenheim, genauso funktional in Weiß gekachelt wie mein

Finanzamtsklo. Der Weg zur Küche ist für Außenstehende nicht zu finden. Er führt durch einen Raum, der früher mal ein Esszimmer für mehrere Personen war, das ich aber nicht benötige. Jetzt stehen hier drei deckenhohe Wandschränke im Funktionsdesign, die ich mal geschenkt bekam und die nun meine paar Habseligkeiten beherbergen.

Drei Kurven später gelangt man endlich in eine Art Küche, die im 50er-Jahre Design ohne jeden Charme diese gewisse Resopal-Funktionalität ausstrahlt. Wer es bis in diese Küche schafft, dem wird sofort klar, dass hier keine opulenten Abendessen entstehen – sondern der Dosenöffner Koch und das Tiefkühlfach sein Frische-Paradies ist. Das Prunkstück dieser Dienstwohnung ist das sogenannte Kaminzimmer. Mein Vorgänger hat – entweder aus Verzweiflung oder um etwas Behaglichkeit zu schaffen – aus drei Räumen einen riesigen Salon gemacht und im Rustikal-Stil eine monströse Feuerstelle errichtet, mit der man im Mittelalter einen ganzen Rittersaal hätte wärmen können. Dieser Kamin entsprang sicher der Idee, mit knisternder Wärme die atmosphärische Kälte dieser Wohnung zu bekämpfen. Für seine einsamen Stunden nach Feierabend, wenn wie für so viele meiner Priesterkollegen die Wohnung zum Kerker der Einsamkeit wird. Ich habe diese Feuerstelle nur wenige Male angeheizt und jedes Mal war es ein Desaster. Entweder, ich saß nach dem Anzünden binnen Sekunden in einer Räucherkammer – oder es loderten Höllenfeuer, die mich im tiefsten Winter zwangen, sämtliche vier Fenster des Raumes zu öffnen, um die Hitze zu vertreiben. Vorne Glut, Hintern kalt. Danke. Ich werde nie mehr warm mit meiner Dienstwohnung. Heute verbrenne ich dort manchmal noch Briefe, die man schreibt, Bauanträge und Nachfragen ans Ordinariat, die man besser nicht abschickt, sondern noch mal sachlicher abfasst, nachdem man eine Nacht drüber geschlafen hat. In dem einen der Schläuche hinter dem alles dominierenden Kamin steht ein langer Esstisch, wie man ihn aus italienischen Filmen kennt. Mit dem kleinen Unterschied, dass er nicht aus edlem Olivenholz – sondern aus dem furnierten Pressspan eines Funktionstisches ist. Eine Abendgesellschaft von zehn Gästen hätte hier locker Platz – trotzdem ist hier nur selten getafelt worden. Und wenn, waren es Dienstessen. Sonst sind Tisch und Stühle Ablageflächen für Talare, Akten, Unterlagen – mit einem einzigen freien Eck, wo mein Laptop steht. Mein privater Arbeitsplatz. Hier jedenfalls werde ich meine Motorradsachen nicht finden.

Auch nicht in dem anderen Schlauch, wo zwei große Couchmöbel stehen, vor einem Billy-Regal mit einem Billy-Fernseher. Mein »Recreationcenter«. Sportschau. Erschöpfter Sekundenschlaf zum laufenden Wiederholungsfernsehen. Optisch abgerundet durch Funktionsgrün-Applikationen aus dem Baumarkt: eine Petticoat-Palme im Funktionstopf mit Hydrokies und Wasserstandsanzeiger und in meinem Schlafzimmer ein Ficus Benjamini, von dem die Blätter gelb herunterregnen, wenn ich im Halbdunkel dagegenrenne, weil ich wie jeden Morgen zwischen Hochschrecken, Wachwerden, Aufstehen, Beten und einem schnell gekippten Espresso das Gießen versäume und spätabends, wenn ich heimkomme, in der Dunkelheit meiner Diensthöhle die Dürre nicht sehe, mich schnell ausziehe, wasche und nach der Komplet (= kirchliches Nachtgebet) ins Bett und in tiefe Bewusstlosigkeit falle. Eigentlich teste ich, wie lange diese plastikartigen Immergrünpflanzen ohne Wasser auskommen, um sie nach dem endgültigen Vertrocknen ohne schlechtes Gewissen entsorgen zu können. Ich habe eine Zeit lang versucht, hier leben zu können. Es ging nicht. Ich habe angefangen, alle Möbel umzustellen, eine Wand ganz rot gestrichen ... vergeblich. Andere haben sich versucht. Es gehört mir auch fast nichts in dieser Wohnung. Sie ist entpersonalisiert. Die einzige gute Erinnerung, die ich aus dieser Wohnung mitnehmen werde, ist die Geburtsstunde der legendären Weihnachtspartys unserer Gemeinde, die über ein Jahrzehnt nach meiner Einweisung hier ihren Anfang nahm. Die Jugendlichen standen damals nach der Christmette unschlüssig herum und fragten erwartungsfroh, wo denn jetzt noch Party sei?

Weihnachten, das sei hier mal deutlich gesagt – ist nichts anderes als eine Geburtstagsparty, wo die Geburt Jesu Christi anständig gefeiert werden soll – »Oh du fröhliche, oh du selige, gnadenbringende Weihnachtszeit« – das sind Hits. Beseelt von unserem schönen Gottesdienst wollten die Jugendlichen ihr Gemeinschaftserlebnis noch verlängern, zusammenbleiben und sich unterhalten. Hätte ich sie nach Hause schicken sollen, so sehnsuchtsvoll traurig, wie sie geschaut haben? Als keiner eine Idee hatte, wo man noch hätte zusammenbleiben können, habe ich den Vorschlag gemacht, ausnahmsweise meine Dienstwohnung als Partylocation zu nutzen. Ich hatte keine Lust, dort allein in den üblichen Blues zu fallen. An diesem Abend wollte ich es wissen, wollte der Wohnung einmal zeigen, dass sie gegen Jugendliche in Feierlaune keine Chance hat, Missmut aufkommen zu lassen. Und zum ersten Mal war es so: Leben in der Bude. Und so haben wir es die folgenden Weihnachten auch gehalten. Bis dann irgendwann nicht mehr zehn, zwanzig, sondern fünfzig, sechzig, siebzig Menschen Einlass begehrten. Und so sind wir aus Platzgründen drüben in der Kirche gelandet – wo sich heute wirklich Jung und Alt zu unserer traditionellen »Aftershow-Party« nach dem Gottesdienst einfinden. Es gibt keine Obergrenze – für gute Laune. Zweihundert bis dreihundert Menschen im fröhlichen Beisammensein, sich angeregt unterhaltend, lachend und scherzend, um einen erfüllten Weihnachtsabend ausklingen zu lassen. In meiner Dienstwohnung lastet wieder die gewohnte Schwere. Seit 23 Jahren grabe ich, Rainer Maria Schießler, Tunnel aus dem Kerker meiner Dienstwohnung. Sankt Max – statt Monte Christo und Château d'If. Nur weniger erfolgreich. Ich bin damit fast schon so unbehaust wie die Menschen, die ich draußen auf den Straßen meines Stadtviertels treffe, wenn sie in den Papierkörben an der U-Bahn Fraunhoferstraße nach Pfandflaschen stochern. War es das, wovon ich geträumt hatte, als ich beschloss, Priester zu werden? Wie sind die anderen Priester mit ihrer Einsamkeit fertig geworden? Elmar Gruber, der mich damals in die Kirche zurückgeholt hat? In einem

Moment, wo ich mit meinen zehn Jahren glaubte, auf alle Zeiten aus der Gemeinschaft ausgestoßen zu sein. Ich wollte in diese Gemeinschaft – und jetzt, wo ich dank ihm mittendrin wäre, gibt es Tage wo ich mich ausgestoßen fühle – einsam.

Priester sprechen nur selten über ihre Einsamkeit. Warum auch? Ein Priester ist nie einsam, denn er geht ja mit Gott.

◆

Als mein achtzehnter Geburtstag anstand – Volljährigkeit, Führerschein, Freiheit –, haben sie mich in der Heimatpfarrei gefragt, was ich mir zum Geburtstag wünschen würde. Ich war unfähig zu antworten, so sehr war ich mit meiner Zukunft beschäftigt, innerlich zerrissen, was nach dem Abi kommen würde. Der erste scharfe Riss in meinem Leben lag gerade hinter mir, ich hatte die fast zehn Jahre andauernde Mitarbeit in meiner Gemeinde von einem Tag auf den anderen niedergelegt. Eher hingeschmissen. Ein kleiner Streit, ein falsches Wort meines Pfarrers mein Auto betreffend, gekränkt wegen einer Nebensächlichkeit, mein Stolz. Es ist immer dieser eine Tropfen zu viel. Ich ging und ließ alles stehen und liegen, ohne ein weiteres Wort der Versöhnung zu finden. Mir war klar geworden, dass meine Zeit hier zu Ende war, dass sie zu Ende gehen musste und ich in einen neuen Lebensabschnitt gehen würde. Ein Stück Radikalität, das ich mir bis heute bewahrt habe. Ich wollte raus aus der Enge. Auch von zu Haus. Mit Mädchen war damals noch nicht viel, einmal, zweimal große Liebe, anhimmeln, verstohlenes Knutschen nach dem Gottesdienst hinter der Kirche.

Ansonsten interessierten mich eher Motoren. Ich habe mit 16 meinen ersten Motorblock gewechselt. Das war mir wichtiger als der Tanzkurs, wo es damals meist das erste Mal richtig knisterte. Tanzen habe ich nie gelernt. Es ist nie passiert. Bei mir. Dazu kommt, dass ich derart ölverschmierte Hände und Dreck unter den Fingernägeln hatte, dass meine Mutter sagte, mit den Händen bräuchte ich gar nicht erst versuchen, in den Tanzkurs zu gehen. Worauf ich geantwortet habe: »Der Motorblock hat nie etwas dagegen …!« Meine Mama hat damals angesichts meiner Unruhe und pubertierenden Aggressivität, die sich auch an der Autorität meines Vaters ständig rieb und zu immensen Konflikten führte, ganz schnell gewusst, dass sich da etwas Entscheidendes abzeichnet. In den Wochen zuvor hatte sich für mich herauskristallisiert, dass ich Priester und Pfarrer werden wollte, und so wünschte ich mir: »Lieber Gott, hilf mir, dass ich das Abitur ja schaffe. Wenn ich es schaffe, wallfahre ich zum Dank erstens nach Altötting und zweitens werde ich Priester.« Man muss solche Wetten mit Gott nur richtig formulieren, dann gewinnt man sie auch – denn dass ich durchs Abi fliegen könnte, damit habe ich nicht einmal im Traum gerechnet. Und meine Entscheidung, Priester zu werden, war eh getroffen. Nur das Wie war noch nicht klar. Ich sah den Weg noch nicht. Ich wusste nur, es wäre nicht gut für mich gewesen, so einen Durchmarsch zu wagen: gleich nach dem Abitur sofort ins Priesterseminar und mit Anfang zwanzig schon Priester zu werden im Zölibat, ohne etwas vom Leben gespürt zu haben, ohne jemals aus dem Dunstkreis der elterlichen Vollbetreuung entkommen zu sein und die Freiheit der Volljährigkeit zu genießen – sondern von einer Abhängigkeit in die nächste zu rutschen. Ich brauchte also Abstand. Ich wollte meinen Kopf frei bekommen, vor so einer wichtigen Lebensentscheidung wie dem Zölibat. Deshalb war für mich klar, dass ich nach dem Abitur ein Jahr »Freiheit« einschieben wollte, egal wo und wie. Ich hatte tatsächlich ernsthaft überlegt, meinen Wehrdienst abzuleisten – war gemustert, Tauglichkeitsstufe 2. Zur Luftwaffe nach Stuttgart sollte es gehen. Das war, kurz gefasst, was sich bei mir innerlich in der Sekunde abspielte, als man mich fragte, was ich mir zum Geburtstag wünschen würde.

Nur damit eine Antwort gegeben war, habe ich es so dahingesagt: ein Buch über die 1000 Stellungen des Kamasutra. Es war mir egal. Solche Bücher schenkt man dir nicht in einer katholischen Pfarrei, das war mir klar. So bekam ich zur Volljährigkeit stattdessen ein

Buch über »Die hohe Kunst des Schuhplattlns«, das Standardwerk über den rustikalen Ausdruckstanz der bayerischen Landbevölkerung in Höhenlagen. Als ich das Buch aufschlug, waren da ähnlich wie im Kamasutrabuch, in das ich bei einem Schulfreund Einblick genommen hatte, lauter kleine »Manschgerl« eingezeichnet, für die jeweiligen Stellungen beim Schuhplattln. Es müssen wenigstens hundert gewesen sein. Allerdings nur die Füße – was auch spaßig war, wenn man sich das waagerecht vorstellte. Das Kamasutra auf Bayerisch. Da ich alles, was ich anfange, vollende, habe ich mit dem entsprechenden Trotz binnen kurzer Zeit Schuhplattln gelernt. Ich merkte, die Zeiten waren im Umbruch – und da war Schuhplattln und das Herumschrauben an Motoren als Ablenkung genau das Richtige. Ich hatte die Entscheidung zu treffen, Militär oder Priesterstudium – zwei sehr konträre Modelle der Lebensplanung. Aber wie so oft im Leben sind es weniger unsere eigenen Entscheidungen – sondern Menschen, die uns plötzlich völlig andere Richtungen einschlagen lassen. Vor dem Abi stand meine Facharbeit an. Ich erzählte meiner Mutter, dass ich irgendeinen Platz bräuchte, wo ich mich zurückziehen und schreiben könnte. Zu Hause, in der Enge unserer Wohnung, würde das nichts werden wegen der Ablenkungen: »Kennst du nicht irgendein Kloster, wo ich mich eine Woche reinsetzen und meine Facharbeit schreiben kann? Ich bete schön mit denen, die versorgen mich und ich schreibe in Ruhe meine Facharbeit.« Das Thema war bezeichnend: »Französische Heilige als Münchner Kirchenpatrone«. Im Französisch Leistungskurs. Ich hatte natürlich gedacht, das mache ich mit links, weil ich Kontakt hatte zu Münchner Pfarreien wie Sankt Martin, Sankt Korbinian und anderen. Ich hatte mir die Kirchenführer besorgt und hätte das im Sinne der Arbeitsoptimierung wie diverse Politiker nur noch wikiplugmäßig zusammenstellen müssen. Diese Facharbeit entstand schließlich nicht aus einem spirituellen Bedürfnis, sondern war bedeutender Teil der Abiturnote an meinem katholisch geprägten Gymnasium. Ich hätte genauso gut schreiben können über den

»Neigungswinkel der Altarstufen im Dombau des Spät-Mittelalters«. Meine Mutter war aus Freilassing gebürtig und kannte das damalige Kapuzinerkloster in Laufen, wenige Kilometer entfernt, direkt an der Bayerisch- Österreichischen Grenze. Ein beschaulicher Ort, erbaut in einer Schleife des Grenzflusses Salzach, an dem sich wenige Kilometer flussaufwärts, in Freilassing, heute die Flüchtlingsdramen abspielen, zu meiner Zeit jedoch so ruhig und so abgeschieden, dass hier 1816 das Lied »Stille Nacht, heilige Nacht« entstand. Ich habe mir damals die Adresse des Klosters rausgesucht und angerufen, ob ich kommen dürfte. Die haben sofort zugesagt: »… ja komm nur!« Unbesehen habe ich dort antreten dürfen.

Als ich am folgenden Wochenende im Kloster aufgenommen wurde, geschah etwas in mir, das ich als den nächsten, großen Einschnitt in meinem Leben bezeichnen würde. Ein Erlebnis, das ich heute noch als aufwühlend, umwerfend, ja – mich völlig erschütternd beschreiben würde. Es war, ja – es war wie Liebe auf den ersten Blick. Ich kann bis heute nicht sagen, warum, jedenfalls fand ich dort genau das, wonach ich mich die vergangenen Monate vor meinem Abitur und nach der Trennung von meiner Gemeinde mehr diffus und instinktiv als konkret gesehnt hatte. Hier erwischte mich unmittelbar genau das, was ich in diesem Abschnitt meines Lebens brauchte. Kaum hatte ich meine Kammer zugewiesen bekommen und mein Gepäck abgelegt, wurde zum Gebet geläutet und ich eilte als einer der Letzten in den Gebetsraum.

Ich kannte bisher nur die Gemeinschaft meiner Familie und meine Pfarrei. Ich hatte vorher nie Kontakt mit dem Ordensleben gehabt, nie mit Männern in einer engen Gemeinschaft gelebt. Ich wusste nicht, wie Männer miteinander beten. Kapuziner singen nicht. Sie sprechen ihre Gebete. Keine Musik. Nur Stimme. Als Bekenntnis ihrer Armut. Im Gegensatz zu den Benediktinern – die im Chorgebet rezitieren. Die Kapuziner beten das normale Brevier, das der Priester vorbetet. Nur gesprochen – nicht gesungen. Geschüttelt und nicht gerührt. Dieses Sprechen verleiht dem Gebet eine unglaubliche Intensität. Das war tatsächlich so eine Art erratischer Akt, zwanzig, dreißig gestandene Männer im Alter von 17 bis 80 Jahren, die im Gleichklang miteinander beten – und in einer Stimme aufzugehen scheinen. Das gesprochene Gebet klingt in meinen Ohren heute immer noch so viel schöner als das gesungene.

Bis heute singe ich nicht sehr viel in meinen Gottesdiensten, nur selten die Doxologie oder das Tagesgebet, das Evangelium oder das Vater-Unser. Ich spreche viel lieber. Nicht nur, weil ich nie ein großer Sänger vor dem Herrn war, sondern weil ein miteinander gesprochenes Wort eine unglaublich größere Ausstrahlung und Überzeugungskraft entfaltet. Dieses Sprechen ist wie Gesang. Melodisch. Mitreißend. Das habe ich bei den Kapuzinern erfahren. Und ab da jeden Morgen um halb sieben und weitere drei Male am Tag. Dann kommen die Mönche zum Gebet in ihrem Chorraum zusammen. Schweigend. Konzentriert sitzen sie da. Es ist dunkel. Es ist kalt. Du kämpfst mit deinem Restschlaf. Und dann klopft der Guardian zweimal auf die Bank. Erheben. Introitus. Und das Gebet beginnt. Du siehst deinen Atem vor Augen, den Hauch, aus dem Stimme wird. Da entsteht allein schon über den Ton Gemeinsamkeit, vereint sich deine Stimme zusammen mit den anderen zu einer einzigen Vibration, die dich bis auf die Knochen durchdringt. Reiner Klang! Du bist auf einmal eins mit der Schöpfung. Du bist auf einmal eins mit Gott. Und völlig eins und aufgehoben im Sein und mit dieser Gemeinschaft von Menschen, die dich umgeben. Das hatte ich immer gesucht. Und suche ich heute noch – mein ganzes Leben ist erfüllt von dieser Sehnsucht. Und hier schien es, als hätte sie sich zum ersten Mal erfüllt! Das gemeinsame Beten ließ mich innerlich erschauern. Das Erlebnis war so bewegend, dass ich zurück in meiner Klause jeden Abend meinen Wecker gestellt habe und nachts immer wieder aufgewacht bin, aus Furcht, das Morgengebet, Laudes, um halb sieben in der Früh zu verschlafen. Dabei konnte man nicht verschlafen, da um kurz vor halb sieben die Hausglocke laut geschlagen wurde. Ehe ich michs versah, war ich bereits Teil der Abläufe und

Rituale dieser Gemeinschaft. Das Klosterleben sog mich mit ungeheurer Energie ein und irgendwie habe ich sofort gespürt: es hat mich erwischt. Mich hat es so erwischt, dass ich gleich am ersten Abend noch bei meiner Mutter angerufen habe, um ihr zu berichten: »Mama, das ist überwältigend hier.« Ich habe nicht »geil« gesagt, denn der Gebrauch von Modewörtern wie »Geil« oder »Logo« war bei uns zu Hause strengstens verboten, da hätte ich eine geschmiert bekommen, liebevoll, aber doch so schmerzhaft, dass man sich an das Verbot zukünftig erinnern würde. Aber es war geil.

◆

In den ersten Kennenlerntagen bei den Kapuzinern habe ich noch etwas erlebt, eine Geste, die mich bis heute in meiner Arbeit, meinem ganzen spirituellen Denken beeinflusst, weil sie alles sagt, worum es geht im Leben. Der Anlass war eigentlich völlig banal: Da ist ein Mönch nach langen Jahren in ein anderes Kloster übersiedelt und hat sich von seinen Brüdern verabschieden wollen. Aber wie er es tat, hat alles in mir aufgewirbelt: Alle Mönche waren in der Kirche zusammengekommen, um ihren Bruder nach einer langen Zeit des Miteinanders zu verabschieden. Er stellte sich in die Mitte des Chorraumes der Kirche, umgeben vom Kreis sämtlicher Mitbrüder. Erst verharrte er ruhig, mit gesenktem Haupt, bis kein Mucks mehr zu hören war – dann sank er für mich völlig überraschend nieder auf seine Knie, in einer vollendeten Geste der Demut, bedankte sich mit fester Stimme für die Jahre, für alles, was er erlebt und von der Gemeinschaft an wertvoller Unterstützung erhalten hatte, und bat seine Brüder um Vergebung für alles, was er nicht geschafft hatte. In wenigen, klaren Worten. Diese Geste war so überwältigend ehrlich – und so beschämend in ihrer bedingungslosen Offenheit, dass ich Tränen in den Augen hatte und alles in mir drängte, ihn wieder aufzuheben. Was dann durch seine Mitbrüder geschah.

Demut. Da kniet dieser Mitbruder in seinem Gewand der Armut, die die Kutte der Kapuziner ja symbolisieren soll. Protzt nicht mit seinen Leistungen, die unbestritten da waren – sondern entschuldigt sich bei seinen Mitbrüdern für alles, was er eben nicht geleistet hat. Wenn ich heute Konzernlenker bei den Aktionärsversammlungen in ihrer einstudierten Selbstdarstellung erlebe, wie sie ihren Schaum schlagen, ihre Macht und Überlegenheit demonstrieren, mit Kurven, Diagrammen und Umsatzrendite, frage ich mich jedes Mal, wie es wäre, wenn einer, der wirklich Erfolg nachweisen kann, Erfolg nämlich auch im Erhalt und Ausbau der Arbeitsplätze und der sozialen Sicherheit für die Arbeitnehmer des Konzerns und ihrer Familien, wenn er sich mit so einer Geste dem Urteil der Shareholder stellen würde. Ich bin sicher, es wäre entwaffnend und Jubel würde ausbrechen. Vielleicht würden sie ihn aber auch als vermeintlich »Irren« wegputzen?

Ich habe die rückhaltlose Ehrlichkeit dieser Geste dieses Mönches bewundert und für mein Leben übernommen, immer praktiziert, wenn ich später eine Stelle wechseln musste – nach Bad Kohlgrub, Rosenheim und Giesing. Dreimal habe ich mich auf diese Art verabschiedet. Ich habe mich hingekniet. Ich habe mich bedankt, für das, was ich bekommen habe, und ich habe mich entschuldigt für das, was ich »versaubeutelt« hatte. Diese Dankbarkeit und Demut dieses Kapuzinermönches fehlt mir immer wieder, wenn ich heute sehe, wie abgehoben und fern auch einige Vertreter meiner Kirche sich über ihre Mitgläubigen erheben. Prunk und Protz und die Arroganz geliehener Macht, die ein Kirchenamt zu verleihen scheint, steht uns Christen nicht. Bescheidenheit. Bedürfnislosigkeit und Brüderlichkeit. Das war es – das hatte ich gesucht. Ich bin die folgenden Tage in dieser Gemeinschaft aufgenommen worden und mitgeschwommen, wie ein Fisch in einem Schwarm, habe alles in mich aufgesaugt, meinen plötzlichen inneren Frieden genossen, die Ruhe, die sich in mir ausgebreitet hat, ich habe mitgearbeitet und gedacht, ich wäre schon immer hier gewesen, und wollte nie wieder woanders sein. Getragen von den Gebeten bin ich nach der Komplet jedes Mal in einen tiefen, zufriedenen Schlaf gesunken, nach dem ich mich heute sehne. Es war alles ein großes Abenteuer für mich – mir war damals nicht klar, wie sehr mich dieses Erlebnis noch verändern und meinen Lebensweg bestimmen würde.

◆

Solche Gesten der Demut trafen mein offenes Herz. Es war die nahtlose Fortsetzung all dessen, was mir Vorbilder wie Elmar Gruber vorgelegt hatten. Elmar Gruber steht für die leuchtend hellen Seiten meiner Berufung. Er wurde von meinem Retter zu einem meiner wichtigsten Lehrer und später in Kirchenkreisen äußerst populär: als Katechet, Religionslehrer und Buchautor. Ich habe alles, was er gepredigt und geschrieben hat, wie ein Schwamm in mich aufgesogen. Er war mein Leitbild und als theologischer Vordenker hat er meine Entwicklung maßgeblich beeinflusst und die Art und Weise herausgefordert, in der ich heute verkündige. Er hat mich gelehrt, konkret zu sein, verständlich, immer dicht am Leben und den Gefühlen der Menschen zu bleiben, und dass es im Christsein um Liebe geht und um das Gefühl, dass Glaube nur von innen wächst. Und: dass es keinen Zwang gibt – nur Hinwendung. Diese Freiheit des Evangeliums hat er mich spüren lassen. Die erste Zeit nach meinem »Unglück« hatte ich nicht verstanden, warum er damals noch einmal bei uns angerufen hat. Ich, ein so kleiner Wicht, dem der Mesner eine schmieren durfte? Und doch ist er mir nachgelaufen, egal wie gering ich mich selbst einschätzte – für ihn war ich so wertvoll, dass er mir die zweite Chance gegeben hat. Und genauso laufe ich heute jedem nach. Und sei es auf dem Oktoberfest mit zwölf Mass Bier. Die Geste seines Anrufes, dass er die Tür nicht zugeschlagen, sondern offen gehalten hat, wurde zu meinem Berufungserlebnis für mein Priestersein und seine Persönlichkeit hat mein ganzes Verständnis von Glaube und Kirche geprägt. Sechzehn Jahre später, es gibt keine Zufälle, war die Saat aufgegangen und ein Kreis hat sich geschlossen: Ich feierte genau in der Kirche, in der ich als Ministrant »wirklich alles gegeben« hatte, meine Primiz – in Konzelebration mit diesem Elmar Gruber. Die erste Primiz eines »Zwölf-Apostlers«, meiner Heimatgemeinde, seit dreißig Jahren. In einer Festschrift habe ich in Form eines Briefes seine Rolle für mein Priestertum gewürdigt, wie sehr er mich bewegt hat: »Lieber Elmar Gruber, ›... er hat wirklich alles gegeben!‹ Das war dein Anruf. Das waren deine Worte. Das war meine Berufung in die Nachfolge Jesu, die ich erst viele Jahre später so begriffen habe. In der Kirche leben, Christus verkündigen, das heißt ganz einfach: den Menschen nachlaufen. In Liebe hast du mir diese Lektion erteilt und ich habe sie verstanden, bis heute. Der mir so fremde Priester hat mir durch seine Annahme gezeigt, wo Christus wohnt. Nicht in einer Kirche, die bestimmen will, die Gesetze auferlegt, die nur Regeln aufstellt. Nein, es ist die Kirche, die sich sorgt, die sich müht um den anderen – und wenn er noch so schwach ist. Diese Lektion der Liebe hat mich nie mehr losgelassen und wird mich immer begleiten, wird mein Tun korrigieren und bemessen, bis ans Ende meiner irdischen Tage.« Ich bin heute sein Nachfolger bei der KEG in Bayern, der katholischen Erziehergemeinschaft. Damals wurde meine Wahl so begründet, dass ich einer derjenigen sei, die Elmar Gruber wirklich verstanden haben. Elmar Gruber hat zum Beispiel von einem guten Seelsorger verlangt, »zuerst muss es mir gut gehen, damit es dir gut geht«. Er meinte das nicht egoistisch. Sondern: Wenn ich mich selbst schon nicht liebe, wie kann ich dich lieben? Er meinte es in dem Sinne, dass der Priester in sich ruhen und mit sich selbst im Reinen sein muss, um anderen Menschen Kraft durch das Evangelium, Trost, Liebe, Zuversicht und Hoffnung schenken zu können. Und nichts stimmt so wie diese Mahnung Grubers für eine gute Arbeit als Seelsorger. Eine Mahnung, die ich mir völlig zu eigen gemacht habe und aus der sich viele meiner Kritikpunkte an der Kirche heute speisen. Es ist der Unterschied zwischen gelebtem Glauben und erstarrter Kirche. Elmar hatte einen Bruder, der war Generalvikar der Amts-Kirche, weit oben in der Hierarchie. Der Herr Generalvikar war ebenso bescheiden, freundlich und höflich, aber eben – anders als Elmar – ganz und gar immer auf Amt und Korrektheit bedacht. Elmar hatte es nicht mit Vorschriften und Äußerlichkeiten. Er überzeugte durch das, was er predigte, und das, was er tat – und was er unterließ. Die beiden Brüder waren für mich immer wie Johannes und Petrus – Amt und Charisma. Elmar war das Charisma, der unverblümt gelebt hat, was er verkündigt hat, war pure Menschenliebe. Sein Bruder personifizierte die Amtskirche. Elmar war Demut. Genau wie der Kapuzinermönch, den ich damals in Laufen beim Abschied von seinen Brüdern erlebte.

Kurz vor seinem Tod am 10. September 2011 habe ich Elmar noch einmal besucht. Damals fühlte er schon den Tod kommen und sich dem Himmel so nah, so krank war er. Ich fragte ihn zur Begrüßung: »Elmar, wie geht's dir?« Und er lächelte: »Es geht aufwärts!« Wieder so ein Wortspiel erster Güte. Elmar Gruber hat nie anders geredet: Bei seinem goldenen Priesterjubiläum, dem Fünfzigjährigen, sagte er, bereits von seiner Krankheit schwer gezeichnet: »Und wenn ich weiß, dass ich von der allumfassenden Liebe Gottes geliebt bin, dann fehlt mir nichts mehr.« Das ist die Gotteserkenntnis schlechthin. So war der Elmar. Aus vollem Herzen: Danke. Sein Abschied wurde dann von den Trauer Begleitern von AETAS gestaltet. Sein Wunschthema für die Beerdigung war »Himmelfahrt« und am Ende bekamen alle Trauernden weiße Luftballone, an die jeder ein kleines Gebet oder einen Gruß befestigen konnte. Einer weißen Wolke gleich sind sie dann vom Grab in den Himmel gestiegen.

◆

Ein Knall. Ich schreckte hoch, geweckt von der Fehlzündung eines Autos unten im fließenden Verkehr. Ich war irgendwie kurz weggedämmert. Dabei hatte ich nur kurz auf dem Sofa Platz genommen, um weiter zu überlegen, wo ich suchen sollte. Ich hätte es wissen müssen. Wenn unten über die Wittelsbacherstraße und Auenstraße der Verkehr rauscht und sich das Rauschen des Verkehrs mit dem Rauschen der Isar zu einem gleichmäßigen Strom vereint, unterbrochen nur vom Hupen und dem Martinshorn der Einsatzfahrzeuge, ohne die keine Innenstadt auskommt, wenn ich dann kurz auf dem Sofa Platz nehme, nicke ich häufig einfach weg. Der kurze Schlaf hatte mich dorthin gebracht, wo alles begann, zur Frage, warum ich Priester geworden bin. Die Antwort auf alles, was wir träumen, ist ganz einfach: Es gibt keine Zufälle im Leben – das Einzige, was zufällt, ist eine Tür, wenn's zieht. Mein Blick fiel auf den Bilderrahmen über mir, in dem sich unter Glas ein altes, abgetragenes T-Shirt befindet. In meiner Wohnung gibt es nur drei Stellen, die ich gerne anschaue – und eine, an der ich mich gerne aufhalte. Dieser Ort ist die Sportschau-Couch vor dem kleinen Fernseher, auf der ich jetzt weggedämmert war. Die drei Punkte, die ich mit meinen Blicken immer wieder ansteuere, sind das Bild einer Heiligen rechts neben dem Fenster in meinem Schlafzimmer. Der zweite eine Fotografie meiner Rosenheimer Kaplanskirche St. Nikolaus, die mir meine Jugendgruppe zum Abschied aus Rosenheim geschenkt hatte, und der dritte mein unter Glas gerahmtes Lieblings-T-Shirt aus meiner damaligen Zeit als junger Kaplan in Rosenheim. Ein Anblick, der sich stets mit Wehmut, der innigen Liebe, der Erinnerung und auch mit Sehnsuchtsschmerz an eine zerstörte Hoffnung verbindet. Als ich 1993 hierher nach Sankt Max kam, war ich von meiner Kirche tief enttäuscht, desillusioniert und innerlich erkaltet. Die ersten Monate nach Dienstantritt hatte ich noch versucht, mich irgendwie häuslich einzurichten. Ich bin gescheitert. Wenn du erlebt hast, dass du jederzeit abrufbereit zu sein hast, um auf Weisung des Bischofs an einem anderen Ort andere Aufgaben zu übernehmen, wenn du das dreimal erlebt hast – dann schlägst du keine Wurzeln mehr. Ich kann heute nach 23 Jahren in einer Stunde ausziehen, so wenig Persönliches von mir ist in dieser Wohnung. Ein paar Kisten voll und ich bin weg. Auf dieser Dienstwohnung lastet zudem auch der Schatten meiner äußerst schwierigen Anfangsjahre in Sankt Max. Die ganze Unsicherheit. Meine innere Zerrissenheit nach meinem fälligen Weggang aus Rosenheim. Meine Unsicherheit damals, ob ich der Aufgabe, diese Gemeinde wieder zu vereinen, auch gewachsen bin. Meine Verlassenheit nach dem Tod meiner Eltern – die einsamsten Weihnachtsfeste, die man sich vorstellen kann. Vor allem am Abend des Heiligabend, beim Warten auf die Christmette: Da habe ich mich schon gefragt: »War's das alles wert? Jetzt könnten da auch Kinder rumrennen.« In das nächste Loch fiel ich, wenn ich nach der Messe in der Gemeinschaft der Gläubigen plötzlich wieder allein in meinem »dunklen Kerker« saß und nach draußen in die weihnachtlich hell leuchtenden Fenster schaute, zu den Familien, die jetzt Bescherung feierten oder gemeinsam den Weihnachtsbraten verspeisten. Diese Einsamkeit hat damals so geschmerzt, dass man meint, es zerreißt einem das Herz. Das sind die dunkeln Seiten im Zölibat, diese Einsamkeit. Nicht unbedingt unerfüllte Sexualität, wobei ich Fälle kenne, wo auch das zur Heimsuchung geworden ist. Sondern es ist die Leere der Räume, die du abends betrittst. Die fehlende menschliche Wärme. Dass niemand wartet und niemand da ist, mit dem du reden kannst. Der dich in den Arm nimmt. Dir Zuspruch gibt. Einfach da ist. Der Mensch ist ein soziales Wesen, das Wärme von seinesgleichen braucht. Im Zölibat musst du dich davon verabschieden. Das Problem am Zölibat ist nicht, dass ich die Turnübungen im Bett nicht ausführen darf. Es besteht darin, dass ich sozial zu vereinsamen drohe – weil sich meine täglichen Kontakte mit Menschen immer auf Dienstliches und Seelsorgerisches reduzieren. Zum Pfarrer bleibt immer eine Distanz. Ganz selten findet man Freunde. Ich habe auch kaum Kontakte zu den Pfarrern in der Nachbarschaft. Die Einsamkeit war bis vor wenigen Jahrzehnten weniger das Problem, weil der Pfarrer immer in größeren Gruppen gelebt und von seinen Mitbrüdern aufgefangen wurde.

In den Pfarrhöfen gab es mehrere Vikare, Kapläne – das waren richtige Hausgemeinschaften. Jesus-WGs. Du hast später, wenn du vom Kaplan zum Pfarrer berufen wurdest, selbst solche Hausgemeinschaften gebildet, warst der Spiritus Rektor einer neuen, deiner Gruppe und damit verantwortlich für den Zusammenhalt und die

Betreuung des Einzelnen. Darum sind die alten Pfarrhöfe so riesig und so viele staunen über die angebliche Verschwendung von Wohnraum, weil heute – wenn überhaupt – nur noch ein Pfarrer dort lebt. Und was bist du heute? Einsam. Schon in meiner sechsjährigen Zeit als Kaplan gab es solche geistlich und menschlich stützenden Hausgemeinschaften im Zölibat nicht mehr. Heute wird man schneller Pfarrer, als man sich umschauen kann – weil der Nachwuchs fehlt. Eine psychosoziale Begleitung vor allem junger Priester findet nicht statt. Sie werden viel zu jung Pfarrer und bleiben dann mehr oder weniger sich selbst überlassen. Ich kenne etliche, die mit dieser Einsamkeit nicht zurechtkommen. Die sind fertig. So fertig, dass sie mir sagen: »Du, ich habe Angst vor dem Urlaub!« »Wie bitte?« Ja, sagt der: »Was nützt mir der schönste Südseestrand, wenn ich da alleine herumhocke und niemanden neben mir habe, mit dem ich das teilen kann.« Dieser Blues setzt immer ein, wenn plötzlich Zeit zum Nachdenken ist. Nach »Feierabend«, wenn sich das Hamsterrad langsamer dreht, vor allem nach den Gottesdiensten an hohen Feiertagen, wenn du alleine bleibst im stillen Pfarrhaus. Jeden fällt das mal an. Jeder kennt das. Jeder hat Angst davor. Viele betäuben die Leere durch noch mehr Arbeit. Und brennen aus. Der Bischof von Passau, Stefan Oster, der hochwassersicher in bester Lage am Domplatz in einer Wohnzweckgemeinschaft mit anderen Priestern im dortigen Priesterseminar wohnt, bekannte in einem Interview: »Manchmal steigen in mir Gefühle von Einsamkeit hoch. Etwa, wenn ich vom Büro nach Hause komme und am Abend noch Mails oder Post beantworte. Dabei wird es dann manchmal 23 Uhr und ich frage mich dann: Was war das für ein Abend? Als Bischof muss man allerdings auch allein sein können. Immer gilt: Wenn ich ein einigermaßen angemessenes geistliches Leben führen kann, fühle ich mich nicht einsam.« Ich hatte noch das Glück, erst nach sechs Jahren Pfarrer zu werden. Die Vorstufe, Kaplan sein, ist durchaus komfortabel – in diesem Freiraum machst du nur Seelsorge, kannst wichtige Erfahrungen sammeln, in deiner Persönlichkeit heranreifen – aber hast nicht den ganzen Verwaltungskram eines Pfarrers am Hals. Ich habe noch vier Jahre mit engem Anschluss an einen Pfarrhof wachsen dürfen, war erst die letzten zwei Jahre völlig auf mich alleine gestellt. Ich weiß aus vielen Gesprächen, dass es vielen jungen Pfarrern ähnlich ergeht. Und ich weiß auch von vielen: Beten hilft nicht immer. Ich habe jahrelang darüber nachgedacht, wie ich das Problem »Einsamkeit« lösen könnte.

Eine Art Familienersatz zu finden, in welcher Form auch immer, aber passend zu meinem Zölibatsversprechen. Natürlich könnte ich eine WG gründen. Ich könnte in meine 4-Zimmer-Dienstwohnung eine Familie aufnehmen. Ich habe überlegt, Studenten als Untermieter einziehen zu lassen und an dem großen Esstisch in meinem Wohnzimmer jeden Abend Leute zu versammeln. Zum Abendmahl – wie bei Kant oder Friedrich dem II. Wäre ein Modell. Könnte ich tun. Ich habe das bisher aus mehreren Gründen nicht gemacht: Mit wem sollte ich zusammenziehen? Wären es junge oder gleichaltrige Männer – es gäbe vermutlich, nicht in meiner Gemeinde, aber dennoch von irgendwoher Gerede von wegen »Schwulen-WG im Pfarrershaus?«. Andersherum mit jungen oder gleichaltrigen Frauen als Mitbewohnerinnen – vom Effekt her dasselbe. Die Mischvariante? Noch komplizierter. Mit deutlich älteren Männern und all ihren besonderen Eigenheiten zusammenzuwohnen? Für mich keine Lösung – ich bin kein geriatrischer Betrieb und nachts durch die Wohnung schlurfen und husten, von Schlaflosigkeit getrieben, das mache ich dann lieber selbst. Zudem habe ich noch nie in einer WG gewohnt, keinerlei WG-Erfahrung und hätte vermutlich Abstriche in der mir eigenen Art zu arbeiten machen müssen. Ich arbeite immer. Stehe manchmal nachts auf und schreibe, eine Mail, eine Kolumne. Und diesen Luxus der völligen zeitlichen Unabhängigkeit von anderen, ohne den ich täglich nicht leisten könnte, was ich leisten muss – wollte ich nicht aufgeben. Ich bin 24 Stunden für meine Gemeinde da und 24 Stunden erreichbar. Weil ich alleine wohne, spielt es keine Rolle, ob ich um sechs Uhr morgens mein

Frühstück mache, morgens oder mitten in der Nacht von einer Sterbebegleitung oder nach einem langen Tag als Wiesnbedienung nach Hause komme. Alleine bin ich niemandem aus meinem direkten Umfeld verpflichtet und muss mit niemandem planen. Wenn ich mich auf die WG einlasse – und mit anderen Menschen zusammen in einer Wohnung zusammenleben würde, dann wäre das nach meinem Empfinden auch mit einer Verpflichtung verbunden, die ich nicht halten könnte. Denn es müsste wie in einem Kloster auch gemeinsame Zeiten geben, wo man nicht nur zusammen wohnt – sondern zusammen ist. Sonst würde ich anderen lediglich eine günstige Unterkunft bieten. Da müsste es gemeinsame Essenszeiten geben und auch gemeinsame Gebetszeiten. Denn wenn überhaupt WG, denke ich schon an eine geistliche WG. Wonach ich mich sehne, ist keine Wohnungszweckgemeinschaft – sondern eine Art geistliche Lebensgemeinschaft wie in einem Kloster – jedoch mitten in der Großstadt.

Eine Lebensgemeinschaft, die mich stärkt, die mich hält, mit der ich mein Leben teile. Menschen, die sich um mich kümmern, wenn ich krank bin – um die ich mich kümmere, wenn sie Hilfe benötigen. Eine Lebensgemeinschaft, die zusammen in den Urlaub fährt, die ihre Feste gemeinsam feiert, vor allem die Kirchenfeste – das verstehe ich unter Lebensgemeinschaft. Eine Gemeinschaft, in die ich mich hineinfallen lassen kann. Was ich da beschreibe, ist eigentlich nichts anderes als eine Familie. Und genau das meine ich – vom Gefühl des Sich-geborgen-Fühlens her betrachtet. Nicht von der Ehe her gedacht. Sondern als Gemeinschaft Gleichgesinnter mit denselben Ansprüchen und Bedürfnissen. Es brauchen nicht alles Priester sein, in jedem Fall aber eine Lebensgemeinschaft, die meinen Zölibat und meinen Glauben aushalten muss. Jeder Priester sieht sich irgendwann mit diesen Fragen konfrontiert. Und jeder muss sein System finden – bei mir hat das lange gedauert – und was ich sehr schnell wusste, meine Wohnung würde nie Teil dieses Systems werden. Daher diese Hassliebe.

◆

Heimat. Ein Zuhause haben. Willkommen sein. Geborgenheit. Dieses Gefühl habe ich seit meiner Jugend nie mehr so wiedergefunden, wie ich es während meiner Kindheit in meinem Elternhaus und bei meiner Mutter erlebt habe. Als ich damals aus dem Kapuzinerkloster nach Hause zurückkehrte, wusste ich nicht, was ich da sehr bald verlieren sollte. Zu sehr war ich erfüllt von dem, was ich bei den Mönchen erlebt hatte. Ich trat durch die Tür unserer Wohnung und habe völlig überirdisch vor mich hingelächelt und schaute vermutlich auch leicht verstört aus. Meine Mutter schaute kritisch: »Und wie ist deine Facharbeit geworden?« »Keine einzige Zeile habe ich geschrieben!« »Ja spinnst jetzt?« Die Arbeit, der eigentliche Grund, ins Kloster zu gehen, war völlig bedeutungslos geworden. Mein Entschluss war gefallen – ich würde dem Kapuzinerorden beitreten. Die Tage im Kloster hatten etwas in mir aufgerissen, ich war wie aus Zeit und Raum geschossen in einen anderen Zustand. Was mich bis heute fasziniert und der Kern meiner Lebenshaltung ist, ist die Reduktion auf das Wesentliche, die ich bei den Kapuzinern erlebt habe. Nicht mehr besitzen zu wollen, als man zum Überleben braucht. Alles abstreifen können, um in den Übergang zu gehen, ohne anzuhaften, wie die Buddhisten sagen. Seine Aufgaben hier im Jetzt voller Pflichtbewusstsein erfüllen – und doch mit dem nächsten Schritt immer bereit sein, dem Jenseits entgegenschreiten zu können. Es schien alles irgendwie so neu und zu verletzlich, als dass ich groß hätte drüber reden wollen. Ich wusste nur, ich wollte mehr davon und fort von zu Hause.

Mein Leben hatte eine neue Richtung erhalten. Nach diesen wundersamen Tagen in Laufen gab es nicht mehr viel zu überlegen. Alle Zweifel, alles Grübeln über meinen weiteren Weg war beseitigt. Es war eine komplette innerliche Veränderung in meinem Leben. In etwa so, wie wenn ein erfolgreicher Dax-Manager sich plötzlich erleuchtet fühlt, seine Karriere, Familie, alles aufgibt, seine Aktienpakete verschenkt, sein Haus, seine Yacht, seinen Learjet, um in einem

Sterbehospiz zu arbeiten oder als Robinson in die Südsee auszusiedeln. Es war etwas Entscheidendes passiert. Und ich verschenkte mein heiß geliebtes Auto, an dessen Motorblock und sämtlichen Teilen ich endlose Stunden herumgeschraubt und darüber vergessen hatte, zum Tanzkurs zu gehen und ein Mädchen in den Arm zu nehmen. Ich war neunzehn und entschlossen, zölibatär zu leben. Da ich meine Tätigkeit in meiner Gemeinde nach dem Krach mit meinem Pfarrer aufgegeben hatte, waren meine Wochenenden nun frei und ich bin jeden Freitag nach der Schule sofort nach Laufen ins Kloster gefahren. Es war eine Zeit des Abschieds. Des sich Loslösens von zu Hause. Meinen Eltern. Meinen Freunden. Von allem, was bisher mein Leben ausgemacht hatte. Es war der Abschied von meiner Kindheit. Ich habe das damals nicht als schmerzhaft empfunden. Ich saß auf gepackten Koffern und konnte nicht erwarten, dass es losgeht. Selbst an meine Abiturprüfung habe ich keine tieferen Erinnerungen – das habe ich nebenbei erledigt, genau wie die mit heißer Nadel genähte, »Schavan-Plug«-gefährdete Facharbeit unmittelbar davor. »Großer Gott, wir loben dich!«, mit diesem Lied auf den Lippen bin ich am 24. August 1980 zu den Kapuzinern nach Laufen gepilgert und habe dort mein Noviziat begonnen. Eine Woche früher als offiziell vereinbart. Ich wollte keine Zeit verlieren und endlich ankommen. Ließ alles stehen, auch meinen Vater, mit dem ich so gestritten hatte und der sich kaum von mir verabschieden konnte in seinem, wie ich erst später begreifen sollte, Unvermögen, seine Gefühle zuzulassen.

Damals begann eine kleine Eiszeit zwischen uns, die erst später – fast zu spät – in der liebevollen Umarmung enden würde, die wir uns beim Abschied von meinen Eltern versagt haben. Heute, mit zunehmendem Alter weiß ich um den Wert des guten Abschieds. Aber damals kannte mein Sehnen und Streben nur noch eine Richtung: weg von zu Hause, zu den Kapuzinern. In meinem Elternhaus ließ ich meine Jugend zurück und machte den nächsten wichtigen Schritt. Ich drehte mich einfach um und ging voller Freude einer Zukunft entgegen, die voller Verheißungen schien. Es war, als hätte mich jemand die ganze Zeit über gerufen und als hätte ich endlich erkannt, woher diese Stimme kam. Es war Wiedererkennen, dass plötzlich alles zu passen schien, wovon man immer geträumt hatte, und es löste diesen Rausch aus, aus dem ich jedoch bald sehr schmerzvoll erwachen sollte.

◆

Wie schmerzhaft und doch schön ist es, wenn wir aus der Rückschau unser Leben betrachten, wie einen Film, mit einem Hauptdarsteller, der alle unsere Sympathien genießt – und dem wir trotzdem nicht zurufen können, halt, mach den Fehler nicht – geh einen anderen Weg. Nichts kann diesen Film anhalten. Umso wichtiger ist es, dass wir diesen Film ausspielen, unsere Rolle ausfüllen, von Zeit zu Zeit anschauen, was geschehen ist – so dass wir am Ende unseres Lebens sagen können: mit allen Fehlern, Höhen und Tiefen, allem Schmerz und aller Freude – dieses Leben habe ich vollkommen ausgeschöpft. Ich habe aus diesem Geschenk etwas gemacht, es wertgeschätzt und dafür etwas unendlich Wertvolles erhalten: innere Zufriedenheit, wenn meine Zeit gekommen ist. Vollkommenheit darin, nichts mehr zu wünschen. So erlöst einschlafen zu können, wie in der Kindheit, nach einem Tag draußen in der Natur. Das ist es, was ich allen Menschen wünsche, die sich auf den Weg machen, zu sterben. In dieser vollkommenen Zufriedenheit kämpft man nicht mehr, sondern geht gelassener. Ich fragte mich, was mich heute erwarten würde am Sterbebett des Mannes, dessen Familie mich gerufen hatte. Wie hatte sein Film ausgesehen? Im Schummerlicht meiner Dienstwohnung setzte ich meine Suche nach den Motorradklamotten fort, bis ich mich an den einzigen Platz meiner Wohnung vorgearbeitet hatte, wo eine so glasklare Ordnung herrscht, dass ich jedes Mal vor Ehrfurcht erstarre: mein Kleiderschrank. Die Ordnung folgt einem leicht erkennbaren Schema, Gundas »Sechs-Smiley-System«. In jedem der Regalfächer stapeln sich superkorrekt gefaltete T-Shirts, Hosen, Socken und was man so braucht. Hemden habe ich so gut wie keine, da ich leidenschaftlich gern T-Shirts trage. Jeden Tag. Zu jedem Anlass. Unterhalb des jeweiligen Faches, auf der Sichtkante, befinden sich die Smileys. Drei lachende Smileys praktisch in Griffhöhe bedeutet: neu, sauber – bitte zieh mich an! Zwei Smileys bedeutet: sauber – nicht mehr ganz neu. Ein Smiley: Achtung, schon älter. Dann abwärts in den jeweiligen Qualitäts-Abstufungen geht es runter bis auf drei übel gelaunte Smileys mit nach unten gezogenen Mundwinkeln. Ein Smiley mit runtergezogenen Mundwinkeln im untersten Fach bedeutet laut meiner hausinternen Ratingagentur *für gepflegtes Aussehen*: »Wehe – Finger weg! Nur im Notfall, nur für Drecksarbeiten am Motorrad.« Solche Ordnung beherrschen nur Frauen oder Militärs.

Es ist Gundas System, das hier sehr übersichtlich für Ordnung sorgt. Wenn ich nicht Gunda hätte, die meine Wäsche macht, sämtliche privaten Besorgungen, ab und an den Kühlschrank füllt und mir alles einkauft, würde ich bald hilflos wie ein Maikäfer auf dem Rücken liegen. Jedes Kleidungsstück in meinem Schrank hat sie gekauft. Was den Zustand meiner Kleidung anbelangt – es heißt, man hätte mich schon in T-Shirt, Shorts und Plastikclogs in der Nähe von Heilig Geist gesichtet –, wäre ich der Pfarrer mit dem kompromisslosesten Erscheinungsbild Münchens. Gunda kauft gerne ein. Sie kennt meine Größen. Meinen zeitlos modeunabhängigen Geschmack für pflegeleichte Funktionskleidung. Meine Neigung für knallige T-Shirts mit intelligenten Aufschriften. Meine Abneigung für Experimente. Und sie hat einen Etat – ein Händchen für Sonderangebote. Ich habe noch nie etwas für den Umtausch zurückgegeben. Was will ich mehr? Gunda nimmt mir damit eine schwere Last von den Schultern. Ich gehe nämlich gar nicht gerne einkaufen – um deutlicher zu werden: Ich hasse es, in überheizten Kaufhäusern, wenn mir der Schweiß den Rücken runterläuft, nach passender Kleidung zu suchen. Allein wenn ich eine Hose probieren muss, macht mich das schon wahnsinnig. Wenn mal eine gut passt, kaufe ich immer gleich zehn, damit das Thema Hosenkauf erledigt ist, zumindest für die nächsten zehn Jahre. Eine gute Methode, nicht an Gewicht zuzulegen – denn weil ich auf Vorrat kaufe, darf ich nicht auf Vorrat essen – damit ich auch in fünf Jahren noch dieselbe Größe habe. Ich griff in den Schrank und wechselte zu einem lachenden 3-Smiley-T-Shirt. Und fand unten im Schrank sauber aufgeräumt alle meine Motorradutensilien. Die kleine Messingdose mit dem heiligen Öl für die Krankensalbung, das vom Bischof im Dom am Vorabend des Gründonnerstags eines jeden Jahres gesegnet wird, kommt in die Brusttasche meiner Motorradjacke.

Ich werde in diesem Jahr 56 Jahre alt. Ein Alter, wo man nicht mehr nur bergauf, zum Gipfel und nach vorne schaut, sondern auch schon mal zurück. Wie wird das sein, wenn du gehen musst? Wirst du es mit Freude tun? In großer Erwartung auf all das, was dann kommen mag? Oder wirst du Angst haben vor dem Sterben, dich auch fragen, warum er dich verlassen hat? Wie so viele, die du auf ihrem Weg begleitet hast, bis sie endlich ihren Frieden gefunden haben? Ich dachte an den Tod meines Vaters, wie schnell so ein Leben zu Ende geht. Und wie wenig bleibt, außer ein paar Erinnerungen, wie schnell die verblassen werden mit meinem Tod – denn ich habe keine Nachkommen, die das Andenken an meinen Vater und mich hochhalten und von uns erzählen werden, was für Menschen wir waren und welche Geschichte wir hatten.

◆

Es ging jetzt auf 12:00 Uhr zu und langsam drängte die Zeit. Ich erwartete aber noch etwas Bestimmtes. Ich blickte aus einem der vier Fenster meines Kaminzimmers, lausche dem gleichmäßig unter mir dahinrauschenden Strom des Münchner Berufsverkehrs, der rechts und links an Sankt Maximilian entlangströmt und dem sich die Kirche wie ein gigantisches Schiff aus fernen Zeiten entgegenstemmt. Ich sah tausendfach das ewige Licht der Bremsleuchten, diese Grablichter der Fahrradfahrer, Richtung Reichenbach-Brücke, unter der die Isar seit ewigen Zeiten ihre Wildheit Richtung Donau verströmt. Ich bin immer wieder fasziniert von diesem Strömen von unzähligen Menschen, die in ihren Autos, programmiert von unbekannten Zielen und Terminen, durch ihr Leben fahren. Wie viele dieser Menschen dachten gerade in diesem Moment an Gott? Wie viele waren von Liebe erfüllt, mitfühlend, glücklich – und wie viele voller Unruhe, Untreue, getrieben von Stress, Auto-Aggression im laufenden Verkehr und Geldgier im materiellen Gewinnstreben? Wie viele von all diesen Menschen würden heute Abend in den Gottesdienst gehen? Oder auch nur beten?

Ich hörte das Rauschen des Verkehrs, ich lauschte gespannt auf das Rauschen der Isar und den Wind, der sich in den Linden vor meinem Fenster durch die Blätter fächelte. Ich sah auf den Wecker: fünf vor zwölf. Heute sollte zum ersten Mal wieder das Geläut angehen. Das Mittagsläuten. Vollautomatisch, Atomuhr-gesteuert. Früher hingen die Ministranten in den Dorfkirchen an den Seilen des Geläuts, wurden vom Gewicht der »swingenden« Glocken hoch- und runtergelassen, eine Mordsgaudi. Und wenn sie verschlafen hatten, gab es kein Geläut, sondern eine Watschen – zumindest die Drohung vom Pfarrer, es zu tun. In beiden Fällen war körperlicher Einsatz gefordert. Das spendete Wärme, vor allem im Winter, Frosthauch beim Singen, beim Ausblasen der Kerzen. In meiner Jugend war das Geläut schon vollelektronisch. Atomzeit-gesteuert – mit einer Abweichung von einer Sekunde in 20 Millionen Jahren. Ich schaute gespannt auf den Wecker – da. Der Zeiger sprang vor. 12 Uhr. Nichts? Jetzt müsste es endlich wieder tönen. Das 12-Uhr-Läuten. Aber es tut nicht. Das Geläut bleibt stumm. Verdammt – dieses Wort darf ich nicht mal denken –, aber die ganzen letzten drei Wochen hatte ich wieder mit Telefonieren verbracht. Fachbetriebe anfragen. Angebote einholen. Beauftragen. Abstimmung mit dem Ordinariat. Handwerker betreuen. Die beiden Glockentürme hoch und runter, mehrmals am Tag. Das Geläut war von einem Tag auf den anderen kaputt gewesen. Kein Bim und kein Bam mehr. Sechs

Glocken, am 14. September 1901 von den Gebrüdern Oberascher aus München gegossen, eines der schönsten Geläute der Stadt. Gusskosten damals 25 970 Mark. Heute unbezahlbar. Da gäbe es nicht einmal eine kleine Glocke dafür. 40 000 Euro verlangen die Fachbetriebe allein schon für Wartung und Reparatur. Die sechs Glocken im Südost- und im Nordwestturm haben einen hohen historischen Wert, weil sie in beiden Weltkriegen nicht das Schicksal anderer Geläute ereilte und sie von der Rüstungsindustrie zu Kanonen und Kartuschen für den Krieg eingeschmolzen wurden. Sie überlebten auch die Bombennächte des Zweiten Weltkrieges, obwohl Sankt Max bei den Luftangriffen auf München zwischen September 1943 und November 1944 mehrfach schwer getroffen und stark zerstört wurde. Alle Glocken haben einen Namen. Die größte Glocke ist die Dreifaltigkeitsglocke mit über 3600 Kilogramm. Die drei kleinsten Glocken werden am häufigsten geläutet, die Ottoglocke mit 450 Kilogramm, die Ludwigsglocke mit 650 Kilogramm und die Maximiliansglocke mit 950 Kilogramm. Über die beiden größeren Glocken, die Apostelglocke mit 1650 Kilogramm und die Salveglocke mit schon 2250 Kilogramm, erfolgt der Uhrschlag, zwei Tonnen Bronzeguss. Jeden Samstag um 15 Uhr wird mit den Glocken *Otto*, *Ludwig*, *Maximilian* und *Salve* der Sonntag für gut sechs bis sieben Minuten eingeläutet. Nachdem das Geläut tagelang verstummt war und kein Anruf kam, fragte ich mich schon: Hat niemand dich vermisst? Wo blieben die besorgten Nachfragen meiner 4000 Seelen zählenden Gemeinde, zumindest von den 3 % Gottesdienstbesuchern? Niemand rief an und fragte, was los ist. Ich dachte, würde dich etwa auch niemand vermissen, wenn du eines Tages genauso verstummen würdest? Ohne Ankündigung. Kein Gottesdienst. Einfach so: »I mog heit net«?

Was bedeutet den Menschen heute noch ein anständiges, schönes Kirchengeläut? Ich schaue immer mit großer Faszination, wie sich die jungen Leute in meinem Viertel für Hunderte Euro »original tibetische« Klangschalen zweifelhafter Herkunft in die Wohnung stellen. Dabei haben sie die größten und schönsten und intensivsten Mega-Klangkörper direkt vor der Tür. Dazu kostenlos. Sie hängen in meinen Glockentürmen. Sie tun nichts anderes als Klangschalen – die Luft in positive Schwingungen versetzen. Mich berührt der Ton einer schönen Glocke jedes Mal – und nicht nur mit Glühweinfusel in der Hand auf dem Weihnachtsmarkt, wenn die Glocken angeblich süßer nie klingen. Wie halten wir es mit unserer Tradition? Wir haben alles in unserer Kirche: Die Botschaft der Liebe. Das »Ommm«. Räucherstäbchen in Form von Weihrauch. Musik. Wahlweise Orgel und Orchester. A-Capella-Gesänge. Im Chor. Gregorianisch. Glockenläuten. Was wir nicht haben, ist gutes Marketing für unser 2000 Jahre altes Produkt.

Kirche wird nicht mehr als »alternativlos« wahrgenommen. Wie viel christlichen Glauben und Kenntnis seiner Symbolik gibt es noch in der Bevölkerung, vor allem bei jungen Menschen? Wie viel Wahrheit steckt in der Antwort von Bundeskanzlerin Angela Merkel, im Sommer 2015, dem ersten einer Vielzahl weiterer Höhepunkte der Flüchtlingskrise, als sie auf die besorgte Frage einer Bürgerin, wie die Regierung die Bürger vor einer radikalen Islamisierung schützen wolle, antwortete: »Wenn Sie mal Aufsätze in Deutschland schreiben lassen, was Pfingsten bedeutet, da würde ich mal sagen, ist es mit der Kenntnis über das christliche Abendland nicht so weit her. Und sich dann anschließend zu beklagen, dass Muslime sich im Koran besser auskennen, das finde ich irgendwie komisch. Und vielleicht kann uns diese Debatte auch mal wieder dazu führen, dass wir uns mit unseren eigenen Wurzeln befassen und ein bisschen mehr Kenntnis darüber haben.«

Vielleicht würde es gar nicht weiter stören, wenn unsere Kirchen völlig verstummen würden? Die Frage ist keineswegs theoretisch. Sondern handfest und schneidend kalt wie der Wind, der oben durch die Lamellen der beiden Glockentürme streicht. Die Stille hätte eine Zahl: Die 40 000 Euro, die der Spezialbetrieb für die Glockenreparatur aufruft, fehlen mir an anderer Stelle. Was ist mehr wert? Ein Geläut, das manche stört und andere gar nicht vermissen – oder eine Familie in Not, die eine Unterstützung der Gemeinde braucht. Und ich habe viele solcher Familien. Die Instandhaltung historischer Gebäude wie Sankt Max und Heilig Geist verschlingt allein schon wegen des Denkmalschutzes ebenfalls sehr viel Geld. Und dann ist alles in die Jahre gekommen. Du schlägst einen Nagel in die Tür und kannst das ganze Portal renovieren, du willst »schnell« ein Lautsprecherkabel legen, damit dich auch die Gläubigen mit Hörgerät in den hinteren Reihen verstehen – und dann sagt dir der Putz quadratmeterweise »Hallo«! Wir haben keine Normfenster aus Plastik – das ist jedes Mal Handwerkerkunst von Spezialisten, wenn etwas zu reparieren ist.

Die Zukunft meiner Gemeinde – was ihre Vitalität und damit ihre Strahlkraft im täglichen Leben auf andere Menschen ausmacht, lässt sich reduzieren auf das Materielle an drei Fingern abzählen: Personal, Kundschaft, Knete. Das sind die drei verwaltungstechnischen Säulen für die Funktionsfähigkeit der Kirche und ihrer vielen sozialen Einrichtungen. In unserem Pfarrgebiet sind das unser Alten- und Service-Zentrum, ein Eingliederungsheim für Nichtsesshafte (Adolf-Mathes-Haus) des Kath. Männerfürsorgevereins und das Haus »Courage«, das betreutes Wohnen für Frauen in besonderen psychosozialen Schwierigkeiten ermöglicht sowie Beratung, Begleitung und Förderung in allen lebenspraktischen Bereichen anbietet. Unsere Aufgabe als Gemeinde ist: Soziale Missstände erkennen und benennen. Fürsorge für Kinder, Alte und Kranke, Gefallene und Behinderte. Menschen in Not helfen, sie in ihrer Trauer begleiten und in ihrer Freude. Die frohe Botschaft verkünden. Caritas – um es kurz zu sagen. Caritas stammt aus dem Lateinischen und bedeutet nichts anderes als Nächstenliebe. Für den Betrieb dieser Einrichtungen brauche ich Geld. Fehlt die Kundschaft, leidet auch die finanzielle Sicherheit. Sinken die Kirchensteuereinnahmen – muss gespart werden und bald fehlt auch das Personal. Und damit wiederum leidet die tätige Nächstenliebe. Wozu Kirchensteuern zahlen – wenn ich nichts zurückerhalte, sagen sich dann viele? Wo Gemeinschaft scheitert – boomt Egoismus. Und das beschleunigt am Ende die Abwanderung. Noch sind die Kirchenaustritte nicht mit voller Wucht auf meine Kassen durchgeschlagen. Trotz knapper Mittel befinden wir uns zurzeit verglichen mit anderen Gemeinden noch auf einer Insel der Seligen in einem Meer der Armut. Weil es zumindest in München wirtschaftlich noch gut läuft, ist das Steueraufkommen sogar etwas höher als in den vergangenen Jahren und es sind noch Reserven da, die viele leichtsinnig machen. Denn angesichts der gigantischen Abwanderung aus unserer Gemeinschaft werden die Einnahmen Jahr für Jahr weiter sinken. Ich kann nicht mehr ausgeben, als in der Kasse ist. Also: Investiere ich Geld besser für Menschen – oder stecke ich es in Gebäude? Wozu läuten für 40 000 Euro, wenn doch kaum noch einer zum Gottesdienst kommt unter der Woche? Warum nicht einfach Schluss und fertig mit »Bim-Bam«?

◆

Das Leben spielt woanders: Immer wieder sonntags sind die Lokale und Restaurants in diesem In-Viertel voller als jede meiner beiden Kirchen. Ich drücke voller Neid meine Nase von außen an den Scheiben platt, schaue auf das junge Leben drinnen, die jungen Paare, die vielen Kinder und frage mich, warum kommt ihr nicht zu mir, was kann ich tun, um euch wieder zu erreichen? Wie kann ich euch zeigen, dass es Kirche gibt? Und wie sinnvoll Glauben gerade in dieser Zeit wieder für euch sein könnte, in der das Materielle zum Fetisch erhoben wird und allgemeine Sinnentleerung Krisen auslöst? Junge Menschen, die ich so sehr vermisse in meinem Haus. Was sie hierherlockt und von mir fernhält scheint so viel stärker: Brunch heißt ihr Gottesdienst. Hier finden sich die jungen Familien mit ihren vielen Kindern zusammen, zu einer Frühstücksgemeinde, zum Geläut der Orangensaftgläser und Prosecco Kelche, dem Klingeln der Löffel zur Wandlung im Latte Macchiato. Hierher haben sich die Treffpunkte verlagert, der Plausch auf dem Dorfplatz, das Bier beim Wirt nach dem Gottesdienst. Das Gemeinsinnstiftende der Kirche gibt es nicht mehr. Ich sage dem Wirt von der In-Gastronomie »Kreuzberger« immer: »Kannst du nicht erst um zwölf aufschließen, wenn ich fertig bin mit dem Gottesdienst?« Ich weiß nicht, warum, aber er lacht dann seltsam. Es hilft auch alles Glockenläuten nicht, sie wollen einfach nicht mehr kommen. Es ist wie bei einem Endspiel mit 2 Toren Rückstand kurz vor Ende der zweiten Halbzeit. Ich habe nur eine Chance.

Ich muss kämpfen und besser sein als der »Brunch«, um das Spiel noch zu drehen. Dazu aber müsste ich mich auf meine eigentlichen Aufgaben als Priester konzentrieren. Ich müsste Zeit haben, mich ganz um die Verschiebungen im spirituellen Gefüge meiner Gemeinde zu kümmern. Mit den Menschen zu gehen. Für sie da zu sein. Ja, ich müsste ganz von vorne anfangen und die Wohlstandsheiden und Protestagnostiker missionieren in meinem eigenen Stadtviertel. Dafür habe ich die höheren Weihen als Priester erhalten. Nicht dafür, dass ich die Hecken schneide und den Rasen vor meiner Kirche mähe, den Maibaum anstreiche, den Christbaum besorge, aufstelle und dekoriere oder das Dach selbst ausbessere, um Geld zu sparen für die Jugendfreizeit, und mich über jeden aus der Gemeinde freue, der mit anpackt. Was aber, wenn immer weniger freiwillige Helfer da sind? Dann habe ich noch weniger Zeit. Ich müsste mal Zeit haben, aktuelle Bücher zu lesen, Dokumentationen und Diskussionen im Fernsehen anzuschauen, müsste Fachbeiträge lesen, mich fortbilden, mich stärker um neue Predigtideen kümmern, um nicht im eigenen Saft zu verschmoren. Neulich hat mich ein Kollege gefragt, ob ich denn schon eine bestimmte Enzyklika gelesen hätte. Ich habe nur flapsig geantwortet: »Kein Sportteil, keine Bilder, keine nackten Weiber – das ist kein Text für mich.« Ich bin kein Freund von solchen großen theoretischen Texten, bei denen ich kaum einen Bezug zu meiner täglichen praktischen Arbeit finden kann. Mich ermüdet das – ich schlafe einfach ein beim Lesen, wenn ich nachts nach gefühlten vier Beerdigungen, drei Taufen und einem Todesfall noch meinen Pfarrbrief schreibe, bevor ich in meine Knechtkammer einrücke. Ich bin einfach zu müde. Tagsüber komme ich nicht dazu. Ich habe alles doppelt: zwei Kirchen, zwei Büros. Zwei Sakristeien. Zwei Mesner. Auch doppelten Ärger. Mein Tag beginnt jeden Morgen mit dem Angelus-Läuten und -Gebet um 7:00 Uhr. Dann bete ich mein Brevier, gehe meistens ins Büro, mache mir einen Kaffee und setze mich vor meinen Computer und arbeite, bis um 9:00 meine Sekretariatshilfen kommen. In dieser Zeit kann ich sehr gut arbeiten, meine Texte, Antwortschreiben und Predigten schreiben. Wenn ich keinen Gottesdienst um 9:30 in Heilig Geist habe, beginnt der Tag häufiger mit einer Beerdigung – um 8:30 geht es los am Krematorium. Der erste Gottesdienst für mich ist sonst 9:30 in Heilig Geist.

Die späte Uhrzeit ist der Tatsache geschuldet, dass viele Leute von auswärts kommen. Es ist zwar sehr praktisch für den Zelebranten, wenn du eine Messe am frühen Morgen hast – weil dann der ganze Tag frei bleibt für die Arbeit. Aber wir verstehen uns halt als Dienstleister, darum müssen wir auch eine Messe anbieten, die später beginnt. Wir probieren es auch mit einer Messe um 15:00 – weil wir festgestellt haben, es gibt in unserer näheren Innenstadtumgebung zwischen 12 und 18:00 keine Messe. Auch hier gehen wir auf die Gläubigen zu, schaffen Angebote und schauen, wie sie angenommen werden. Wenn es nicht funktioniert, geben wir nicht auf, sondern suchen wir nach etwas Besserem. Mit diesen zwei Messen und der Abendmesse in Sankt Max um 19:00 Uhr und den vielen anderen seelsorgerischen und administrativen Tätigkeiten bist du den ganzen Tag ganz schön eingespannt. Meine doppelte Verantwortung in Heilig Geist und Sankt Max führt zu einer Art sonntäglicher Gottesdienstralley: 9:00 Heilig Geist – 10:30 Sankt Max. Zwei Gottesdienste hintereinander. Ich mache das deswegen, weil es beide Male der Pfarrgottesdienst ist. Und weil man in München lange suchen muss, wo morgens ab neun die Kirche voll ist. Die Leute sehen mich dann auf dem Fahrrad über den Lenker gebeugt wie Lance Armstrong, nur nicht gedopt, durchs Glockenbachviertel rasen. Ich komme mir manchmal vor wie ein Mitglied einer japanischen Reisegruppe, die freundlich lächelnd durch Europa tourt »Sämtliche Sehenswürdigkeiten in 24 Stunden« – so ungefähr. Zeit für ein persönliches Gespräch nach dem Gottesdienst oder Zeit für den Gläubigen, ein Anliegen vorzubringen, bleibt da keine.

In meiner Pfarrei gibt es insgesamt zehn Priester, die mich bei den Zelebrationen, Taufen, Hochzeiten und eventuell auch den Beerdigungen unterstützen. Das klingt viel – aber nur wenige sind im aktiven Dienst, einige schon längst pensioniert. Der älteste ist neunzig Jahre alt – nur zwei Jungpfarrer ohne eigene Pfarrei sind dabei. Ich habe bisher keinen gehört, der gemeint hätte, er wäre nicht ausgelastet und ihm sei langweilig. Jeden der Priester muss ich fragen, ob er Zeit hat, eine Zelebration zu übernehmen – wenn er keine Zeit hat, kann ich ihn nicht zwingen und muss selbst ran. Mittagessen fällt meistens aus. Erstens weil ich nicht zum Einkaufen komme. Zweitens weil ich es überhaupt nicht mag, alleine zu essen. Drittens weil nichts schmeckt ohne Gegenüber. Es gibt eigentlich keinen Tag, an dem ich nicht bis 22 Uhr im Dienst stehe. Und das sieben Tage die Woche. Ansprechbar, erreichbar. Nur in Zeiten von Fußballweltmeisterschaften und der EM kenne ich kein Erbarmen. Angesichts der doppelten Verantwortung für Heilig Geist und für Sankt Max schaffe ich es nicht, mir auch nur einen Tag frei zu halten. Auch den siebten Tag nicht. Wie auch? Gerade der Sonntag … Dazu Weihnachten. Ostern. Sämtliche Feiertage. Immer im Dienst. Irgendwann bist du nicht mehr aufnahmefähig. Wenn das tagein, tagaus so läuft, bekommst du den Tunnelblick – die Routine saugt dich auf in ein großes schwarzes Loch und die Bierdeckel wirken verlockend. Wenn ich aus dieser Mühle einmal herauskomme und zu den Landfrauen zum Beispiel nach Niederbayern fahr oder auf dem »Tag der Küche« sprechen darf, dann ist das fast schon Urlaub für mich. Einfach nicht erreichbar zu sein, wenigstens für ein zwei Stunden.

Herrlich. Eine ganze Zeit lang habe ich nach dem Tod unserer geliebten Putzfrau Maria Dilger auch das Treppenhaus geschrubbt in unserem vierstöckigen Pfarrhaus – und das gerne, weil ich mit einem Mal entdeckt habe, dass mich beim Putzen niemand stört, kein Telefon, keine Termine, das ich einfach mal abschalten und mir die besten Gedanken für meine Predigten kommen. Als Priester deiner Gemeinde bist du nicht nur Putzfrau, Hausmeister, Postbote, Bürodiener, Sanitärdienst, Krankenpfleger, Poststelle, Telefonist, Homesecurity, allgemeine Klagemauer und Störungsannahme – sondern auch Verwaltungsfachangestellter in Vollzeit. Aber geht das auf Dauer? Und was, wenn noch mehr Arbeiten dazukommen? Brauche ich als christlicher »Facility-Manager« den Zölibat?

◆

Das Geld für die Reparatur des Geläuts hatten wir dann übrigens doch noch irgendwie zusammengebracht. Ein Gespräch, ein bisschen Betteln, eine Spende, etwas Verzicht. Verbrauch von Rücklagen. Die Renovierung war zeitaufwendig. Ich blickte auf den Wecker: Was ist los? Fünf nach zwölf und immer noch schweigt das Geläut. Ich wollte gerade zum Handy greifen, um dem Fachbetrieb die Leviten zu lesen, aber dann ging es los. Da war er wieder. Der helle und der etwas dunklere Klang. Wie gewohnt. Wundervoll. Atomuhrgesteuert. Pünktlich. Schlag 12. Mein Wecker ging vor. Ich erinnerte mich, dass ich ihn vor Tagen selbst zehn Minuten vorgestellt hatte, um zu irgendeinem Termin wirklich pünktlich zu kommen. Schön hörte es sich an. Voll und sanft. In meinen Ohren. Für mich ist das Läuten der Glocken ein meditativer Genuss.

Aber ich wusste, das Läuten würde sie wieder hochschrecken, zu neuem Widerstand: die Glockenfeinde. Die Glockenfeinde melden sich ständig – wenn geläutet wird. Es sind die Glockengegner aus dem Viertel, die jeder Pfarrer kennt. Fast immer sind es Zugezogene. Durch die große Fluktuation habe ich eigentlich durchgehend Schriftverkehr mit immer neuen Glockengegnern. Es wachsen ständig neue nach, für jene, die fortziehen. Vor Kurzem hatte einer dieser nachtschwärmenden Brunch-Jünger, vermutlich aufgeweckt, unter vollem Mittagsgeläut bei mir angerufen, es sei nicht zum Aushalten, weil wir angeblich »dauernd«, korrekt: dreimal am Tag »Engel des Herrn« – läuten würden. Er werde, rief er aufgebracht, während ich ihn auf dem Telefon-Ohr und durch das andere von draußen, sozusagen stereo, den Sound Gottes hörte, nunmehr aktiv werden und eine Unterschriftensammlung im ganzen Viertel starten. Er werde die Leute mobilisieren gegen diese »ungeheuerliche« Lärmbelästigung und überhaupt … und … und … was weiß ich nicht alles, was er noch vorhatte in seinem Ärger. Ich habe tatsächlich nicht alles verstanden, wegen des Geläuts. Er musste sehr nah dran sein. Direkter Nachbar sozusagen. Aber sicher kein Kirchgänger, wie ich kombinierte. Als das Geläut ausklang, habe ich ihm geantwortet, mit Blick auf meinen voll beladenen Pfarrerschreibtisch, lasziv einen der Aktenstapel auf den anderen umtürmend: »Wissen'S was, wenn Sie schon sammeln gehen und in meiner Gemeinde unterwegs san, dann kommen'S doch rasch rüber zu mir und nehmen'S doch bittschön glei die Caritas-Briefe mit zum Verteilen.« Ich müsste sonst wieder meine Halbtags-Dame losschicken. Die aber bräuchte ich dringlichst im Büro. Er war verblüfft: »Mensch, Sie sind aber wirklich rotzfrech!« Und dann mussten wir lachen. Andere Gespräche verlaufen nicht so sanft. Manchmal kommen fiese Briefe, anonym, drohen mit Anwälten, Brandschatzung, Sprengung, inklusive mittelalterlich anmutender Verwünschungen gegen mich, gegen meine Kirche, meine Glocken. Das sind oft lange Briefe, da kommt denen alles – auch anderes – hoch.

Mich erinnern solche Beschwerden an die vielen hochsensiblen Städter, die erst der Hektik der Stadt durch einen Wohnortwechsel in möglichst pittoreske »native« Bauerndörfer auf dem Land zu entfliehen suchen, um ihren Wohlstand zu genießen – und dann durch alle Instanzen Klagen gegen die Dörfler führen, weil deren Kühe und Ziegen noch Glocken um den Hals tragen, die abgemähte Wiese

»geodelt« wird, Hähne krähen oder Landmaschinen in der Erntezeit im Sommer vom Morgengrauen und bis in die Nacht unterwegs sind – und dazu auf dem Land zur Untermalung auch noch die Kirchenglocken läuten. Ich meine, man sieht doch, bevor man zuzieht, dass da eine Kirche steht, oft seit vielen Hundert Jahren schon – und die soll nun plötzlich kleinlaut werden? Beim Läuten verstehe ich keinen Spaß. Denn die Glocken rufen zu Andacht und Gebet. Für die Glockenfeinde habe ich ein Standardschreiben vorbereitet. Ich war immer guten Mutes, dass mit dieser Stellungnahme die Sache erledigt sein müsste.

Manche nehmen die Aufforderung darin, einfach direkt zu uns zu kommen, tatsächlich wahr und kommen, um mich in ihrer Heimatkirche aufzusuchen. Manchmal auch unaufgefordert. Ich werde Menschen nie verstehen, die sich morgens nach meinem Gottesdienst – an dem sie nicht teilgenommen haben, wohlgemerkt – in ihren handgefertigten Kroko-Schuhen vor mir aufbauen und mich mit spitzem Mund »anschnöseln«: »Sagen Sie, ich beabsichtige, mich im Haus gegenüber einzukaufen. Wie oft und wann und wie lang läuten Sie?« Ich lächle dann freundlich: »Wenn es Sie in meine Nachbarschaft drängt: für Sie läute ich stündlich, halbstündlich, viertelstündlich, bis in die tiefe Nacht, frühmorgens und sonntags extra, Sondergeläut vor Hochzeiten, Taufen, vor jeder Andacht, an Geburtstagen Allerheiligen … wenn Fön ist … Eigentlich läuten wir durchgehend. Und wir haben eines der schönsten und größten und durchdringendsten Glockengeläute Münchens.« Fassungsloser Gesichtsausdruck. »Geht's no?«, setze ich dann beim Weggehen nach »… geht's no?«, und wende mich ab. Klagen gegen Kirchenläuten von ortsfernen Zugezogenen nehmen ständig zu. Manchmal müssen Gerichte entscheiden. Die Akzeptanz des sakralen Läutens auch richterlicherseits ist für mich ein sehr wichtiger Gradmesser, welcher Wert Glauben in unserer Gesellschaft noch zugemessen wird. Aber wie in Würzburg, wo selbst eine Frau mit ihrer Klage scheiterte, die aufgrund der dortigen Hügellage in nur 12 Metern Entfernung in gleicher Höhe der Glockenkanzel wohnt, haben Richter bisher noch nicht anders entschieden, als dass weiterhin geläutet werden darf. Denn so wie der Muezzin zum Entzücken des Präsidenten der EKD Bedford-Strohm zum Gebet ruft – sind es für uns Christen die Glocken, die uns daran erinnern, dass wir Teil der Schöpfung sind.

◆

Ich hatte endlich alle Motorradklamotten beisammen und schloss Gundas Smileytresor. Bei Markus 6,12–13 steht geschrieben: »Die Zwölf machten sich auf den Weg und riefen die Menschen zur Umkehr auf. Sie trieben viele Dämonen aus und salbten viele Kranke mit Öl und heilten sie.« Und nun geschah meine Wandlung vom Pfarrer zum Biker, die ich jedes Mal sehr genießen kann. Ich zog die Motorradjacke und schwere Schuhe an, schnappte Helm und Handschuhe und lief hinunter in den Hof meines Pfarrhauses, wo unter einem einfachen Wellblechverschlag meine BMW 1200 GS mit einer fernreisetauglichen Ausstattung immer vollbetankt auf mich wartet. Das Kürzel GS am Tank bedeutet »Gelände und Straße«. Dieses Motorrad ist mein einziger Luxus. Ich liebe dieses gutmütige, belastbare und dennoch agile Stück Freiheit. Es ist das neueste Modell der GS-Baureihe, ein Geländemotorrad mit großvolumigem Boxermotor und Einarmschwinge, das BMW im Jahr 1980 zum ersten Mal auf den Markt gebracht hat. Bei diesem Bautyp bin ich hängen geblieben. Meinen Führerschein habe ich erst sehr spät gemacht. München hatte inzwischen 1,5 Millionen Einwohner. Als Autofahrer stehst du im Dauerstau und falls du dein Ziel jemals rechtzeitig erreichen solltest, findest du keinen Parkplatz. Ich habe da Fahrten »um den Block« hinter mir, die erinnerten an die 24-Stunden-Rennen auf dem Nürburgring. Eines Morgens stand ich so beim Zähneputzen, bleckte die Zähne vor Ärger, dachte an den Parkplatzärger vom Vortag, dachte daran, dass ein Priester nicht fluchen soll, dachte, dass ich wieder einmal zu spät gekommen war und plötzlich schoss es mir wie eine Erleuchtung durch den Kopf: Warum fahr ich eigentlich nicht Motorrad? Warum muss ich Depp vier Reifen bewegen, wenn es zwei auch tun? Einen Motorradführerschein hatte ich nicht. Im Lebensalter »Pubertät«, wo man den macht, hatte mein Vater es verboten – obwohl ich meinen Motorradführerschein genauso von meinem eigenen Geld hätte zahlen müssen wie später meinen PKW-Führerschein. »Motorradfahren? Geht nicht.« Punkt. Und damit war die Sache für ihn erledigt. Ausgeführt hat er Gründe für seine Ablehnung nie. Diskutiert wurde bei uns nicht. Sondern bekannt gegeben. Erlass. Kontrolle. Mein Vater war Revisor bei der Post. Beamter. Was eine gewisse Ordnungsliebe und Hingabe für Dienstanweisungen und Hierarchien voraussetzt. Eine der Ursachen für den späteren Dauerstreit und die tief greifende Entfremdung zwischen mir und meinem Vater.

Trotzdem war ich damals folgsam und habe mich an das Verbot meines Vaters gehalten. Ich trage meinem Vater nichts nach. Vielleicht verdanke ich seiner Anordnung und meinem Gehorsam sogar mein Leben? Ich bin überzeugt, wäre ich damals schon Motorrad gefahren, ich hätte mich totgerast, so unbändig, wie ich damals auf Geschwindigkeit reagiert hätte. Jetzt war ich 44 Jahre alt, meine Sturm- und Drangzeit lag hinter mir und ich schritt zur Tat. Zunächst würde ich einen Motorradführerschein benötigen. Ich hatte einen Horror, das übliche Prozedere einer Fahrschule durchlaufen zu müssen. Vor allem hatte ich keine Zeit. Aber als Pfarrer kennst du Leute. Die mit und ohne Sünde. Kurz entschlossen rief ich einen Freund an, ob er nicht einen Fahrlehrer wüsste, der für unkonventionelle Schüler mit einem eng getakteten Zeitplan Verständnis zeigen würde? Kannte er. Telefonnummer notieren. Auflegen. Nächstes Telefonat: der Fahrlehrer. Und gleich mal scharf angesagt: Ich mache keine Theoriestunden, ich fahre nicht geradeaus und verschwende keine Stunden für stumpfsinniges Fahren auf der Autobahn, ich gehe nur zur Prüfung. Ganz schnell müsste ich lernen, wie ich sicher Kurven fahre und mit dem Teil nicht umkippe beim Parken. Ich bräuchte den Lappen und zwar subito, minimalinvasiv was meinen Terminplan anbelangt. Kunstpause. Ich kenne das, wenn ich in Kirchen predige, die besonders hallen – da muss man dem Schall Raum geben, sich zu entfalten, langsam reden, Pausen machen und warten, bis das Echo vorüber ist. Doch: Stille im Hörer. Wollte schon wieder anheben. Also tief durchatmen. Sagt der Fahrlehrer, ein Bayer: »Is-ja-scho-guat! Kommen'S morgen früh um 10:00, wenn die Messe gelesen ist!« Es ging wie beim Schuhplattln vor meinem Abitur: Vier Wochen später hatte ich meinen Führerschein. Theorie. Praxis. Alles perfekt. 1a. Mein erstes Motorrad, das ich gekauft habe, war eine achthunderter BMW. Weil ich auf demselben Typ meine Fahrstunden absolviert hatte – so klug war ich, da wusste ich, wie alles geht. Mit der habe ich meine Fahrpraxis erworben. Kurze Zeit später bin ich aufgestiegen und habe meine erste 1200er GS gekauft. Bei der BMW GS bin ich hängen geblieben. Ich fahre heute die vierte Maschine gleicher Bauart, weil ich auf diesem Motorrad erhöht sitze und nicht in Rallyehaltung wie ein Affe auf dem Schleifstein. Heute, in meinem 56. Lebensjahr – fehlen mir einfach ein paar Jahre Jugend.

Auch der Pfarrer hat sein Kreuz mit dem Kreuz. Auch, wenn sich bei 90 Kilo aufrechter Sitzhaltung der Luftwiderstand deutlich erhöht: Mit dem Motorrad komme ich heute überall hin. Schnell und pünktlich. Ich rase nicht, ich gleite so dahin. 120 manchmal 140 – ganz selten schneller. Ich reiße nicht den Lenker hoch und fahre auf dem Hinterreifen durch die Stadt oder »rubbel« Achter in den Straßenbelag. Nie würde ich waghalsig fahren. Sondern »Old School«: Alles mit Maß und Ziel. Was mich am Motorradfahren fasziniert, ist nicht nur die Kürze der Parkplatzsuche, Kraft und Geschwindigkeit der Maschine, das Fahrerlebnis schlechthin – sondern die Ruhe: Du bist allein mit dir, abgeschottet durch den Helm. Du musst mit niemandem sprechen, telefonieren. Du kannst nachdenken, keiner spielt am Radio herum – herrlich. Du spürst die Kraft dieses Motors unter dir. Dieses Dahingleiten, sich in die Kurven legen, in diesen

Flow kommen. Es ist einfach toll. Nirgendwo kann ich so gut und abgeschirmt nachdenken wie beim Motorradfahren. Niemals würde ich mir Helmfunk zulegen. Nichts, was meine Motorrad-Klausur in irgendeiner Weise angreifen könnte. Nein. Ich habe einen Riesenrespekt vor der Kraft dieser Maschine und der Geschwindigkeit. Egal aus welchem Anlass – ich freue mich immer auf jede Fahrt mit meinem Motorrad. Es sind kleine Fluchten aus meinem mit Terminen vollgestopften Alltag, so eng getaktet, dass ich keine Sekunde wirklich zum Nachdenken komme, was da alles auf mich einströmt, was mir die Menschen wirklich sagen wollen, ob ich ihnen mit dem, was ich tue, gerecht werde, ob ich richtig und gerecht entscheide. Entscheiden aber muss ich mich. Jeder Tag ist eine Abfolge von kleinen und großen Entscheidungen, von kleinen und großen Abschieden. Jede Entscheidung bedeutet Veränderung, denn wir sind gezwungen, unsere Wahl zu treffen aus Milliarden nicht gedachten und nicht gelebten Möglichkeiten. Für das Leben brauchst du Mut. In diesen Zeiten, die gerade jetzt auf uns zukommen, umso mehr. Und die Frage, die sich mir immer wieder in meinem Leben gestellt hat, ist: Hast du den Mut zur Veränderung? Ich überlegte eine ganze Weile und Erinnerung reihte sich an Erinnerung. Meine Kindheit verlief beschützt, voller Liebe und Geborgenheit in einer völlig geordneten Bahn. Dann kamen fünf große Einschnitte in meinem Leben, die alles neu aufmischten.

◆

Unten im Hof mache ich das Motorrad klar. Ich liebe das herbe, kantige Design dieser Maschine, es signalisiert: geht durch dick und dünn mit dir. Die aufwendige Lichtanlage mit LED-Tagfahrlicht, das Arsenal an Assistenzsystemen wie die Integral-ABS, Traktionskontrolle, das semiaktive Fahrwerk strahlen die Sicherheit aus, die ich brauche. Trotzdem: Jede meiner Ausfahrten beginnt seither mit einem Gebet. Wenn ich aufsteige, blicke ich immer kurz in den Himmel und auf meinen Christophorus und sage: »Lieber Gott, wenn es gangat – daat i gerne genauso gesund und munter wieder absteigen, wie ich jetzt aufsteige.« Nachdem ich in der Zeit bei den Kapuzinern erfahren hatte, welche Kraft von einem Gebet ausgeht, bete ich heute noch. Jeden Tag. Zu den uralten Stunden. Es ist nicht so, dass ich vorher nicht gebetet hätte. Unsere ganze Familie hat einen sehr starken katholischen Hintergrund. Meine Mama hat mit uns von Kindesbeinen an gebetet, sie hat mir die Hände gefaltet und mit mir gebetet. Es ist vor jedem Essen gebetet worden. Es ist bei den Festen gebetet worden. Es ist an Weihnachten das Evangelium vorgelesen und gebetet worden. Es ist immer und zu jedem Anlass gebetet worden. Meine Mutter hat mit uns gebetet, bevor wir in die Schule gegangen sind. Wir standen dann in der Küche, mein Bruder, die Mama und ich und wir haben ein Gebet gesprochen. Ganz einfache. Schutzgebete. Für den Schulweg. Die Klassenarbeit. Aus einem Heft mit dem Titel »Kindergebete«.

Ich weiß nicht, wie viele Kinder das heute noch erleben, dass die Eltern mit ihren Kindern ein Schutzgebet sprechen, bevor sie die Tür nach draußen öffnen und ihre Kinder in die Welt schicken. Warum hat meine Mutter mit uns gebetet? Weil wir einen Schulweg vor uns hatten. Ein Schulweg bedeutet ja auch Gefahr. Da hast ein Kreuz bekommen und ein Weihwasser – und an Tagen, wo es der Mutter besonders darauf ankam, auch ein »Lourdeswasser« aus der heiligen Quelle in Lothringen, zu der sie einst gepilgert war. Und mit diesem starken Segen bist du aus dem Haus gegangen. Nicht durch Angst beschwert – sondern unbeschwert, weil die Mutter dich in Gottes Hand gegeben hatte. Deswegen hätte es für mich auch nie die Situation gegeben: ich habe einen »Vierer« oder »Fünfer« in der Klassenarbeit und trau mich nicht heim. Verzeihen und Verständnis gehörte mit dazu. Ich kam aus einem Haus, in dem ich als letztes bekreuzigt und gesegnet worden bin, bevor ich ging. Das Kreuz ist kein Todeszeichen, nichts Alarmierendes nichts Schreckliches – sondern es war für uns etwas Einladendes, etwas Werbendes, etwas Tröstliches. Ich bin aus einem betenden Haus herausgekommen und nach der Schule in ein betendes Haus zurückgekehrt. Mein Gefühl war damals, in so einem frommen Haus gibt es ein Mehr an Fürsorge und Leben und Liebe. Das war Glück. Fürsorge. Nie Enge und Zwang. Wir sind jeden Sonntag in die Kirche gegangen. Im Sonntagsoutfit. Um auch durch unsere Kleidung bewusst den Tag zu ehren. Später, als wir herangewachsen waren, gingen wir ohne Erwachsene zusammen mit den anderen Jugendlichen der Siedlung, wo ich wohnte, in die Kirche.

Heute erscheint das fast schon seltsam, dass Kinder gemeinsam freiwillig und unbegleitet in die Kirche gehen. Aber wir waren keine Outsider – sondern die Mehrheit. Wir wollten zur Kirche. Christ sein war das Normalste der Welt und niemand hätte uns schräg angeschaut. Kirche und Kirchgang, die Jugendgruppen dort waren ein anerkannter und oftmals angesteuerter sozialer Treffpunkt. Wo sonst? Wir kamen dort zusammen, auch um Spaß zu haben. Das ist etwas, was den Kindern heute in meinem Viertel zum Beispiel fehlt. Ein Platz, wo sie sich ungezwungen einfinden, um zusammen zu sein. Ich schaffe das nur unzureichend, für die Mehrheit und durchaus auch überkonfessionell etwas Ähnliches zu schaffen, wie wir es in meiner Jugend selbstverständlich im Umfeld Kirche vorgefunden hatten. Kirche damals war ein Teil unseres Lebens. Ich versuche das immer meinen Jugendlichen heute zu erzählen. Es klingt für sie unglaublich. Kirche und das Zusammenleben in ihrem Umfeld war untrennbar ein Teil des gemeinsamen Erwachsenwerdens einer ganzen Generation. Nach der Maiandacht haben wir »Pubertierer« hinter der Kirche unsere ersten Liebschaften geknüpft. Maiandacht war ein echter Maiverdacht. Das waren die ersten spannenden Abende, wo es länger hell war und man nicht gleich nach Hause musste. Ich habe Katholischsein nie als Pflichterfüllung erlebt. Es war in mein Leben voll integriert. Heute treffen sich die Jugendlichen im McDonald's, vor dem Kino. Aber in der Kirche? Die Kirche hat auch hier verloren, ist kein anerkannter sozialer Kristallisationspunkt mehr für alle Jugendlichen. Zu unterschiedlich, zu multiethnisch mit all den Vorbehalten und Vorurteilen der jeweiligen Glaubensrichtungen setzen sich die jeweiligen Generationen heute zusammen. Immer schwerer wird es, überhaupt noch Jugendliche zu erreichen. Erfolge wie bei uns in Sankt Max sind keineswegs der Standard – der Standard ist Erosion. Wie aber soll ich das als Pfarrer beheben, wenn ich gar nicht mehr die Chance bekomme, meinen Glauben auch Jugendlichen vorbildhaft vorzuleben? Meine ersten Vorbilder für ein völlig unaufgeregtes, entspanntes Katholischsein waren natürlich meine Eltern. Die Kernzelle. Familie. Wie viele Familien gibt es noch, in denen christlicher Glaube natürlich gelebt wird? Vor allem in einer Großstadt wie München? Meine Eltern waren prägend für den Weg, den ich eingeschlagen habe. Es gab keinen Zwang. Keinen Druck. Es wurde zu Hause nie gemeinsam Rosenkranz gebetet. Meine Mama hat ihn immer für sich gebetet – es war etwas sehr Persönliches, das sie vor uns verborgen hat. Oft mit dem Rosenkranz unter der Schürze. Erst später habe ich verstanden, warum: sie hatte immer sehr viel Angst um uns und hat gebetet für ihre Söhne, ihren Mann, dass uns nichts zustoßen soll. Gezwungen mitzutun hat sie uns nie.

Wir wurden einmal angeleitet und es war uns bekannt, dass jeder dieses Gebet für sich selbst pflegen kann. Kein Zwang. Freiwilligkeit. Ich habe früh gelernt, dass Glaube etwas ist, für das ich selbst verantwortlich bin und ich entscheide, welchen Grad der Verantwortung ich übernehme. Meine Mama, die wirklich sehr fromm war, hat nie verlangt, dass ich beichten muss. Sie hat auch nie gesagt, dass es toll wäre, wenn ich Priester werden würde. Der Satz ist nie gefallen. Was keineswegs Beliebigkeit bedeutet, denn meine Eltern haben mir ihren lebendigen Glauben jeden Tag vorgelebt. Der Tag hat damit geendet, wie er begonnen hat, dass wir gemeinsam gebetet haben. Dann Licht aus. »Na, geht noch nicht. Lass die Tür noch einen Spalt auf.« Kindheitserinnerungen. Da ist die Geschichte, wo der Papa das Kind ins Bett bringt und das Kind sagt: »Papa, bleib doch hier! Ich fürchte mich im Dunkeln!« Und der Papa sagt: »Ich muss jetzt rüber zur Mama, aber sei ohne Furcht, Jesus bleibt hier bei dir und passt auf dich auf!« Darauf das Kind: »Nein, Papa, bleib du hier – soll doch Jesus lieber zur Mama gehen!« Der Papa verkörpert in dieser Geschichte für das Kind Gott, der Papa ist dem Kind näher und wichtiger als Gottvater, der abstrakt und fern erscheint. Der Papa wird als allmächtig erlebt und ist die erste Form der Spiritualität, die das Kind erfährt. Dieser Schutz und die Geborgenheit aber sind für einen Gläubigen gleichbedeutend mit dem Eintauchen in eine göttliche Gegenwart. Mir kann nichts geschehen, denn er wird mich auffangen. Das ist Gottvertrauen. So bin ich groß geworden. Und dieses Gottvertrauen habe ich mir bis heute bewahrt. Darum brauche ich keine Auseinandersetzung mit einem Atheisten, ob es Gott gibt oder nicht. Ich kann es ihm nicht beweisen. Und mich wird der Atheist nie überzeugen, es gibt ihn nicht – denn ich habe dieses Gefühl von der Allgegenwart Gottes von klein auf erfahren. Das ist so tief und fest in mir drin. Niemand kann mir das wegargumentieren. Fertig. Im Gegensatz zum Atheisten habe ich damit etwas gespürt und erfahren, was sich nicht teilen lässt – weil hier der Glauben beginnt. Wozu solle ich etwas rational diskutieren, was sich wissenschaftlich, rational nicht beweisen lässt – und womöglich im Streit zerstören lassen? Danke. Aus und Amen.

Geborgenheit – das war mein Gefühl. Liebe und Fürsorge war meine Prägung. Das Beten bei uns zu Hause habe ich als etwas Schützendes, Wohltuendes erlebt. Dieses Grundgefühl, behütet zu sein war der wichtigste Teil in meiner Jugend. Meine Mutter hat mit ihren Gebeten die Berufung in mich gelegt, Priester zu werden. Und jetzt stand ich mitten in dieser Männergemeinschaft der Kapuziner und erlebte plötzlich, wie mich genau diese Kraft des Gebetes durchströmte, die Gewissheit, geborgen zu sein, im Großen und Ganzen der Schöpfung. Siebenmal am Tag. Ein Rhythmus, der meiner inneren Zerrissenheit und dem Tag eine feste Struktur gab, der dir klarmachte, wie schnell Zeit vergeht und wie wertvoll sie ist. Siebenmal vollständiges Beten am Tag wie im Kloster – das bringe ich heute nicht mehr oft zusammen bei den vielfältigen Aufgaben und Terminen, die meinen Tagesablauf diktieren. Da komme ich ja nicht mal regelmäßig zum Essen. Niemand kann von einem Pfarrer im Dienst ernsthaft verlangen, dass ich sieben Mal am Tag bete. Aber so wie ich Zeit finde über den Tag, bete ich wieder siebenmal. Die Struktur des siebenmaligen Gebets jedoch ist bis heute tief in mir drin. Ein Rhythmus, der in diesem Kloster voll in mich überging.

In der Früh um halb sieben Laudes mit allen zusammen und dann Lesehore allein. Dann die Terz um neun alleine, die Sext mittags gemeinsam und die Non am Nachmittag wieder allein, und schließlich abends die Vesper wieder in der Gemeinschaft – und vor dem Schlafengehen mit seiner Gewissenserforschung und dem Resümee des Tages das Nachtgebet, die Komplet, für mich eines der wichtigsten Gebete überhaupt. Beten mindestens siebenmal am Tag. Und dann spüren, wie dieser Tag plötzlich strukturiert ist, wie schnell die Zeit vergeht – und wie kostbar sie ist.

Als ich zu Ende gebetet habe, rolle ich rückwärts aus dem Verschlag, wende die Maschine. Fahre aus dem Hof und gebe »Stoff«. Und dann erst geht es los. Schon spüre ich das erlebnissteigernde Vibrieren von Kraft. Ja, ehrlich, das hat etwas Erotisches. Natürlich hat das etwas Erotisches! Aus dem Hof raus beginnt die Freiheit, kann ich ganz bei mir sein. Mein Motorrad ist eine meiner wenigen Leidenschaften im Zölibat. Allein das Gefühl der Unverwundbarkeit, das dir die Motorradkluft gibt, so vielleicht wie die Rüstung dem Ritter im Mittelalter, dieses Gefühl der Überlegenheit, dieses Kribbeln beim Beschleunigen, von dem du dich nicht überwältigen lassen darfst, denn wenn die Angst fehlt und du zu schnell wirst, landest du an einem Baum oder auf der Kühlerhaube eines Rentners, auf dem Trecker eines Bauern, der sich beim Abbiegen nicht genau umgesehen hat. Darum bete ich. Weil ich das Leben liebe. Ich fahre so oft es geht mit dem Motorrad. Zu Hochzeiten, Taufen, Beerdigungen – und oft staunen die Menschen, wenn ich mit meiner BMW vorfahre. Ich genieße ihr Staunen durchaus, wie perplex sie sind, wie sie lachen oder aufgeregt zu mir hindeuten. Aber, um es bayerisch zu sagen: »Ich bin so frei!« Über eineinhalb Stunden Fahrt über Landstraßen liegt vor mir. Zeit, mich zu sammeln, nachzudenken, zu ordnen, was mich beschäftigt. Um die eine Frage dreht es sich immer wieder. Wie erreiche ich die Menschen – und wie hole ich sie zurück in die Gemeinschaft – wie kann ich ihnen den Glauben wieder näherbringen und erfahrbar machen, ihre Entfremdung mit der Eucharistie aufheben? Mit Zwang, Drohungen, Strafe, Ausschluss und mit Angstmacherei zu »sündigen«, wie es immer noch versucht wird, am allerwenigsten. Ich kann Menschen zwingen, einen Führerschein zu machen, sich an Verkehrsregeln zu halten. Und sie strafen, wenn sie es nicht tun. Aber der Glaube ist keine StVO.

Niemand kann einen anderen Menschen zwingen zu glauben – genauso wenig wie einen anderen Menschen zu lieben. Niemand. Nichts braucht so viel Willen zur Freiheit wie der Glaube. Glaube kommt von innen heraus. Aus dem Herzen. Weil wir erkennen, für uns selbst, dass etwas richtig ist, stimmig ist und sich gut anfühlt. Aber wann ist das? Und wie kann ich diesem Gefühl als Priester seinen Weg ebnen? Nachdem ich das Stadtgebiet verlassen hatte und der Fahrtverlauf mich weniger beanspruchte als im Stadtverkehr, versuchte ich mich zu erinnern, wann die großen Veränderungen waren und wann die erste Krise kam. Mit jeder Kurve, jedem Kilometer Landstraße wurde mir immer deutlicher, wie sehr mein Leben von Menschen zum Glauben geleitet wurde, Menschen, die Vorbild für mich waren. Meine Eltern, Elmar Gruber waren solche Vorbilder. Auch meine Mönche im Kapuzinerkloster – und doch musste ich sie verlassen. Meine erste große Glaubenskrise.

◆

Endlich war ich raus aus der Stadt. Ich spürte eine große Freude, wie zuverlässig meine Reise-Enduro mich über die Landstraßen östlich von München schnurrte. Ein bisschen Tempo geben, die Kurven leicht schräg und doch sauber ausfahren. Mit so einem Hochgefühl bin ich damals nach meiner ersten Woche bei den Kapuzinern nach Hause gefahren – und wenige Tage nach meinem Abitur wieder dort hin, um mein Noviziat zu beginnen.

Zunächst war das Klosterleben das, was ich mir erhofft hatte, mit ungeahnten Höhepunkten. In Altötting erlebte ich am 19. November 1980 den Besuch von Papst Johannes Paul II. zusammen mit Kardinal Joseph Ratzinger, seinem späteren Nachfolger, Benedikt XVI., vor einer Kulisse von 60 000 Gläubigen auf dem Kapellplatz des Wallfahrtsortes. Ich war dabei, als Papst Johannes Paul die »Papstlinde« am Bruder-Konrad-Platz in die Erde pflanzte, ein Ereignis, an das die überlebensgroße Bronzeskulptur an der Kapellplatzseite des Kongregationssaales erinnert. Am Tag seines Besuches hat dieser beeindruckende Papst aus Polen nach dem Abendgottesdienst auf dem Kapellplatz in unserem Bruder-Konrad-Kloster im Refektorium mit uns gegessen und dort auch übernachtet. Es gibt ein paar Fotos von mir und Papst Johannes Paul II. Ich sehe einen begeisterten bärtigen jungen Menschen, wie er ihm mit leuchtenden Augen die Hand schüttelt. Bin ich das wirklich? So lang ist das her, durch Raum und Zeit … Damals war die Welt für mich noch in Ordnung, ich dachte, ich hätte gefunden, wonach ich gesucht hatte. Aber ich hatte es nicht. Um das kanonische Noviziat der Kapuziner zu bestehen, muss man 12 Monate geschlossen im Kloster leben. Im Noviziat ist der Kontakt zur früheren Lebenswelt, zu Freunden, Heimreisen selbst zur Familie für über ein Jahr streng verboten und nur in Ausnahmefällen erlaubt. Ein Besuch. Auf Antrag. Ein ganzes Jahr lang sonst nichts. Eine sehr harte Trennung, um den Novizen von seinem früheren Alltag zu entwöhnen und ihm den Übergang in das geistliche Leben der Klostergemeinschaft zu erleichtern.

Natürlich wirst du nicht eingesperrt. Die Kapuziner sind ein Volksorden und so war ich zweimal auf »Kollektur« in der Umgebung unterwegs, Geld- und Sachspenden einsammeln. Wir Novizen haben bei den Bauern regelrecht gebettelt, mit dem Pferdefuhrwerk Kartoffeln ins Kloster gebracht, haben den Noviziats-Unterricht absolviert, alle notwendigen Arbeiten und spirituellen Übungen im Kloster verrichtet, haben viermal am Tag mit den Mönchen gebetet. 12 Monate Kloster, eingebunden in den strengen Tagesablauf der Klostergemeinschaft.

Trotzdem: Bei mir ging das Noviziat gründlich schief. Im Frühsommer des Folgejahres 1981 merkte ich, wie sich meine Begeisterung für das Leben im Kloster veränderte und die Beziehung nicht mehr das war, was ich mir im ersten Überschwang so erhofft hatte. Bei mir entstand aus dem tiefer und tiefer klaffenden Widerspruch zwischen Wünschen, meinen Ansprüchen und der Wirklichkeit eine tiefe Trauer. Genau, wie wenn sich Paare »entlieben«, habe ich darunter gelitten. Ich wollte es halten. Aber es war zu spät. Es war irgendwann so, dass ich dort, wo ich eigentlich innerlich zu Hause sein sollte, in meinem Kloster, in der Gemeinschaft meiner Mitbrüder, plötzlich fremd geworden war und seelisch zusammenzubrechen drohte.

Ich hatte plötzlich derart großes Heimweh in meinem Noviziat, dass ich mich immer wieder aus dem Kloster in das 16 Kilometer entfernte Freilassing unabgemeldet entfernte. Dort lebte eine alte Schulfreundin meiner Mutter – Handys gab es 1981 noch nicht –, von deren Festnetzanschluss ich stundenlang mit meiner Mutter telefoniert habe. Anders hätte ich es nicht ausgehalten. Was ich für einen Ort unendlicher Freiheit gehalten hatte, war im Spätsommer 1981 zu einer Art seelischem Gefängnis geworden. Mönch zu werden schien plötzlich eine ganz andere Bedeutung zu bekommen: »Lebenslang«.

Solche Krisen sind normal. Leider gehören sie zu jeder Form der Entsagung. Diese Erfahrungen des Zweifels wird jeder junge Mann durchmachen, der sich entschließt, Priester zu werden. Darum sage ich jedem, dass es in ihm keinen Deut eines Zweifels, sondern nur eine tiefe innere Gefasstheit und Überzeugung geben darf, wenn er sich zum Zölibat entschließt. Ich habe viele Menschen ins Zölibat gehen sehen, die als seelische Krüppel wieder rausgekommen und gescheitert sind. Weil sie sich innerlich nicht geklärt hatten. Nichts darf uns aufhalten, diesen Konflikt durchzustehen – und notfalls den Mut zur Veränderung zu finden.

Bei mir waren es zahllose Gedanken, die sich überschnitten – der mächtigste war die Frage, ob ich mit meinen jetzt zwanzig Jahren wirklich schon bereit war, mich auf ein Klosterleben einzulassen, dessen strenger Tagesablauf mich bis zu meinem Tod von diesem wirklichen Leben, von dem ich bisher so wenig erfahren hatte, abschneiden würde. Natürlich wäre es für mich bequem gewesen, im Orden der Kapuziner zu bleiben. Aber ich habe diese Bequemlichkeit eines vorgezeichneten Lebens nicht akzeptieren können. Es wäre in berechenbaren Bahnen wie ein sowjetischer Satellit um die Erde gekreist und irgendwann am Ende meines Lebens im Orbit sang- und klanglos verglüht.

Ich sah auf meine Zukunft, die keine Überraschungen zu bieten schien. Es fühlte sich an, als würde sich eine schwere Steinplatte über eine Gruft schieben – und ich wäre noch darin. Ich sah, wie wenige Möglichkeiten ich haben würde, mich auszuprobieren und zu entfalten. All der Zauber des ersten Verliebtseins in das Zusammenleben im Kloster war jetzt verflogen und einer völligen Ernüchterung gewichen. Das, was ich hier mache – war nicht meine Bestimmung. Dass ich in späteren Jahren mal auf der Wiesn kellnern würde, eine Talkshow hätte, eine Zeitungskolumne, dass ich über den Viktualienmarkt gehe und die Menschen aus ihren Ständen herauskommen, um mit mir zu sprechen, wie ungewöhnlich ich meine Gottesdienste gestalten würde, dass ich aus tiefster Überzeugung Pfarrer und Seelsorger sein würde hier in Sankt Max und Heilig Geist und mit dem Motorrad auf Hochzeiten und zu einer Krankensalbung unterwegs sein würde wie heute, wie sollte ich das damals ahnen? Jetzt war ich in derselben Situation wie zwei Jahre zuvor, als ich im Streit all meine Tätigkeiten in der Pfarrei von einem Tag auf den anderen aufgab und einen vollkommenen Schnitt vollzog, mich umdrehte und mein Elternhaus verließ. Während mein Verstand sagte, reg dich nicht so auf – revoltierte mein Herz. Nichts und niemand kann dein Herz und deine Gefühle bezwingen, ohne dich zu brechen. Ich war verzweifelt, todunglücklich. Zum einen, weil ich meine Klosterbrüder wirklich liebte und mit dem Noviziat eine Verpflichtung eingegangen war und niemanden enttäuschen wollte. Von zu Hause hatte ich zudem mitbekommen, dass man zu Ende macht, was man begonnen hat. Sollte ich mein Noviziat jetzt einfach abbrechen?

Ich litt damals wirklich heftigste Seelenqualen – und die Einzige, mit der ich ansatzweise darüber sprechen konnte, war meine Mutter. Die Entwicklung lief auf einen unheilvollen Punkt zu. Ich hatte keine Zeit mehr. Meine Profess bei den Kapuzinern hätte ich wenige Wochen später, am 4. Oktober, dem Gedenktag des heiligen Franz von Assisi, dem Ordensgründer der Minderbrüder, dem »poverello«, abgelegen müssen. Ich musste mich entscheiden. Abbruch Kloster und doch Bundeswehr oder aber Aufnahme des Studiums im Priesterseminar an der Universität München, was deutlich offener war und mir Zeit ließ für weitere Überlegungen. Hierfür liefen die Einschreibfristen an der Münchner Uni ab. Was tun?

Die Profess ist im Leben eines Kapuziners eine sehr wichtige Stufe. An seinem Todestag, dem 3. Oktober 1226, so die Überlieferung, hatte sich der heilige Franz von Assisi angesichts seiner nahenden Todesstunde in der Portiuncula-Kapelle unterhalb der Stadt ausziehen und auf den Boden legen lassen, um so zu gehen, wie er einst auf die Welt gekommen war: vollkommen nackt. Am 3. Oktober beginnen seine geistigen Nachfolger, die Kapuziner, daher mit der Transitusfeier, dem »Transitus«, die diesen Übergang für die neuen Novizen vom weltlichen Leben in den Orden der Kapuziner heiligen soll. Eine sehr bedeutende, spirituelle Feier des Ordens. Ohne Gäste, selbst ohne Angehörige. Die Initiation für die neuen Novizen. Die Novizen werden an diesem Tag nicht nackt ausgezogen – sondern symbolisch neu eingekleidet in das Gewand der

Kapuziner. Alles Alte legen sie ab für ihr neues Leben. Vorher als Postulant im Noviziat durftest du dich kleiden, wie dir der Sinn steht – das endet mit dem Transitus.

So habe ich es vor einem Jahr selber erlebt, bin Novize geworden und eingekleidet worden. Ein Jahr trage ich nun das Gewand des hl. Franziskus, äußerlich. Nein, die Kapuzinerkutte war niemals Zwang für mich, sondern wie alle Novizen habe auch ich es als besondere Auszeichnung empfunden. Nur jetzt mit der Profess ging es nicht mehr nur um Äußerlichkeiten. »Die Kutte macht noch keinen Mönch«, haben wir immer wieder in diesem Jahr gehört. Stimmt, erst die Profess ist das wirkliche Versprechen. Ich empfand immer weniger Freude und immer mehr Druck. Am Tag drauf, dem 4. Oktober, wäre dieser Tag der einfachen Profess, mit der man sich auf zunächst drei Jahre verpflichtet, im Kloster zu leben. Ich hatte nur noch wenige Wochen, mich zu entscheiden, und stand unter einem erheblichen innerlichen Druck. Ich war hin- und hergerissen. Sollte ich trotz meines immer stärker spürbaren Widerwillens doch alles über mich ergehen lassen – oder so kurz vorher die Reißleine ziehen, mit allen Folgen, die das haben würde? Wie würde ich zu Hause dastehen als Noviziatsabbrecher? Stellte ich mich etwa nur an? Oder gab es gute Gründe, meinem Bauchgefühl zu folgen, dass ich nicht auf dem richtigen Weg war? Meine Gefühlslage war durchaus mit der Situation vor einer Hochzeit zu vergleichen, wenn der eine Partner unmittelbar vor der Trauung kalte Füße bekommt und stiften geht. Das braucht ungeheuer viel Mut. Den Mut zur Veränderung. Aber hatte ich den?

◆

Ich weiß nicht, wie ich mich am Ende entschieden hätte in dieser Krise. Wäre da nicht ein Ereignis geschehen, das alles noch einmal auf den Kopf stellte. Es war der Tod meiner Mutter, der alles Grübeln jäh beendete und mich entscheiden ließ. Genau am 27. August 1981 war das – das ist in der katholischen Kirche der Tag der heiligen Monika –, an ihrem Namenstag ist sie gestorben. Plötzlicher Herztod mit 65, fünf Wochen vor meiner ersten zeitlichen Profess. Sie hat ihr Leben lang nicht geraucht und nicht getrunken. Genauso wenig hat sie jemals Sport getrieben, Fitnesscenter und Yogakurse, Training für Bauch, Beine, Po gab es für die Nachkriegsgeneration nicht. Genauso wenig ist sie zum Arzt gegangen und hat ihre Cholesterinwerte messen lassen. Nix. Zum Arzt ging man damals, kurz bevor es ans Sterben ging, so ungefähr. Niemand hat die Katastrophe ahnen können. Noch am Morgen ihres Todestages, als Stille war im Kloster, hatte ich mich davongestohlen und mit ihr sehr lange telefoniert. Hatte ihr meine Verzweiflung und Überlegungen und die zeitlichen Zwänge geschildert. Wie sehr ich Heimweh hätte. Sie hatte mich noch zum Abschied gesegnet, wie sie es immer getan hatte, und gesagt, sie würde beten für mich. Zwei Stunden später, mittags um 14:00 Uhr, ich hatte im Friedhof des Klosters Grabsteine gerichtet, kam ein Mönch zu mir, ich sollte dringend meinen Bruder anrufen, es sei etwas passiert. Mein Bruder sagte nur: »Die Mama ist tot!« »Spinnst jetzt? Ich habe doch mit ihr grad in der Früh noch …« »Nein, sie liegt hier. Vor mir. Tot.« Das sind die Sekunden, wo man nichts mehr begreift und fragt: Gott, wo bist du gewesen?

Ich habe mich später gefragt, ob unser Telefonat – wenn nicht Ursache – aber vielleicht der Auslöser gewesen sein könnte. War das der eine Tropfen, dass ich ihr meine Krise gebeichtet, gesagt hatte, wie unglücklich ich war und dass ich zurück nach Hause wollte? Es gibt fast niemanden, zu dem ich jemals eine stärkere emotionale Bindung aufgebaut hätte, als zu meiner Mutter. Und sie fühlte dasselbe für ihren Sohn. Sie und ich waren eins. Ich war ihr Lieblingskind. In dem Jahr nach dem Abitur, in dem ich zu den Kapuzinern gegangen bin und wir beide derartig diesen Trennungsschmerz durchlitten, hat sie am meisten darunter gelitten. Ich hatte große Schuldgefühle, ob ich ihr das Herz gebrochen hatte, zumal ich jetzt noch so unglücklich war? Aber was hätte ich anderes tun sollen? Ein junger Mensch muss gehen dürfen. Sich ausprobieren. Ich musste in das Kloster gehen. Diesem Rufen folgen. Ich musste ausprobieren, ob das mein Leben war.

Sie musste damals kurz nach unserem Gespräch die ersten Schwierigkeiten gespürt haben, hat noch meinen Vater in der Arbeit angerufen. Der ist dann gleich nach Hause – aber da stand schon der Notarzt vor der Tür.

Verdacht auf Herzinfarkt. Die wollten die Mama gleich ins Krankenhaus mitnehmen. Aber die hat sich geweigert, sie bräuchte keinen Arzt, es ginge ihr schon besser. Wollte nicht weg von zu Hause. Das ging eine Weile hin und her. Die Notärzte wollten gerade gehen. Und dann kam gleich der nächste Schlag, viel härter und erbarmungsloser als der erste. Riss der Herzhinterwand. Reanimation. Aber nichts mehr zu machen.

Ich bin sofort zurückgefahren, nach Hause, zum Vater nach München, zu dem emotional sehr wenig Bindung da war – und so endlos viel Respekt. Mein Herz war immer bei meiner Mutter, »meiner Mama«, wie ich heute noch immer liebevoll sage – das Rationale, Strenge, Strafende war mein Vater. Meine Mutter war immer die Verständnisvolle, die manche übertriebene Härte meines Vaters durch Liebe auszugleichen suchte. In meinem Abiturjahr bis zu meinem Auszug von zu Hause haben wir uns aneinander besonders intensiv abgearbeitet, ich glaube, jeden Tag haben wir gestritten. Der Anlass war völlig Nebensache. Es ging letztendlich immer darum, ihm klarzumachen, dass seine Zeit vorüber war, wo er mir ansagen könnte, was ich zu tun und zu lassen hätte.

Das Jahr vor meinem Abitur war eine ganz schwierige Zeit. Ich erinnere mich wieder an meinen Abschied, am Morgen bevor ich nach Laufen ins Kloster gefahren bin. Mein Vater hat mir kaum die Hand geben können, geschweige denn einen Kuss oder eine Umarmung. Er stand einfach in der Tür. Es war ein schmerzender Abschied. Wobei ich heute erahne, wie innerlich stark bewegt dieser Mann gewesen sein muss, der durch den Krieg verlernt hatte, seine

Gefühle zu zeigen. Und jetzt kam ich zurück in unser Haus, zurück zu ihm, dessen Frau gerade gestorben war. Als meine Mutter damals gestorben ist, habe ich das zunächst gar nicht richtig einordnen können – das war mein erster Todesfall und die erste Leiche, die ich richtig gesehen habe. Für mich damals eine völlig irreale Situation. Ich kam mir vor wie von einem anderen Planeten. Als ich nach Hause gekommen war, lag sie auf dem Bett im Schlafzimmer meiner Eltern. Aber ich habe mich nicht hingetraut. Ich sah die Spuren in der Wohnung, wie die Notärzte noch um sie gekämpft hatten. Aber es war zu spät. Jetzt kamen die Sargträger und konnten die schwarze Kiste nicht durch das enge Stiegenhaus hinauftragen – sondern mussten einen Leichensack nehmen. Ich musste mit ansehen, wie sie in diesem Sack für immer verschwunden ist. So kalt, so starr und so weiß. Ich habe mich nicht mal getraut, sie anzurühren. Ich hatte Angst vor der Kälte. Ich war unfähig, mich von meiner Mutter zu verabschieden, mich neben sie zu setzen, sie zu salben und für sie zu beten – so wie ich es heute am Ziel meiner Reise zu dem Sterbenden wieder tun würde, um einem todkranken Menschen das letzte Geleit zu geben. Ich habe sie nicht retten können. Und ich konnte ihr nichts mitgeben. Nicht einmal mehr eines ihrer Gebete, von denen sie mir so viele auf meinen Weg mitgegeben hatte. Seltsamerweise habe ich nichts gefühlt. Konnte nicht mal weinen. War wie tot. Ging nicht. Mein Papa hat ihr dann noch meinen Rosenkranz um die Hände gelegt, den ich von ihr bekommen hatte, als ich eingeschult worden bin. Ich selbst hätte es mir nicht getraut. Ich erinnere mich noch an das Geräusch, wie sie den schweren Reißverschluss zuzogen. Dann war sie fort und ich habe sie nie wieder gesehen. Ich war völlig sprachlos. Nicht denken. Gar nichts. Es war alles weg. Gott war weg. Ich war vollkommen ausgeleert. Frag dich, wo Gott ist, in solchen Momenten. Und du wirst keine Antwort finden. Nur Zweifel. Ich bin aus der Wohnung geflohen, zu meiner Freundin, mit der ich schon vor dem Abitur befreundet war, und bin mit ihr ziellos durch die Straßen gegangen. Ich habe nicht gewusst, was ich noch mit mir anfangen soll. Der Tod meiner Mutter hat einen solchen Krater in mein Leben gerissen. In meiner ersten Nacht in meinem Elternhaus habe ich nicht geschlafen. Ich reiste durch meine Erinnerungen. Weinte völlig aufgelöst über den Verlust meiner Mutter. Gerne hätte ich mit meinem Vater gesprochen. Aber es ging nicht. So sehr hatte er sich verhärtet und sich zurückgezogen. Was für ein seltsames Gefühl war das, unter diesen Umständen zum ersten Mal nach einem Jahr Noviziat zurück in dieser Wohnung zu sein, die mir so lange Liebe und Geborgenheit geschenkt hatte und sich jetzt so kalt anfühlte. Es schien alles auf einmal zusammenzukommen. Der Nullpunkt in meinem Leben. Der Tod meiner Mutter. Meine Krise im Kloster. Das Wiedersehen mit meinem Vater. Ich habe es nur eine Nacht zu Hause ausgehalten. Wo sollte ich hin? In das Haus meiner Eltern konnte ich nicht zurück. Mit meinem Vater unter einem Dach zu wohnen wäre für uns beide damals unmöglich gewesen. Meine Mutter war fort. Für immer.

◆

Jetzt war ich wieder unterwegs zu einem Haus, in dem gestorben wird. Zu einer Familie, die trauern wird. Während ich mich etwas zu weit in die Kurve legte, etwas zu schnell für die mit Laub bedeckte Straße, fragte ich mich, wie willst du sterben? Ich dachte an meine Mutter, mein Zuhause, meine Jugend als Ministrant, an mein spirituelles Vorbild Elmar Gruber, erinnerte mich an meinen letzten Besuch bei ihm. Wie sanft und mit welcher Zuversicht er sich aufgelöst hat. Ich fragte mich, ob ich auch mit so viel Liebe und Gottvertrauen wie Elmar Gruber diese Welt verlassen könnte? Ob mein Glaube stark genug wäre für seine Worte: »Und wenn ich weiß, dass ich von der allumfassenden Liebe Gottes geliebt bin, dann fehlt mir nichts mehr.« Ob ich genug Zeit hätte, mich von allem und allen, die ich liebe, zu verabschieden? Der Tod meiner Mutter ist und bleibt für mich eine der größten Katastrophen in meinem Leben. Das war für mich der Tsunami, der alles niedergerissen hat, was mir bisher in meinem Leben unveränderlich sicher und gottgegeben schien: der Schutz meiner Eltern. Die Gewissheit meines Glaubens. Alles stand plötzlich zur Disposition. Natürlich wusste ich, dass Menschen nicht ewig leben. Natürlich war mir klar, dass es irgendwann geschehen würde. Aber das sind rein rationale Erkenntnisse, die hinweggefegt werden, wenn es dann wirklich so weit ist und dir jemand sagt, dass der Mensch, der dich behütet hat und den du über eine so lange Zeit geliebt und bewundert hast, plötzlich nicht mehr da ist. Einfach weg. Mit einem Schlag. Ohne dass du eine Chance gehabt hättest, dich zu verabschieden. Zu sagen, was dich bewegt, Erinnerungen auszutauschen. Danke zu sagen für alles. Vorbei. Versäumt. Vertan. Kommt nie wieder. Trauer heilt nicht. Diese Wunden vernarben nur. Die Erinnerungen reißen an manchen Tagen alles wieder auf. Ich spüre heute noch meine totale Verlassenheit. Meine Wut. Auf mich. Auf meine Mutter. Auf Gott. Dass er das zugelassen hatte. Es war eine komplette Lähmung, die mich erfasst hatte. Eine vollständige Sinnentleerung. Mit tagelangem Systemabsturz. Der Schmerz, der einen in der Trauer über den plötzlichen, den unerwarteten Verlust eines geliebten Menschen förmlich zu zerreißen droht, ist ungeheuerlich und ich habe ihn so intensiv wie in den folgenden Wochen nie wieder erlebt.

Ich habe seither, wann immer ich zu Sterbefällen gerufen wurde, niemals diesen blöden Satz gebraucht: »Es hat dem Herrn gefallen, die geliebte Oma zu sich zu nehmen.« Nein, schreit es dann immer in mir, es hat dem Herrn nicht gefallen. Und mir schon gar nicht. Es gefällt ihm nicht, wenn ein Mensch stirbt, den wir lieben. Es hat ihm sicher auch nicht gefallen, dass der Herr Jesus am Kreuz stirbt. Der Tod zieht blank vom Leder. Aber er reinigt auch. Er wirft uns unmittelbar auf uns selbst zurück und lässt uns die Frage nach dem Woher und Wohin stellen. In meinen bald dreißig Jahren als Priester habe ich Hunderte Menschen begleitet, betrauert und beerdigt. Was ich aus all diesen Erfahrungen mitgenommen habe, ist, dass Gott nicht leidet, wenn gestorben wird. Nein. Gott leidet nicht. Und selbst wenn er es tun würde, wäre es für die Trauernden auch kein Trost. Sie wären umso wütender, weil er es doch verhindern könnte. Aber Gott verhindert nicht. Genauso, wie er den Tod Christi nicht verhindert hat. Die Botschaft liegt woanders: darin, dass wir den Tod akzeptieren und als Übergang sehen, als etwas ganz Natürliches, das uns zu ihm führt, unserer Bestimmung: Transitus. Sich entkleiden, sich von allen irdischen Vorstellungen befreien und das Undenkbare erwarten. Ich hatte einmal eine Trauerfeier, da war ein Motorradfahrer ums Leben gekommen. In Arizona. Regen. Auch zu schnell gefahren. Die Maschine ist einfach unter ihm weggerutscht, Überschlag und aus ist es. Axel, wie der Biker hieß, war aus der Kirche ausgetreten, aber trotz seines wilden Lebens ein gläubiger Mensch geblieben. Die Tochter bat mich um eine kirchliche Trauerfeier. Hätte ich ihr nicht beistehen, ihn nicht betrauern dürfen – weil er ausgetreten ist? Seine Familie stehen lassen? Jetzt stand da sein Sarg in der Mitte der Trauernden. Ein Abschied sollte es sein, so war es angekündigt – keine Trauerfeier. Es lief kräftige Rockmusik, Country, Blues. Und wenn ich die Augen geschlossen habe, wähnte ich mich selbst auf dem Motorrad durch Arizona zu fahren, so schön war das. Bei dem Titel von Bruce Springsteen kamen seine Freunde in die Aussegnungshalle, einige in schwerer Motorradmontur und bauten sich auf vor dem Sarg, Hünen von Männern – und haben geweint wie kleine Kinder. Seine ganze Familie, seine Freunde, die noch einmal alle für ihn da waren, um sich zu verabschieden. Einen Menschen, den sie geliebt und geschätzt haben – auch wegen seines unbändigen Freiheitsdranges, den er einfach ausleben musste, weil er sonst mitten im Leben erstarrt wäre. Niemand hat ihn dafür gestraft. So ein großherziger Mann war er. Die Stimmung war sehr schön, alles ehrlich, nichts verlogen. Fast heiter. Ich habe den Text von Matthäus genommen: »Seht doch die Lilien im Feld, die Vögel des Himmels – sie säen nicht, sie ernten nicht« – genauso ungebunden und voller Vertrauen, dass nie etwas fehlen wird, so hat der Axel gelebt. Er war ein Liebhaber des Lebens, hat versucht, jede Sekunde intensiv auszuschöpfen, und darin hat er instinktiv Gott nachgeahmt, der vermutlich nichts so liebt wie das Leben von uns Menschen – als Teil seiner Schöpfung. Ich würde mir wünschen, alle Menschen könnten diese Liebe zu ihrem Leben und zu sich selbst wieder entdecken. Das ist doch genau das, was wir Priester jeden Tag im Gottesdienst leisten müssen. Die Botschaft heißt Liebe. Eine Intensität herstellen, die das möglich werden lässt, die berührt und die Freude am Leben und an der Schöpfung wieder herstellen kann. Aber leisten wir das? Die Kirche? Leiste ich das? Als Seelsorger? Die Fähigkeit zur bedingungslosen Liebe zum Leben und alles, was die Schöpfung umschließt, den Willen, niemanden auszuschließen und die Tür jedem weit aufzutun, der anklopft und um Aufnahme bittet? Leisten wir das?

◆

Der Tod meiner Mutter war eine Riesenerschütterung. Jeglicher Sinn in allem, was ich vorher angestrebt hatte, schien völlig ausgelöscht. Ich spürte Zweifel, am Leben, an Gott, spürte, dass alles auf den Prüfstand musste, dass ich umdenken und mich neu ausrichten müsste. Die Gemeinschaft mit den Mönchen, die ja in der Mehrheit wesentlich älter waren als ich, empfand ich plötzlich nicht mehr als Bereicherung – sondern es überkam mich ein Gefühl der Beklemmung. Zurück im Kloster dachte ich, das Leben hier steht still. Sollte ich jetzt, mit fast 19 Jahren, schon den Schlusspunkt meines Lebens definieren, die Laufbahn dorthin überschaubar, monoton im ewig gleichen Rhythmus des Klosterlebens vorbestimmt, bevor ich überhaupt erfahren hatte, was Leben wirklich ist? Das konnte ich nicht. Dazu war ich zu ehrlich. Alles fühlte sich plötzlich falsch an. Ich war auf einen falschen Weg geraten, der mich nicht weiterbringen würde, das fühlte ich. Ich hatte nicht den Drang, ich müsste mir die Welt anschauen. Ich hatte nicht den Drang, ich müsste jetzt eine Frau haben. Ich hatte auch nicht den Drang, ich müsste jetzt Abenteuer erleben und irgendetwas Versäumtes nachholen. Aber ich hatte den unbändigen Drang, innezuhalten und mich neu aufzusetzen. Und dazu musste ich aus der damals abgeschiedenen Grenzregion, fort von meinem Kloster, zurück in die Stadt. Die Kräfte, die mich in Laufen banden, waren stark – aber in mir spürte ich erst langsam, dann mehr und mehr den Mut zur Veränderung. Eine Woche nach der Beerdigung wusste ich unwiderruflich, es war vorbei. Der Zauber war endgültig verflogen. Es war Zeit zu gehen. Aber wie sollte ich das meinen Mitbrüdern sagen?

Es geschah am Abend meiner Rückkehr, unten am weltlichsten und unwirtlichsten Ort des Klosters, am Getränkeautomaten vor dem Speiseraum. Unruhig wie ich war, bin ich noch einmal hinuntergegangen und hatte gerade ein Wasser gezogen, als Bruder Dagobert neben mir auftauchte. Bruder Dagobert, gelernter Schneider und Pförtner des Klosters, ein ganz kleines schmales Männchen. Ich habe ihn geliebt wie einen Großvater und häufig mit einem Kuss auf die Stirn begrüßt. Er hat eisern nach den Regeln der Kapuziner gelebt, jede Verweltlichung schien ihm suspekt. Nur einen einzigen Luxus hat er sich gegönnt: Jeden Sonntag nach dem Essen ging er eine Zigarre rauchend im Klostergarten auf und ab. Nie hätte er in der Öffentlichkeit geraucht. Nur dort. Eine Zigarre, der Höhepunkt der Woche. Ein beinahe heiliges Ritual, das er konsequent zelebrierte. In der größten Sommerhitze oder bei Eis und knietiefem Schnee, durch den er – die Zigarre paffend – wie ein Eisbrecher seine Bahnen zog. Er hat ausgeschaut wie einer seiner frühen Vorgänger, der 1934 heiliggesprochene Bruder Konrad von Parzham. Geboren am 22. Dezember 1818 auf dem Venushof in Parzham, bei Bad Griesbach im Rottal, als elftes von zwölf Kindern. Schon als Jugendlicher fühlte Konrad sich zum Glauben hingezogen und unternahm Wallfahrten. Als die Eltern viel zu früh verstarben und er den Hof übernehmen sollte, übertrug er alles an seine Geschwister und trat 1849 im Alter von 31 Jahren in das Anna-Kloster der Kapuziner in Altötting ein. 41 Jahre lang verrichtete Bruder Konrad seinen Dienst als Pförtner im Kloster St. Anna, das nach seinem Tod am 21. April nach ihm in St.-Konrad-Kloster umbenannt wurde und in dessen Kloster-kirche er begraben ist. Die Menschen verehrten Konrad schon zu Lebzeiten als Heiligen. Er verschenkte alles, was er besaß, selbst ei-nen Teil seines Essens gab er den Bedürftigen, die an der Kloster-pforte klopften. Ein sehr beliebter, volksnaher Laienbruder, der als verantwortlicher Betreuer der zahllosen Wallfahrer, die Altötting besuchten, weit über Bayerns Grenzen – und zwar bis nach Rom – durch seine besonders intensive und mitreißende Art zu beten, Be-rühmtheit erlangte. Nach seinem Tod beteten viele Gläubige um seine Fürbitte. Wie es heißt, sollen auch einige Wunder geschehen sein auf die Fürbitte des heiligen Bruder Konrad hin. Wie auch im-mer: 1930 sprach die katholische Kirche Bruder Konrad selig, schon vier Jahre später wurde er von Papst Pius XI. heiliggesprochen. Das war auch der Grund für den Besuch von Papst Johannes Paul II. und Kardinal Ratzinger im Kapuzinerkloster in Altötting. Sein original eingerichtetes Geburtshaus, der Venushof, ist heute ein Museum, das besucht werden kann. Sein Wunschname als Mönch wäre übri-gens »Franziskus« gewesen, aus Verehrung für den Heiligen – und wäre damals nicht gerade ein Mönch mit dem Namen »Konrad« ver-storben, dessen Namen er übernahm, würde der Konrad von Parz-ham heute denselben Namen tragen wie Papst Franziskus. Die Ge-schichte von Konrad von Parzham und seine lebenden Mitbrüder im Kloster hatten mich in ihrer Bedürfnislosigkeit so beeindruckt, dass ich Depp – muss ich heute sagen – beim Eintritt ins Kloster 1987 meinen ganzen Stolz, einen aufgemotzten Audi A50, hergeschenkt hatte, wie Hans im Glück – um dagegen das Klosterleben einzutau-schen. Das Auto hätte ich jetzt gut gebrauchen können, um nach Hause zu fahren. Der bewusste Verzicht auf materielle Güter ist trotzdem etwas, was ich von den Kapuzinern mitgenommen habe. Ich kann jederzeit verzichten und bin bereit, alles zu teilen. Ich brau-che kaum etwas. Wasser gegen den Durst, etwas zu essen, dass es zum Überleben reicht, Kleidung, ein Dach über dem Kopf, dass ich in Frieden und ohne Angst arbeiten, beten und schlafen kann. Sonst nichts. Die Bedürfnislosigkeit eines Bruders Dagobert ist bei mir bis heute tief verwurzelt geblieben.

Dagobert war in seiner ganzen Bescheidenheit, seinem inneren Frieden und der Ernsthaftigkeit, mit der er seinen Glauben ausübte, eines meiner Vorbilder. Dazu kam seine Begeisterung für das Leben – in seiner Hingabe für die Menschen, seine Mitbrüder und seinen Glauben. Ein Laienbruder. Ein echter Kapuziner. Nun standen wir in diesem Kellerraum am summenden Getränkeautomaten nebeneinander, angeflackert von dem »Bling-Bling« einer defekten Leuchtröhre, die alles in kaltes Licht tauchte. Dagobert muss meine innere Anspannung gespürt haben. Was vermutlich kein Kunststück war. Er sah mich mit seinen klugen Augen an. Und dann hat er irgendeinen auslösenden Satz zu mir gesagt, der hat mich offenbart. Was genau weiß ich nicht mehr – aber es war etwas in Richtung wie: »Gell, dich haut's grad rum?« Er sagte das mit vollkommenem Gleichmut und öffnete weit die Arme. In diesem Moment sind alle Dämme in mir gebrochen und ich habe hemmungslos zu heulen angefangen. Ich habe gebebt. Geschluchzt. Aber endlich löste sich diese ungeheure Spannung in mir, löste sich der Druck, endlich sagen zu müssen, was sich mir seit Wochen schon als einzig möglicher Weg immer deutlicher in den Vordergrund schob: dass ich meine geliebten Kapuziner verlassen müsste, weil das nun nicht mehr mein Weg war. Das schlechte Gewissen, die Angst, diese Menschen vielleicht zu enttäuschen, ihre Freundschaft zu verlieren, und der Druck meiner Erziehung, dass man zu Ende bringt, was man anfängt und nicht dauernd wankt und wackelt bei der kleinsten Unstimmigkeit, waren übermächtig gewesen. Dagobert klopfte mir beruhigend auf die Schulter.

Laufen war ein kleines Noviziatskloster mit vier Priestern und drei festen Brüdern, die ewige Profess haben und seit Ewigkeiten schon im Kloster lebten. Das waren Top-Mönche für die Ausbildung junger Novizen. In ihrem Kloster gab es immer Zugang und Abgang. Ein stetes Kommen und Gehen. Ein Gelingen und immer wieder auch Scheitern. Wie jetzt bei mir. Die alten Mönche erkannten das frühzeitig. Mit den Jahren entwickelten sie ein sehr gutes Gespür, was in einem Novizen vorgeht, was ihn belastet – oder ob er auf der vorgezeichneten Bahn seinen Weg geht. Die Mönche leben damit, Fischer am Ufer des ewig dahinfließenden Stroms des Lebens zu sein. Sie erleben das Wirrwarr der Gefühle eines jungen Menschen mit, der sich sucht, und begleiten seinen Weg, den sie jedoch niemals bestimmen oder gar erzwingen würden. Denn die Entscheidung zum Glauben, zum Mönchsein in ihrer Gemeinschaft muss eine freiwillige sein. Glauben kommt aus dem Herzen. Das habe ich damals von diesen Mönchen gelernt. Natürlich bist du als junger Mensch ein Teil ihrer Hoffnung und forschend schauen sie dich an: Bist du der Richtige? Wirst du unsere Tradition fortsetzen können, wirst du die Kette nicht abreißen lassen und den Erhalt unserer Klöster für die kommenden Generationen sichern? Diese Mönche haben ein inneres Barometer, wann bei einem Novizen Sturm aufzieht. Die wissen, was da vorgeht – weil sie es eben schon so oft erlebt haben. Gelingen und Scheitern. Bleiben und Abschied. Genau vor dieser Wegkreuzung stand ich, lauschte dem Summen des Kühlaggregats, erinnerte mich an meinen ersten Tag im Kloster, sah all die Gesichter meiner geliebten Mönche, Honorat, den Koch des Klosters, Philemon, den Gärtner – und dann in die fragenden Augen von Bruder Dagobert, unserem Schneider. Ich habe mich dann gelöst und bin nicht mehr zum Essen zu den anderen, sondern in meine Zelle, die ich nahezu blind vor Tränen gerade noch so gefunden hab. Als ich die Tür hinter mir ins Schloss geworfen hatte, wusste ich: Noch länger zu schweigen und die Entscheidung hinauszuzögern erschien mir unfair. Unfair für den ganzen Orden und die Menschen, die so viel Hoffnungen in mich setzten. Jede Gemeinschaft, jedes Kloster, jeder Orden, jede Gemeinde, jede Freundschaft, jede Ehe, jede Familie braucht Menschen, die für sie mit fliegenden Fahnen ohne Wenn und Aber in dieses Leben hineingehen. Du musst es lieben, das Leben als Mönch – was du nicht darfst: unglücklich sein.

Mir war plötzlich klar, dass ich ganz egoistisch nur an mich gedacht hatte, an mein eigenes Wohl, während ich jetzt sah, dass es auch darum ging, Schaden von der Gemeinschaft abzuhalten, die mich all die Monate so teilnehmend getragen hatte. Honorat und Philemon leben immer noch im Kloster, Philemon schon hochbetagt, über 90 Jahre alt. Sie blieben – ich ging.

◆

Ich habe mich nicht groß verabschiedet bei den Kapuzinern, bin nicht auf die Knie gesunken oder habe mich entschuldigt, dass ich es nicht geschafft habe. Ich hatte abgebrochen, keine Profess gemacht und diese Geste, die mich so beeindruckt hatte, wäre unangemessen gewesen. Es stand mir nicht zu. Es gab auch keine Abschiedsfeier – was hätte es zu feiern gegeben? – und keinen gemeinsamen Abschiedsgottesdienst. Ich bin zu jedem Einzelnen hin und habe mich persönlich verabschiedet. Zu jedem ein Gang voller Herzweh und Traurigkeit. Doch meine Sorgen, von ihnen vielleicht abgelehnt und verstoßen zu werden, waren völlig unbegründet. Es war, so schien mir, für die Mönche ein Tag wie jeder andere in der Abfolge einer unendlichen Kette von Tagen und ich war nur ein winziger Teil einer weit größeren Aufgabe, der sie sich verpflichtet hatten. Die Patres haben mich gesegnet. Und einige haben geweint dabei wie ich. Keiner meiner Mitbrüder hat mich getadelt oder mich stehen lassen. Niemand war mir böse. Sie kannten es, dass junge Menschen kommen und nur wenige bleiben. Ihre Traurigkeit über jeden neuerlichen Verlust für ihre Gemeinschaft war mit den Jahren einer freundschaftlichen Resignation gewichen angesichts des Unvermeidlichen. Auch die Männer wissen, wenn sie die vielen Alten beim Beten sehen, dass ihre Klöster sterben. Vielleicht war es aber auch Zuversicht, das Wissen, dass die Saat, die sie in mich gelegt hatten, früher oder später voll aufgehen würde. Und wie recht sie bekommen haben. Denn das Gleichnis vom Sämann (Mk 4,1–20) trifft so lebensnah ihre Arbeit mit den Novizen: »*Es ging ein Sämann aus, zu säen. Und es begab sich, indem er säte, fiel etliches an den Weg; da kamen die Vögel unter dem Himmel und fraßen's auf. Etliches fiel in das Steinige, wo es nicht viel Erde hatte; und ging bald auf, darum dass es nicht tiefe Erde hatte. Da nun die Sonne aufging, verwelkte es, und dieweil es nicht Wurzel hatte, verdorrte es. Und etliches fiel unter die Dornen; und die Dornen wuchsen empor und erstickten's, und es brachte keine Frucht. Und etliches fiel auf ein gutes Land und brachte Frucht, die da zunahm und wuchs; etliches trug dreißigfältig und etliches sechzigfältig und etliches hundertfältig. Und er sprach zu ihnen: Wer Ohren hat, zu hören, der höre!*

Und da er allein war, fragten ihn um dies Gleichnis, die um ihn waren, mitsamt den Zwölfen. Und er sprach zu ihnen: Euch ist's gegeben, das Geheimnis des Reiches Gottes zu wissen; denen aber draußen widerfährt es alles nur durch Gleichnisse, auf dass sie es mit sehenden Augen sehen, und doch nicht erkennen, und mit hörenden Ohren hören, und doch nicht verstehen, auf dass sie sich nicht dermal einst bekehren und ihre Sünden ihnen vergeben werden.

Und er sprach zu ihnen: Verstehet ihr dies Gleichnis nicht, wie wollt ihr denn die andern alle verstehen?«

Ich habe es damals noch nicht verstanden – heute verstehe ich es. Das Gleichnis vom Sämann. Bevor ich das Kloster endgültig verließ, bin ich noch zum Guardian, dem Bruder Pius, den ich wirklich geliebt habe. Ich fragte ihn, auf mein Brevier zeigend, das mich die ganzen Monate durch die Gebete im Kapuzinerkloster begleitet hatte: »Muss ich euch das dalassen?« Pater Pius hat nur gelächelt: »Nimm es mit. Es soll dich begleiten. Weil ich weiß, dass du ein guter Priester wirst.« Damals habe ich gestutzt. Heute würde ich auf keine Reise, keinen Urlaub, nirgendwo hingehen, ohne dass ich die »Braut des Priesters«, mein Brevier, dabeihabe. Ich bete täglich mein Brevier. Und summe meine Psalmen vor mich her. Aber allein. Das ist etwas anderes, als aus vollem Herzen laut zu beten, im Gleichklang mit anderen. Und diese Einsamkeit ist manchmal bedrückend, vor allem in meiner Dienstwohnung, wenn ich mich an diese gemeinsamen Gebete im Kapuzinerkloster in Laufen erinnere. Gerade weil ich mich so gut erinnere, bete ich heute lieber alleine und finde es fast peinlich, wenn bei Versammlungen Vesper gebetet wird und sich die Pfarrer dann die Psalmen zuwerfen. Verkündigung ist nicht Slam-Poetry.

Selbst nach dreißig Jahren halte ich nichts von solchem Gemeinschaftsbeten, ich, der als junger Mensch von 17 Jahren das gemeinsame Gebet in der Gemeinschaft der Kapuzinermönche von Laufen immer noch für einen der spirituellen Höhepunkte in seinem Leben in Erinnerung behalten hat. Ich habe aus dieser Zeit eine Lebensweisheit mitgenommen, die in meinen folgenden Lebensjahren weiter an Kontur gewonnen hat. Es ist eine Frage, die wir uns jeden Morgen stellen sollten, eine, die ich Pfingsten 2015 sogar zum Thema eines meiner Gottesdienste gemacht habe und die auch angesichts der vor uns stehenden Immigrationskrise mehr denn je Gültigkeit hat. Es ist die Frage: Hast du den Mut zur Veränderung? Das Weggehen von daheim, der Abbruch meiner Arbeit in der Gemeinde, mein Abschied von den Kapuzinern, selbst der Tod meiner Mutter und später der meines Vaters – sind aus heutiger Sicht für mich nicht negativ, auch wenn es mich noch so verletzt hat. Der eine Tropfen, der jeweils dazugekommen ist, um eine Veränderung auszulösen, war jedes Mal etwas absolut Notwendiges, damit ich mich neu ausrichte. Notwendig, um mir neue Erfahrungsräume zu öffnen. Rückblickend über die Jahre habe ich die Zeiten der Veränderung immer als Bereicherung für mein Leben und meine Persönlichkeit erfahren. In meiner Kindheit haben meine Eltern die Grundlagen für meinen Glauben gelegt.

In meiner Gemeinde habe ich meine wichtigsten Vorbilder kennengelernt, die mich geprägt und meinen Glauben vertieft haben und in mir den Entschluss auslösten, Priester zu werden. Ich habe gelernt, mit dem Tod, meiner Trauer und meinen Zweifeln zu leben. Und bei den Kapuzinern habe ich erlebt, wie beseelend das gesprochene Gebet und das Aufgehen in der Gemeinschaft eines Klosters ist – und vor allem: was es wirklich braucht zum Leben. Dass Bedürfnislosigkeit, das Nicht-Anklammern an materiellen Wohlstand, die Verweigerung des Besitzergreifens eine der wichtigsten Voraussetzungen für inneren Reichtum ist. Das war mein Rüstzeug, mit dem ich dann ins Priesterseminar gezogen bin. Heute bin ich mir sicher: Wenn ich diese ersten drei Stufen mit ihren Brüchen und Veränderungen nicht durchlaufen hätte – ich wäre im Priesterseminar gescheitert, weil ich an Langeweile zugrunde gegangen wäre. Was ich weiter gelernt habe: Ein Bruch bedeutet nicht, dass auch die Liebe gehen muss. Sieben Jahre später bin ich in meine frühere Heimatgemeinde zurückgekehrt – als Primiziant. Es war von dem Konflikt keine Rede mehr, sondern ich wurde mit ausgebreiteten Armen empfangen wie der verlorene Sohn, auch ein bisschen mit Stolz über den Heimkehrer, der draußen in der Welt seine Erfahrungen gemacht hat und sich nicht zu schade war, zurückzukommen, dorthin, wo alles begonnen hatte. Ich erinnere mich, wie ich als achtzehnjähriger Trotzkopf diesen Konflikt mit meinem Pfarrer hatte und wie er mir bei unserem ersten Wiedersehen voller Anerkennung sagte: »Du, wie ist das – machst du fertig?« »Warum fragst du – wieso, wie kommst du darauf, ich könnte nicht fertig machen?« Seine Antwort haute mich wirklich aus den Schuhen: »Weißt, ich könnte jetzt in Pension gehen. Aber wenn du sagst, du machst fertig, dann bleibe ich so lange – ich möchte die Primiz mit dir gemeinsam erleben.« Mein Pfarrer hat dann drei Jahre freiwillig länger Dienst gemacht, um mit mir gemeinsam die Priesterweihe zu zelebrieren und Primiz zu feiern. Das war für ihn ein versöhnlicher Abschluss seiner jahrzehntelangen Arbeit als Priester: dass er seinen Acker bestellt und ihn an die nachfolgende Generation übergeben hat. Genauso herzlich und versöhnlich war die Aufnahme bei den Kapuzinern, die ich immer noch regelmäßig besuche. Ich komme jährlich mehrmals als Pilger irgendwie nach Altötting und besuche auch ab und an das alte Kloster in Laufen – das jedoch zwei Jahre nach meinem Fortgang aufgelöst und in ein schönes Hotel mit Restaurant umgewandelt worden ist. Die Kapuziner sind immer ein Teil meines Lebens geblieben. Das war eine weitere Lehre, die ich damals gezogen habe, dass ein Bruch nicht bedeuten muss, dass auch die Liebe geht.

Und so sage ich jedem, der heute aus der Kirche austreten will, weil da irgendein Ärger war: Ein Bruch, ausgelöst durch ein negatives Erlebnis, muss nicht bedeuten, dass die Liebe wegbleibt. Es kann sogar eine Stärkung sein, sich zunächst in andere Richtungen zu bewegen. Aber du musst wiederkommen. Es ist dann eine Neuorientierung, eine Neuaufnahme des Lebens – eine Neufassung dessen, was man gewohnt war. Menschen brauchen solche Brüche – den Mut zur Veränderung. Weil das Leben nichts anderes ist: stete Veränderung. Leben ist Veränderung. Jeden Tag verabschieden wir uns von Menschen und Dingen. Was sich nicht verändert, sich nicht im Fluss der Zeit bewegt, was versucht, sich festzuklammern und gegen den Strom zurückzuschwimmen, wird kraftlos und geht unter. Gehst du nicht mit der Zeit – dann vergehst du mit der Zeit. Das gilt für Menschen wie auch für Institutionen wie meine Kirche. Deswegen stelle ich mir jeden Morgen immer wieder die Frage: Hast du den Mut zur Veränderung?

◆

Als ich die Kapuziner verließ, schaute ich natürlich nicht so weit in die Zukunft – wie wenn ich heute zurückschaue. Es lag alles im Ungewissen. Mein Verstand beschuldigte mich, aus einer Laune heraus für meine persönliche Katastrophe gesorgt zu haben. Tatsächlich: Ich würde mit leeren Händen zurück nach München fahren. Ein Jahr vertan auf einem falschen Weg. Das ist, wie wenn man gleichzeitig durch die Führerscheinprüfung fällt, das Abitur nicht besteht, die Lehre abbricht – und von der Liebe seines Lebens verlassen wird. Ein Gefühl, vollkommen gescheitert zu sein. Wie sollte ich das meinem Vater erklären? Davor graute mir am meisten. Ungewiss schien mir meine Zukunft, behaftet mit dem Makel, etwas nicht durchgezogen zu haben. Mein Gefühl dagegen sagte mir, dass ich die einzig richtige Entscheidung getroffen hatte. Das macht den Mut aus – sich für etwas zu entscheiden, was rational noch nicht absehbar ist, aber der Intuition nach richtig sein muss.

Mein bester Freund, Martin aus Oberpframmern, hat mich damals mit dem Auto abgeholt – weil ich Depp ja meinen Audi A50 mit Begeisterung hergeschenkt hatte. Als ich zu ihm ins Auto gestiegen bin, habe ich ihm gesagt: »Martin, bitte nichts reden. Keine Fragen …« Martin sah sofort meinen zerrütteten Zustand: »Na, ich fahr dich ja nur heim, siehst ja eh nichts mit deinen roten Augen. Musst nichts sagen.« Heimfahren – wo war meine Heimat jetzt noch? Ich hatte jetzt nach dem Tod meiner Mutter und dem Abschied aus dem Kloster keine Heimat mehr. Ich bin Rotz und Wasser heulend nach München gefahren worden. Andererseits verstärkte sich auf dieser Autofahrt mit jedem der 150 Kilometer Nachdenken von Laufen zurück nach München die Haltung, dass meine Entscheidung, die ich gefällt hatte, die einzig richtige gewesen war. Beim Erreichen der Stadtgrenze war meine vorherige Niedergeschlagenheit einem trotzigen »Jetzt-erst-recht« gewichen. Mein Bruder, zu dem ich auch nach dem Tod meiner Mutter immer noch kein besonders enges, inniges Verhältnis entwickelt hatte, empfing mich zu Hause. Ich sagte: »Ich bin zurück in München, ich glaub, ich gehe nicht zu den Kapuzinern.« Diesen Satz können nur Bayern verstehen, die nie sagen würden »Frollein, ein Bier bitte!«, sondern korrekt: »Reserl, i glaab, i hätt an Durscht!«

Ich hätte erwartet, dass ihn meine Entscheidung irgendwie bestürzt, dass er sie hinterfragt – oder gar infrage stellt, dass er sagen würde: »Um Gottes willen, jetzt hast du es angefangen – jetzt bring es zu Ende!« So streng waren wir erzogen worden. Nein, seine Reaktion war völlig überraschend, lapidar: »Jeder hat das Recht, seine Meinung zu ändern und einen anderen Weg zu gehen.« Das war eine reine Feststellung. Vermutlich war es ihm sogar egal, da er aus unserem Elternhaus im Gegensatz zu mir eine distanzierte Haltung zum Glauben, vor allem zur Kirche mitgenommen hatte. Für mich aber war, was er sagte, eine sehr große Erleichterung. Mein Vater war immer sehr entschieden in seinem Verlangen nach Konsequenz gewesen, einmal Beschlossenes auch durchzuziehen. Ein Muss. Nun gab mir mein Bruder ungewollt den Freispruch von meiner Last, an der ich schwer zu tragen hatte, und sagte etwas ganz Selbstverständliches: Du darfst dich immer ändern im Leben, du darfst dich zweimal gebären. Und für mich war das in diesem Moment die zweite Geburt, die mich losschweißte von all dem, was mich die Wochen zuvor belastet hatte. Mein Bruder weiß bis heute gar nicht – vielleicht liest er ja diesen Text –, was für eine große Hilfe ich durch seinen Satz damals erfahren habe. Meine Gewissensbisse waren mit einem Schlag verflogen. Ja, jeder hat das Recht, einen neuen Weg einzuschlagen.

Ich glaube, das war der Moment, in dem ich wirklich erwachsen geworden bin. Frei, mich nach meiner eigenen Stimme zu richten und nicht das zu tun, was andere als gegeben ansagen. In diesem Moment habe ich einen wesentlichen Multiplikator für ein spannendes Leben für mich entdeckt. Innere Freiheit. Frei zu denken und offen zu sagen, was man als wahr und richtig erkannt hat. Ungeachtet möglicher Konsequenzen wahrhaftig zu sein. Sich selbst und seinen Mitmenschen gegenüber. Deswegen vertrat ich in den vergangenen Jahren auch eine oft völlig konträre Haltung zu meiner Kirche in vielen Fragen des Umgangs mit geschiedenen Ehepaaren, mit Gläubigen, die der Amtskirche den Rücken gekehrt haben, bis hin zur Haltung gegenüber gleichgeschlechtlichen Paaren, die ihre Bindung vor Gott bezeugen wollen und um Aufnahme nachsuchen. Der Abschied von Laufen war meine zweite Geburt. Eng verbunden mit dem Todestag meiner Mutter, die an diesem Tag für mich beten wollte und am 27. August 1981, dem Tag der heiligen Monika, verstarb. Ich habe Jahre später immer wieder an diesen Moment gedacht und die Veränderungen, die sich daraus ergaben. Als ich später in Salzburg studiert habe, wohnte ich oben auf dem Mönchsberg, in einem Knabeninternat. Mein Weg in die Stadt führte mich immer auch mal durch die »Monikapforte«, ein altes Stadttor der Festung Salzburg, über dessen Eingang in lateinischen Lettern steht: »Monica Bonae matris Praesido, que Augustinum ingens eglesie munimentum bis peperit«:

Monika, die den heiligen Augustinus, den Fels der Kirche, zweimal geboren hat. Augustinus war im ersten Teil seines Lebens ja nicht sehr heilig gewesen, seine Mutter hatte sehr viel für seine Seelenrettung gebetet – und dann hatte ihr Sohn seine Wandlung erfahren und ist Bischof geworden. Und ich Priester – seither bin ich der Meinung, jeder von uns muss in seinem Leben mindestens zweimal geboren werden – oder vieles zweimal gebären. Das gehört mit zum Leben dazu, dass alles im Fluss ist, sich alles ändern muss – und ändern darf –, weil Stillstand den Tod bedeutet. Veränderung ist das Prinzip des Lebens. Und für das Leben brauchst du Mut.

◆

Jede umfassende Veränderung in deinem Leben schafft Raum für Neues. Das Alte, unbrauchbar Gewordene lässt du fallen, es ist nur noch Ballast. Nimmst nur das mit, was du zum Überleben brauchst. Flüchtlinge machen das so. Sie lassen Zelte, Kleidung, alles Überflüssige zurück – weil sie wissen, nur auf das, was sie dicht am Leib mit sich tragen, können sie sich verlassen. Immer wieder habe ich mir diese Bilder angeschaut von ihren verlassenen Lagern, der Flucht, die sich am Ende dadurch am besten beschreiben lässt, was die Menschen fortwerfen und was sie mit sich nehmen. Das Wertvollste, das bleibt, ist immer die Erinnerung, woher sie gekommen sind, ihre Hoffnung, die dort ist, wohin sie gehen, ihr Sehnen nach einem neuen Leben und die Liebe zu den Menschen, die sie begleiten oder die sie zurücklassen mussten. Materiell ist es nur wenig – das, was sie auf dem Leib tragen. Es ist das Grundmotiv der Flucht in den Stall zu Bethlehem. Ich bewundere den Mut dieser Menschen. Und den Mut jener Menschen, die bereit sind, den Flüchtlingen zu helfen. Auf den Bahnhöfen. In den Tiefgaragen. In den Turnhallen unserer Schulen, aufgelassenen Lagerhallen und in den Zeltstädten und Auffangsperren an den Grenzen, die angesichts des Elends keinen Bestand mehr haben. Und ich verachte die Feigheit unserer Politiker, die die Last und die Folgen dieser Massenflucht auf ihre

Bürger abladen und immer noch zögern, die Ursachen zu beseitigen und in den Herkunftsländern für Frieden zu sorgen. Ich kann nur in meinem Rahmen etwas tun. 2015 habe ich nach zwei Jahren Pause wieder angefangen, auf der Wiesn zu kellnern, um Aufmerksamkeit zu schaffen für ein Projekt meines langjährigen Freundes, den Münchner Kabarettisten Christian Springer, der dringend Geld braucht für seine Hilfsprojekte für Flüchtlinge aus den Kriegsgebieten in Syrien. Den Helfern dort geht das Geld aus, weil zum Beispiel die EU-Politiker nur zögernd zahlen. Er sagt immer: Weißt du, es sind zwei, drei Flugstunden zwischen dem Paradies hier und dem Elend und der Vernichtung dort. Wir läuten Glocken in Köln für die Flüchtlinge, machen das Licht aus gegen Pegida – aber das ist mir zu wenig. Ich möchte mehr läuten als Glocken. Ich möchte, dass die menschliche Situation vieler Flüchtlinge aus den Kriegsgebieten des Nahen Ostens und Afrikas ins Bewusstsein geht. In unser Bewusstsein. Ich möchte, dass ins Bewusstsein geht, dass all diese Menschen, die jetzt zu uns kommen, hierbleiben werden. Dass wir sie nicht mehr zurückschicken werden und dass wir sie gar nicht mehr zurückschicken können, weil zum Beispiel die vielen minderjährigen und unbegleiteten Flüchtlingskinder hier aufwachsen. Ich möchte ins Bewusstsein rücken, dass es ein Humbug ist, wenn wir hier noch darüber diskutieren, ob diese jungen Menschen eine Ausbildung machen dürfen – anstatt zu verlangen, dass sie unsere Sprache lernen und eine Ausbildung machen müssen. Denn nur wenn sie Arbeit finden, werden sie später zu unserer Gemeinschaft gehören – oder im besten Fall ihr Wissen und ihre angelernten Fertigkeiten wieder zurück in ihre befriedeten Heimatländer mitnehmen, dort Existenzen aufbauen und Arbeitsplätze schaffen. Das wäre mal eine andere Entwicklungshilfe statt Waffenlieferungen. Ich möchte ins Bewusstsein rücken, dass es ein Glücksfall ist für jede Gesellschaft, wenn sie sich auf junge, wissbegierige und fleißige Menschen stützen kann. Junge Menschen, die Unglaubliches hinter sich haben und genau wissen, warum sie sagen: »Wir möchten lernen!« Unsere

Hauptschullehrer haben mit 45 Burnout, weil sie von Schülern umgeben sind, die nichts lernen wollen. Die jungen Flüchtlinge sind hochmotiviert, weil sie begriffen haben, dass sie sich nur durch Arbeit einen Platz und vielleicht auch eine neue Heimat in dieser Gesellschaft erobern können. Und wenn Christian Springer erzählt, dass die Kinder in seinen Hilfsprojekten selbst am Sonntag zur Schule kommen, obwohl die geschlossen ist, weil sie endlich etwas lernen wollen und dankbar sind, weil sie Ruhe finden vor den täglichen Bombenangriffen und Schießereien, dann können wir doch gar nicht anders als helfen!

Der Bürgerkrieg in Nahost wird noch Jahre dauern. Diese Kinder und Jugendlichen werden hier Wurzeln schlagen – und so wie die Sudetendeutschen, die Schlesier, die Ostpreußen, die Banater und Donauschwaben wird auch sie keiner mehr zurückschicken. Und diese »deutsch-deutschen« Flüchtlinge hatten es auch hart genug, akzeptiert zu werden, was viel zu oft vergessen wird. Daher sollten wir gerade hier alles unternehmen, diese jungen Menschen zu integrieren und ihnen einen Start in ein neues Leben zu ermöglichen. Das sind ab jetzt Deutsche – weil sie hier mitten unter uns ein neues Leben beginnen. Wir müssen den Mut zur Veränderung haben und akzeptieren, dass es die Zukunft Deutschlands und Europas ist, dass es kein »Deutschtum« und auch die anderen Nationalitäten nicht mehr geben wird. Diese Einsicht verlangt wirklich sehr viel Mut. Auch für die katholische Kirche. Wann zum Beispiel finden wir den Mut, mit den anderen Religionen unsere leer gebliebenen Gotteshäuser zu teilen? Ich weiß, diese Einsicht verlangt wirklich sehr viel Mut. War aber mein erster Vorschlag, als in München-Sendling gegenüber der Kirche Sankt Korbinian das Münchner Moscheezentrum gebaut werden sollte und dem Moslemverein das Geld ausging.

Da habe ich damals gesagt: Gebt den Moslems doch die Kirche. Sie steht wie viele unserer Kirchen viel zu oft leer. Die Gläubigen bleiben fern – uns sterben die Pfarrer weg. Wir können die Pfarreien nicht mehr betreiben. Immer weniger Priester müssen immer mehr

Pfarreien betreuen. Brauchen wir noch so viele Kirchen? Ich selbst bin wirklich an der Grenze. Die Alternative wäre natürlich die Gemeinschaft der Menschen ohne Religion – das ist der »Bund für Geistesfreiheit« und dessen Glaube – aber da stehe ich nicht für. Also: Helfen wir den heimatlosen Gläubigen anderer Religionen und widmen wir unsere leer stehenden Kirchen um: in Moscheen, Tempel, offene Räume des Gebetes für alle Religionen – vielleicht ähnlich dem Lotustempel der Bahai in Neu-Delhi, einem der meistbesuchten Gebäude der Welt. Der Glaube beruht aus der Sicht der Bahai auf einem mystischen Gefühl, das die Menschen mit Gott vereint. Es wird nicht vorgegeben, inwiefern dies geschieht. Daher ist die Religion auch für jede andere Glaubensrichtung in ihrem Tempel offen. Es ist derselbe Gott – egal, wie man ihn anbetet. Warum sollten wir Christen nicht teilen? Werden wir eh tun, über kurz oder lang. Gebt ihnen doch diese Kirche! Die Hagia Sophia war auch einmal eine und niemand stört sich heute daran. Wir werden nur zu einer Gemeinsamkeit der Menschen kommen, wenn es zu einer Gemeinsamkeit der Religionen kommt. Religionen werden sich überflüssig machen, wenn sie zueinandergefunden haben. So, wie es Paulus im ersten Brief an die Korinther (1 Kor 13,4–10.13) schreibt:

Die Liebe ist langmütig, die Liebe ist gütig. Sie eifert sich nicht, sie prahlt nicht, sie bläht sich nicht auf. Sie handelt nicht ungehörig, sucht nicht ihren Vorteil, lässt sich nicht zum Zorn reizen, trägt das Böse nicht nach. Sie freut sich nicht über das Unrecht, sondern freut sich an der Wahrheit. Sie erträgt alles, glaubt alles, hofft alles, hält allem stand. Die Liebe hört niemals auf. Prophetisches Reden hat ein Ende, Zungenrede verstummt, Erkenntnis vergeht. Denn Stückwerk ist unser Erkennen, Stückwerk unser prophetisches Reden; wenn aber das Vollendete kommt, vergeht alles Stückwerk. Für jetzt bleiben Glaube, Hoffnung, Liebe, diese drei; doch am größten unter ihnen ist die Liebe.

Da hat Paulus eine riesengroße Vision: Wenn dieser Zustand vollkommener Liebe erreicht ist, dann haben die Religionen ihren Zweck erfüllt. Da wird kein Moslem mehr gegen einen Christen oder ein Hindu gegen Buddhisten vorgehen. Religionskriege wird es dann nicht mehr geben. Es geht Paulus um etwas, das wir tagtäglich immer wieder von anderen Menschen einfordern – selbst aber oft genug im Umgang mit unseren Mitmenschen vermissen lassen. Es geht um etwas, was wahnsinnig viel Kraft und Durchhaltevermögen kostet. Und auf der anderen Seite wissen wir, ohne das geht es nicht – ist keine menschliche Gemeinschaft möglich. Es geht um Nächstenliebe. Um Menschlichkeit. Christian Springer hat durch die Erlebnisse mit den Flüchtlingen aus dem syrischen Bürgerkrieg den Mut gefunden, sich zu verändern, seinen Wohlstandskokon Deutschland infrage zu stellen und zu helfen. In dem provisorischen Krankenhaus, das mithilfe seiner Initiative aufgebaut werden konnte, haben es die Ärzte häufiger mit Schwerstverletzten zu tun, die so stark verbunden sind, dass man gar nicht mehr sehen kann, was für ein Mensch da unter den Verbänden mit dem Tod ringt. Oft kommt der Verdacht auf, es könnte sich nicht nur um Rebellen handeln, die gegen die syrische Diktatur kämpfen – sondern vielleicht auch um ihre Gegner, syrische Soldaten – oder schlimmer noch: Kämpfer der radikalen IS. Das Krankenhaus hat sich dazu entschlossen, nicht zu fragen, Freund und Feind in Lebensgefahr gleich zu behandeln und nach Möglichkeit zu heilen. Ungeachtet, wo und wie und warum er sich die Verletzungen zugezogen hat. Denn die erste Priorität ist, Leben zu retten. Weil es Menschen sind. Barmherzigkeit steht im Vordergrund. Ein Rettungssanitäter in Deutschland, so Springer, frage sich bei einem Autounfall auch nicht, ob es sich um den Unfallverursacher oder sein Opfer handele, ob der Verletzte ein gerechtes Leben geführt hat oder ein Schwerverbrecher ist – sondern allein das Retten stehe im Vordergrund. Viele Menschen verstehen das. Zumindest die Menschen in meiner Gemeinde verstehen das.

Beim Pfingstgottesdienst haben wir etwas besonders Schönes erlebt: Ich hatte zum Gottesdienst eingeladen und Christian versprochen, du, heute sammele ich mal für dich. Für die Kollekte habe ich sein Projekt kurz vorgestellt und ihn nach vorne zum Altar gebeten: »Du, Christian, komm du mal nach vorne und erzähle mal am besten selbst, was du in Syrien aufgebaut hast.« Er war einigermaßen perplex, der dachte, wenn ich für ihn sammle, läuten die Glocken, der Klingelbeutel geht rum und ich überweise ihm anschließend das Geld. Nichts da. Wenn es um seine eigenen Sachen geht, ist er viel schüchterner, als wenn er als Kabarettist seine Show abzieht. So begann er stockend, dann leichter zu erzählen, dass in dem Lager für 1500 Flüchtlinge, das gerade im Land aufgebaut wird, so gut wie alles vorhanden ist. Eine richtige kleine Stadt sei entstanden. Ein Laden zum Einkaufen, ein Kindergarten, eine Schule, eine Arztpraxis. Nur eines würde noch fehlen, druckste er herum, das wollte er schon ehrlich sagen, hier in einer katholischen Kirche, in einem Gottesdienst an einem so heiligen christlichen Feiertag, wenn er hier sammle – ja, weil die Syrer so gläubig sind und auch einen Platz zum Beten finden müssten, würde er einen Teil der Kollekte gerne für den Bau einer Moschee verwenden. So könne jeder selbst entscheiden, ob er dafür spenden wolle oder nicht. Die Kirche war zum Pfingstfest gesteckt voll. Und plötzlich war da so eine Stille, dass ich in Christians Gesicht deutlich den Schrecken ablesen konnte über die Stille und die Wirkung seiner Worte. Und danach hat er mir auch gesagt, dass er dachte: »O Gott, das ist gelaufen. Jetzt kannst dich hinten rausschleichen Richtung Sakristei. Gleich fliegen Tomaten, Schuhe, Eier …« Doch nach zwei, drei, vier unendlich lang wirkenden Sekunden brandet ein Applaus auf in diesem voll besetzten Kirchenschiff von Heilig Geist – und heimgegangen sind wir mit sage und schreibe 15 000 Euro Spenden. Das war ein so magischer Moment, in dem so viel Kraft drinsteckte – und du spürst, was eine starke Gemeinschaft wirklich wert ist und welche Wunder diese Gemeinschaft vollbringen kann. Ich war stolz auf meine Gemeinde. Wobei man zusätzlich sagen muss, dass jeder Euro in Syrien das Zehnfache an Kaufkraft hat als hier bei uns, wo wir diese Menschen in Lagerhallen, Kasernen und verfallenen Gasthöfen einquartieren und fern ihrer Heimat teuer verpflegen müssen mit Nahrungsmitteln, die ihnen fremd sind. Der Bedarf der Menschen in Syrien, die alles verloren haben, ist enorm. Dazu gehören nicht nur ein Dach über dem Kopf, ein Ofen, Wasser, Kleidung und Nahrung – sondern es braucht auch Feuerwehrautos, Müllwagen, Krankenwagen, um ein Lager mit so vielen Menschen am Laufen zu halten. Christian bringt auch das. Immer wieder wurde er mit der Frage konfrontiert, ob das, was die Menschen hier spenden, nicht am Ende bei der IS, Al-Qaida oder der Al-Nusra Front und den zahllosen anderen Bürgerkriegsparteien landet.

Die erstaunliche Antwort darauf hat er dazu bei den Leuten der Freiwilligen Feuerwehren in Bayern bekommen, die ihm sagten: »Du, Christian, die Angst haben wir nicht – mit einem Feuerwehrwagen kannst du keinen Krieg gewinnen – sondern nur Feuer löschen. Das Einzige, was wir von dir erwarten, ist: Bring die Wagen und Ausrüstungsgegenstände, die wir spenden, heil zu unseren Feuerwehr-Kameraden nach Syrien runter.« Das sagen bayerische Feuerwehrleute, die 3500 Kilometer weit entfernt in Bayern wohnen, die sich mit dem Krieg in Syrien nicht auskennen, die Sprache nicht sprechen – und ihre unbekannten syrischen Feuerwehrleute unten wie selbstverständlich einfach so als »Kameraden« bezeichnen. Und von dieser Haltung von Menschen, die helfen, können wir uns eine dicke Scheibe runterschneiden. Ich stelle immer wieder fest in meinem Leben: Zwist entsteht durch gegenseitige Fremdheit. Und Reden hilft. Je mehr ich mit einem mir fremden Menschen rede, desto mehr verstehe ich, was ihn bewegt, und desto mehr sehe ich, »hoppala«, der will doch genauso angenommen und geliebt werden wie ich. Es läuft am Ende immer wieder auf dasselbe hinaus: Wenn ich mit mir selbst im Reinen bin, fällt es mir viel leichter, auf die Not anderer Menschen einzugehen und sie zu akzeptieren. Goethe hat mal gesagt: »Toleranz sollte eigentlich nur eine vorübergehende Gesinnung sein: sie muss zur Anerkennung führen.« Anerkennung statt Duldung mag ein mühsamer Weg sein, bis wir endlich aus unserem ICH-Gefängnis ausbrechen. Aber es ist eine riesige Chance, auch für uns selbst. Die einzige Chance im Übrigen, die wir Men-

schen miteinander in einer friedlichen Gemeinschaft eingehen können, um nicht im Chaos gewaltsamer Prozesse wie einem Bürgerkrieg zu enden. Leider sind wir erst am Anfang auf einer sehr langen
Wegstrecke. Bisher sieht es nicht gut aus. Aber wir haben keine andere Wahl. Wir brauchen den Mut zur Veränderung. Wir müssen
endlich trennen lernen zwischen religiöser Bestimmung, die in uns
erlebbar und spürbar ist – und unserer religiösen Praxis. Der Kult,
den wir Menschen in den verschiedenen Religionen betreiben, ist
nicht göttlich. Der religiöse Kult ist der Versuch des Menschen, nach-
zustellen und für andere erfahrbar zu machen, was er in seinem In-
nersten fühlt, wenn ihm Gott erscheint. Es ist und bleibt das rüh-
rende Sehnen des endlichen Wesens Mensch, sich auszustrecken
nach der Unendlichkeit.

◆

In den Wochen nach der Beerdigung meiner Mutter ging es bei mir
nur langsam bergauf. Aber dann gewann mein Leben wieder an
Fahrt. In der Zeit der Trauer um meine Mutter hatten mein Bruder
und ich wieder ein bisschen zusammengefunden. Was ich meinem
Bruder ewig danken werde: dass er mir geholfen hat, den Taxischein
zu machen, damit ich Geld verdienen kann und in München schnell
wieder Fuß fasse. Das Leben in der Stadt war schon etwas anderes
als das in einem Kloster, ich merkte das erst jetzt, weil ich eine Zeit
brauchte, um mich auf die Hektik der Stadt einzulassen. Mein Bruder war damals schon Taxi gefahren und kannte sich bestens aus. Er
brachte mir alle Tricks bei. Ich habe gelernt wie ein Viech. Tag und
Nacht. Wie beim Schuhplattln. Und wenn ich etwas lernen will,
dann kann ich das. Ich wusste, dass ich mein Geld selbst verdienen
muss, wenn ich von zu Hause unabhängig bleiben wollte. Im Oktober 1981 wurde ich zur Taxischein-Prüfung zugelassen. Ich habe alles perfekt und fehlerfrei gemacht und bestand diese äußerst schwierige Prüfung im ersten Durchgang. 120 Punkte erreicht von 120
möglichen. Eine Leistung, auf die ich sehr stolz war. Ab sofort war

ich »Taxidriver«, fühlte mich ein bisschen wie Robert de Niro im Hollywood Blockbuster »Taxidriver« auf meinen ersten nächtlichen Fahrten in die »Sündenviertel« des Millionen-Dorfes München, was mich in ein gewisses Hochgefühl versetzte. Wenn es eine Schule des Lebens gibt, dann ist es die, als Zwanzigjähriger – aus einem Haushalt, in dem gebetet wird, der alles Sündige von seinen Kindern fernzuhalten sucht, der sich ein Jahr den strengen Regeln des Klosterlebens unterworfen und im Gebet verbracht hat, der Priester werden will – plötzlich auf den Fahrersitz eines Taxis katapultiert zu werden und durch die Nacht einer Großstadt Taxi zu fahren. Unterdessen klärte sich auch meine Wohnsituation. Ich hatte mich umgehend im Priesterseminar an der Uni München angemeldet und konnte gottseidank Wochen vor Beginn des Studiums mein Zimmer beziehen. Der zuständige Spiritual Herbert Krist, mein ehemaliger Kaplan aus der Jugendzeit, kannte mich und meine Eltern und hatte großes Verständnis für meine Situation. Ich musste nicht zu Hause bei meinem Vater bleiben. Ich hätte das auch nicht können. Dieser Kaplan hatte auch in einer sehr bewegenden Feier meine Mama beerdigt. Im November 1981 begann ich mein Studium der Katholischen Theologie an der Uni München. Die nächsten zwei Jahre lebte ich im Herzoglichen Georgianum, 1494 von Georg dem Reichen gegründet und damit das zweitälteste katholische Priesterseminar weltweit, direkt an der Ludwigstraße gegenüber der Uni. Dort hatte ich eine sehr kleine Kammer, im wegen seiner Enge so genannten »Hasenstall« hinten im Josephsbau. Spartanisch, praktisch eingerichtet. Ein Tisch. Ein Bett. Ein Schrank. Das Zimmer war voll, wenn ich drinnen war. Du hast vom Bett aus alles in Armlänge erreicht. Kein großer Unterschied zu einer Mönchsklause. Im zweiten Jahr hatte ich ein großzügigeres Zimmer nach vorne raus – eines mit den schönen Rundbogenfenstern in diesem denkmalgeschützten Bau, der 1840 durch Ludwig von Gärtner konzipiert worden war. Im Priesterseminar wirst du geistlich ausgebildet. Es gibt Gottesdienste und Gebetszeiten. Ähnlich wie im Kloster – nur nicht mit der Präsenzpflicht, sondern mit gewissen studentischen Freiheiten und viel Freizeit. Was ich weidlich ausgenutzt habe, um nachts Taxi zu fahren und mich davon am nächsten Tag zu erholen. Es gibt halt »Studenten« – und Studenten, die studieren. Ich habe das Leben studiert. Das Taxifahren war ein wesentlicher Teil meiner Ausbildung. Während meiner Zeit im Priesterseminar lebte ich in zwei verschiedenen Welten. Ich kann mich da an wenig erinnern. Tagsüber Studieren und nachts Taxifahren. Das war nach dem Tod meiner Mutter ein existenzieller Zustand der Minimierung – auch meiner sozialen Kontakte. Ich wollte nicht viel reden in dieser Zeit der Trauer. Mein Leben war mehr in die Zukunft gerichtet. Abschluss schaffen. Fertig machen. Raus. Heute würde ich rückblickend sagen: das war ein Fehler. Die Zeit ist durch mich hindurchgelaufen und nichts ist hängen geblieben. Ich war innerlich vereinsamt und habe keine einzige Reise unternommen. Es gibt keine größere Sünde als das ungelebte Leben. Ich beneide heute meine jungen Leute in meiner Gemeinde, wenn ich sehe, wohin die überall aufbrechen. Die machen Abitur und gehen ein halbes Jahr nach Australien. Mein Weg war eine eher dunkle Zeit bis auf die Highlights beim Taxifahren.

◆

Damals verdienten Taxifahrer viel besser als heute. Heute parkt der Taxifahrer mit zwei Reifen im Prekariat. Vor der Freiheit, wie ich sie in den 80er-Jahren noch erlebt habe, ist heute nicht mehr viel übrig. Damals habe ich vom Taxifahren wunderbar leben können und fuhr im Schnitt jede Nacht mit 150,– Mark zurück ins Priesterseminar. Das war eine Menge Geld. Und was macht also ein katholischer Priesterseminarist, wenn ein Fahrgast in ein Bordell gebracht werden will? Hinfahren! Ein anderer Planet – aber ebenso voller Leben und Liebe. Nicht böse, nicht besser – aber auch nicht schlechter. Ich hatte einen ganzen Stoß von Adressen. Natürlich fahr ich da hin. Natürlich hat mir das gefallen. Ich habe überall Licht und Schatten gesehen. Ich habe damals verstanden, das »Böse« macht sich nicht in bestimmten

Milieus oder Stadtvierteln bemerkbar – sondern nur im Menschen selbst. Ich erkannte plötzlich, die Welt ist nicht nur schwarz-weiß, sondern in unglaublich viele Farbnuancen aufgefächert. Ich hatte vor dem einen wie dem anderen jedoch nie Angst – weil ich alles, was da im Lebensbereich Taxifahren auf mich einströmte, mit großen Augen und großem Interesse in mich eingesogen habe. Nie vorher und niemals nachher wieder bin ich Bub aus München-Laim mit diesen Parallelwelten so in Berührung gekommen. Es war eine Offenbarung, dass es da noch völlig andere Wirklichkeiten gab, die ich durch das Fensterglas meines Mercedes an mir vorbeigleiten sah – oder hinten im Fond meines Taxis miterleben durfte. Meine Karriere als Taxifahrer war also nicht nur begründet durch »Ich brauche Geld« – sondern auch durch »Wie überlebe ich die Tristesse eines Priesterseminars?«. Ich hatte bald die Grenzen erkannt, Menschen bekehren zu wollen, die in einer ganz anderen Schicht des Lebens unterwegs sind. Eine Änderung der Lebensrichtung – und sei sie noch so verkehrt – kann nur in dir selbst entstehen, durch einen Schock, einen Verlust, eine schwere Krankheit mit Todeserfahrung – niemals aber bloß durch große Worte und Zwang. Da war die Welt da draußen – die Wirklichkeit, von der ich nichts höre und sehe, wenn ich nur im Priesterseminar in Filzpantöffelchen, Cordhose und blauem Clubpulli über Eichenparkett zum Frühgottesdienst gleite und vier warme Mahlzeiten am Tag serviert bekomme.

Wir reden über etwas, was ich vor dreißig Jahren gemacht habe, ich kann nicht sagen, wie das heute ist. Ich war Taxifahrer. 24 Jahre jung. Mercedes fahren. Nachts. Großstadt. Geil. Ich bin nie tagsüber gefahren. Ein paarmal hatte ich das ausprobiert, wenn ein anderer Fahrer ausgefallen war. Aber das hat mir nie so eine Freude gemacht wie in der Nacht – wo das Publikum ein ganz anderes, ein extremeres, in alle Richtungen ausbrechendes ist. Der sporadische Nachtschwärmer ist ganz anders drauf als die Existenzen der Nacht, wo du plötzlich einen ganz anderen Typ Mensch erlebst als am Tag. Die Pausen habe ich genutzt, um zu lernen. Hebräisch, Aramäisch, Griechisch, Kirchengeschichte und Philosophie – alles habe ich im Taxi gelernt. Die Uni auf Rädern. Einige Fahrgäste haben gefragt, was ich da für seltsame Texte lese. War toll. Wenn es mich genervt hat, habe ich auf Aramäisch geantwortet und aus meinem verwilderten Bart leicht verrückt in den Rückspiegel gegrinst. Dann war Ruhe. In der ganzen Zeit habe ich nie etwas Schräges oder Negatives erlebt. Keine Beleidigungen. Keine »Grantler«. Keine »Grattler«. Keine wirkliche Gefahr. Aber ich hatte Beinahe-Geburten im Taxi. Maistraße. Geburtsklinik. Hingebrettert. Sie hinten schon gekeucht. Schnappatmung. Kurz vor der Niederkunft. Wurscht, ob ich geblitzt werde oder nicht. Du meinst, du wirst selber Vater. In der letzten Sekunde angekommen. Vor der Klinik schon mit der Trage die über Funk alarmierten Helfer. Alle Taxler haben mitgehört und die Daumen gedrückt, wie beim Elfmeter, Fußballweltmeisterschaft, in der Nachspielzeit, Tor für Deutschland, jubiliert. Das war schön. Du kommst dir wichtig vor. Da war ich sehr stolz, dass ich es noch rechtzeitig geschafft hatte und dass mir so etwas auch mal passiert ist.

Was mir am Taxifahren so gefallen hat, war der unmittelbare Kontakt zu den Menschen. Das war wie im Improvisationstheater. Da reißt ein Fahrgast die Tür auf, setzt sich rein und los. Du weißt nicht, wer oder was hinter dir sitzt, und der Spielspaß ist, das möglichst rasch, begrenzt auf die Dauer einer Fahrt, herauszufinden. Also optischer Check, das erste Abtasten: Wie schaut der Gast? Was ist das für einer? Ist der gesprächig? Will der mit dir reden? Willst du mit ihm reden? Die Begegnung kann gelingen – oder kann misslingen. Kannst du viel von ihm lernen? Für die Abnahme der Beichte in späteren Jahren waren das unschätzbare Erfahrungen. Diese Form des »Speeddatings« war für mich die perfekteste Vorbereitung auf meinen Beruf als Seelsorger, ein Crashkurs in Sachen Menschenkenntnis, wie man sich ihn nicht besser hätte vorstellen können. Diese Vielfalt der Begegnungen, ich konnte gar nicht so schnell organisieren und verarbeiten, was so alles passierte. Ja, es war der rollende Beichtstuhl.

Ich glaube, ich hätte das Zeug zum perfekten Berufstaxifahrer gehabt. Ich hätte meinen festen Kundenstamm aufgebaut, für den ich immer da gewesen wäre. Ich hatte eine Bedienung, die war Stammkundin. Die habe ich jeden Sonntag in der Früh um 3:00 aus ihrer Bar heimgefahren. Diese Frau hat mich in ihrer Verletzlichkeit und wegen ihrer unglaublichen Lebensklugheit beeindruckt. Mit ihr bin ich immer ein bisschen langsamer gefahren, manchmal auch eine Extrarunde um den Block, dann mit laufendem Motor vor der Haustür stehen bleiben – damit wir mehr Zeit hatten, miteinander zu reden. Und wir haben viel miteinander geredet. Über unser Leben. Unsere Träume. Was wir erwarten vom Leben. Und was wir dafür tun. Ich habe sie mal gefragt, was das für ein Leben sei, jedes Wochenende bis in den frühen Morgen zu arbeiten, immer freundlich zu sein, auch wenn dir die Männer an den Hintern langen. Sie war sehr einfach und sehr direkt und antwortete: »Vieles im Leben kannst du dir nicht aussuchen. Du kannst dagegen ankämpfen und unglücklich bleiben. Du kannst dich damit abfinden und zufrieden sein. Was du nie tun darfst: dich mit etwas zufriedenzugeben – sondern du musst weitermachen mit deiner Suche.« Irgendwann ist sie aus der Stadt verschwunden – ich habe sie nie wieder gesehen.

Es waren höchst unterschiedliche Menschen, mit denen ich nachts unterwegs war. Das ganze Setting Mensch habe ich durchspielen dürfen. Paare, die spätabends nach der Oper noch dinieren waren und sich nichts mehr zu sagen hatten. Andere, die ich nicht schnell genug zum Hotel fahren konnte. Die Gschaftlhuber und Aufschneider, die sich mit dem Taxi zum Flughafen fahren lassen – während sie ihre Angestellten wegen einer privat genutzten Briefmarke entlassen. Andere, die du munter zum Oktoberfest fährst – oder in einem komatösen Zustand von dort wieder abholst. Menschen, die nichts mehr vom Leben haben, und Menschen, die in der Silvesternacht in deinen Wagen springen und fragen: »Hey, du – weißt du, wo noch irgendwas los ist?« »Überall ist was los!« »Konkret?« »Nun, alles, was nicht angebunden ist.« Schaler Gag – aber immer ein Lacher. Natürlich kann ich nicht sagen, jeder Priester sollte seinen Taxischein machen. Oder jeder Priester sollte als Wiesn-Bedienung arbeiten und seine Erfahrungen mit der Basis sammeln. Man kann einen Menschen nichts lehren, man kann ihm nur helfen, es in sich selbst zu entdecken. Was ich hier schildere, ist nur ein Weg – mein Weg. Trotzdem überlege ich mir heute manchmal, wie es wäre, wenn man Taxifahren zum Pflichtfach machen würde in jedem Priesterseminar. Aber am Ende muss jeder seinen eigenen Weg finden, wie er rechtzeitig Lebenserfahrung sammelt, bevor er als Priester und Seelsorger auf seine Gemeinde losgelassen wird und mit 25 blass und nass hinter den Ohren einem sehr viel älteren Menschen die Lebensbeichte abnehmen soll. Wie soll ich sonst etwas verstehen, wenn mir später im seelsorgerischen Gespräch Menschen etwas vom großen rosaroten Elefanten erzählen – und ich noch nie einen gesehen habe – und schlimmer noch: mich die Schilderungen des Unbekannten in eine Art Schockstarre versetzen oder den Zustand der kompletten Faszination? Wer im therapeutischen und seelsorgerischen Bereich arbeitet, sollte seine Sexualität für sich abgeklärt haben und zumindest in der Theorie gut Bescheid wissen, was es alles so gibt in der Welt der zwischenmenschlichen Beziehungen. Das aber lernst du in keinem Priesterseminar. Die jungen Männer dort konnten sich zu meiner Zeit von allen vermeintlich schädigenden Einflüssen fernhalten – und sollen doch später die Beichte abnehmen oder in der Seelsorge Stellung beziehen und Rat geben, obwohl es dahingehend an jeder Form der Lebenserfahrung fehlt. Wie soll das gehen? »Dieser Betrieb bildet aus«?

◆

Meine Schule des Lebens war das Taxifahren – und mein Lehrmaterial bekam ich jede Nacht nicht nur frei Haus, sondern wurde für meine unermesslich wertvollen Erlebnisse sogar noch bezahlt. Wenn ich an meine vier Jahre im Priesterseminar zurückdenke, zweifle ich manchmal an mir, wie ich diese Zeit ausgehalten habe. Einer der Gründe war mein Nebenjob: das Taxifahren, wo ich wieder unter normal Verrückten, Nachtschwärmern, Betrunkenen, Verliebten, Geschäftsleuten, Ministerialbeamten, Kranken und Verzweifelten unterwegs war. Das hat mich gerettet.

Manchmal, wenn ich nachts vor einer McDonalds Filiale hielt, um einen Kaffee gegen meine Müdigkeit zu ziehen, weil es der billigste Kaffee ist, den du weit nach Mitternacht in München bekommen konntest, dachte ich, mein bisheriger Weg, alles, was mich bis hierhin gebracht hatte, wäre alles eine glückliche Fügung gewesen, so etwas – was ich aber nie sagen würde – wie ein »Fingerzeig Gottes«. Ich musste nur offen sein, neugierig auf Menschen, die Leute mögen und sie nicht ablehnen oder gar Angst vor ihnen haben.

Meinen Lehrsatz »Du musst die Leut mögn!« habe ich erst drei Jahre später in Bad Kohlgrub aufgesagt bekommen, aber schon hier intuitiv vollkommen begriffen, wie wichtig er ist. Eine McDonalds-Filiale nach null Uhr und Taxifahren machen dich mit allen Unschärfen der menschlichen Persönlichkeit vertraut. In der Nacht sind sie alle unterwegs, die Ausgestoßenen, die Trinker, Gescheiterten, die Verzweifelten, die Fernsehvertriebenen und Unterhaltungssüchtigen, die Gierigen und die notgeilen Bordellbesucher, die nach Triebabfuhr suchen – oder auch die Liebespärchen, die es nicht abwarten können, irgendwo einen Platz zu finden für ihre Hormonexplosionen. Ich habe alles gefahren – auch Menschen, die mir beim Aussteigen statt Trinkgeld das gesamte Taxi vollgekotzt haben. Da lernt man. Da lernt man in Gesichtern lesen: Was habe ich von dir zu erwarten, Fremder – eine entspannte Unterhaltung? Oder unguten Ärger?

Ich lernte, meinen Körper einzusetzen. Signale zu senden wie »Angriff geht böse aus für dich«. Ich lernte, laut zu werden und Renitente in die Schranken zu verweisen. Ich lernte, volltrunkenen Menschen das Geld für die Reinigung abzuknöpfen, wenn sie »alles gegeben« und mein Auto vollgekotzt hatten. Ich war nicht barmherzig, denn ich musste das Auto selbst reinigen und jeder weiß, wie einem das stinkt und dass keine zehn Dufttannenbäume gegen diesen Geruch helfen. Ich lernte, mich nicht austricksen zu lassen und meinen Taxi-Lohn beizubringen, wenn jemand sein Geld – leider, leider – nicht dabeihatte oder ihm angeblich die Brieftasche geklaut worden war. Ich lernte, ich zu sein. Der Chef im Ring, in meinem Taxi – und wie man das jedem sofort klarmacht, wer hier ansagt und wer die Klappe zu halten hat und zahlen muss. Wenn mir jemand dumm kommt, kann ich heute noch von einer Sekunde auf die andere den Schalter umlegen und so viel Energie in Stimme und Körperhaltung und Argumente legen, dass es sich Leute noch einmal überlegen, ob ihr Anliegen wirklich berechtigt ist und ob es sich lohnt, mit mir in den Clinch zu gehen. Da werde ich sehr bayerisch. Ich bin dank dieser Fähigkeit selbst auf den risikoreichsten Nachtfahrten, wo ich schon das Messer in meinem Rücksitz zu spüren meinte, niemals in gewalttätige Auseinandersetzungen geraten. Wo ich fuhr, herrschte Frieden im Taxi – und ich sorgte dafür, dass es so blieb.

Wegen der Freiheit, die ich damals erlebt habe, wegen der vielen spannenden Begegnungen und dem Wunsch, finanziell immer unabhängig bleiben zu wollen, habe ich meinen Taxischein bis heute alle fünf Jahre erneuert. Auch aus Nostalgiegründen – weil ich so dankbar bin, dass Taxifahren ein sehr wichtiger Teil meines Lebens und meiner Berufsvorbereitung geworden ist. Ärztliche Atteste. Augenarzt. Gutachten. Ich bin fahrtauglich. Der jetzige ist bis 2019 gültig. Wenn ich dann sechzig bin, wird er nur noch jeweils um zwei Jahre verlängert. Aber was macht das schon? Ich könnte jederzeit wieder einsteigen und weiterfahren, als wenn nichts anderes in all den Jahren geschehen wäre. Ich besitze nicht viel mehr, als in den Kofferraum eines Taxis passt. Ich würde vom Taxi leben können. Bescheiden und sparsam wie ich bin. Ich bin damit unabhängig – falls mal einer im Ordinariat auf die Idee käme, mich wegen Unbotmäßigkeit rauszuschmeißen. Ich habe mich nie verbiegen lassen, so nach dem Motto, ihr bezahlt mich – also gebe ich meinen Geist und das selbstständige Denken auf und singe euer Lied, egal wie falsch es klingt. Ich ticke so, wie ich bin. Nein, Taxifahren war wieder eine wichtige Lehre für mein ganzes Leben: Bleibe immer unabhängig. Sorg für dich selbst. Das hat mir immer große Sicherheit gegeben, dass ich jederzeit hätte ausscheren und mein Seelenheil woanders hätte suchen können. Der Taxischein ist damals wie heute meine »Überlebensversicherung« für ein unabhängiges Leben in der Großstadt. Er gibt mir Sicherheit, weil ich weiß, ich muss nirgendwo anklopfen oder mich der Kirche blank unterwerfen. Ich habe also zwei Jahre studiert im Priesterseminar München, im Georgianum. Mein Weg war eine eher dunkle Zeit bis auf die Highlights beim Taxifahren. Mein Abschluss fiel zeitgleich auf einen Katastrophentag – die Explosion des Atommeilers in Tschernobyl am 26. April 1986. Weltuntergangsstimmung.

Mittagsläuten

Unterdessen hatte ich vor einem dieser kurzen und heftigen Sommergewitter mit Starkregen und grellen Blitzen nach alter Biker-Sitte unter einer Brücke Schutz gesucht. Gerade rechtzeitig hatte ich diese schwarze Regenwand kommen sehen, als der Sturm bereits anfing, die Baumwipfel zur Seite zu drücken, als würde er nach mir suchen. Die Unterführung kam also gerade recht, bevor das Unwetter losbrach. Ich sage nie »ein Fingerzeig Gottes!« – obwohl es meine Lebenserfahrung ist: es gibt keinen Zufall! »Das Einzige was zufällt, ist a Tür, wenns ziagt.« Richtig finster war es geworden. Ich hatte meine Maschine abgestellt und auf das beruhigende Knacken des auskühlenden Motorblockes gelauscht, als es auf einen Schlag begann und der Regen in Böen untermalt von heftigen Blitzen mit Urgewalt und Donnerkrachen herniederbrach. Ich dachte mit Sorge an das Pfarrheim. Ein ähnlicher Starkregen hatte vor Kurzem das Flachdach des Pfarrheims in einen Swimmingpool verwandelt, weil die Regenrinne verstopft war. Nur durch Zufall hatte »Facility-Manager« Schießler dieses Übel entdeckt. Es müssen fast 14 Tonnen Wasser auf dem Dach gewesen sein, richtig schön abgesoffen war es und wir können von Glück sagen, dass es unter der Last nicht zusammengebrochen ist. 14 000 Liter Wasser vom Dach pumpen – das macht man nicht nebenbei.

Es ist die Zeit, die mir für meine eigentliche Arbeit als Priester fehlt. Jetzt stand ich da, halb taub in diesem unglaublichen Rauschen der Wasserströme, die aus diesem pechschwarzen Wulst am Himmel fielen und über den Rand der Unterführung wie ein Vorhang herabflossen, sich auf dem staubigen Boden erst zu Rinnsalen, dann zu kleinen Bächen vereinigten, bis sie als reißender Fluss durch die gesamte Unterführung schossen und den ganzen Unrat des Sommers wegspülten. So mag die Sündflut begonnen haben. Ich hatte nur einmal ein ähnliches Unwetter erlebt. Das war im Sommer 1986, als ich nach Abschluss meines Studiums meine Ausbildung im oberbayerischen Bad Kohlgrub bei Pfarrer Axel Meulemann begann. Es war der nächste Abschnitt in meinem Leben, mit dem große Veränderungen begannen. Nach der Annahme meines Diploms im Mai war ich in einer »Admissio«-Feier in den Kreis der Weihebewerber für das Priesteramt aufgenommen worden und würde in der Adventzeit die Diakonenweihe empfangen. Ich belegte den sogenannten Pastoralkurs als Vorbereitung auf die Priesterweihe im folgenden Jahr, der damals nur ein Jahr dauerte – anstatt der zwei Jahre heute. Das Pastoraljahr verbringt man als »Praxer«, als Praktikant in einer Pfarrei, in der ein Pfarrer ist, der zur Führung und zur Ausbildung eines Weihebewerbers geeignet erscheint. Und das war mein Axel Meulemann, der Pfarrer in Bad Kohlgrub, am Fuße der Ammerberge. Von ihm stammt der Lehrsatz »Du musst die Leut mögn!«, der mir kurz vor Ausbruch des Unwetters wieder in den Sinn gekommen war. Du musst die Leute mögen!

Diesen Lehrsatz hatte er mir bei jeder sich bietenden Gelegenheit immer wieder eingehämmert. Der zweite Lehrsatz, den ich ihm verdanke – und der den ersten beinhaltet –, lautet: »Liturgie darf nicht wehtun!!« Du darfst die Menschen nicht langweilen, die zu dir in den Gottesdienst kommen. Und mit »wehtun« meinte er nicht nur die harten Kirchenbänke – sondern die Zumutungen, die mancher Pfarrer seinen Gläubigen als Predigt, als Verkündigung der Frohen

Botschaft zu verkaufen sucht. Du musst die Menschen mögen und du sollst kein Langweiler sein – das waren sein elftes und zwölftes Gebot. »Ohne Leidenschaft ist die Verkündigung wertlos. Ich habe seine Leitsätze so oft gehört, dass er neben mir zu stehen scheint, wenn sie mir in den Sinn kommen. Meulemann war nach meinen Eltern, Elmar Gruber und den Kapuzinern – wenn auch auf ganz andere Art – mein nächster großer Lehrmeister. Während Elmar Gruber meine spirituelle und geistliche Schulung übernahm, war Axel Meulemann ein Handwerker, der seinem Lehrling mit unglaublicher Begeisterung sämtliche Grundlagen seiner Zunft bis zur Meisterschaft beibringt. Von Meulemann habe ich gelernt, dass Kunst von Können kommt, Handwerk wichtiger ist als nur guter Wille – und dass handwerkliche Fertigkeiten die Grundlage der Vermittlung spiritueller Tiefe sind. Als ich im Sommer 1986 zum Dienstantritt nach Bad Kohlgrub gefahren bin, war es wie heute bereits lange vor der Dämmerung plötzlich dunkel geworden. Ein schweres Unwetter war aufgezogen, so wie jetzt, sodass ich vor lauter Regen gar nicht mehr gewusst habe, wo ich hinfahre. Die orkanartigen Böen hatten Bäume umgeknickt und Äste und Laub auf die Straßen geweht. Die Berge, die ich irgendwo hinter den tief hängenden schwarzen Wolken vermutete, boten auch keine Orientierung. Die Scheibenwischer schafften es kaum, die Wassermassen wegzuschaffen, sodass ich immer langsamer fuhr, das Gesicht an die Scheibe gedrückt, immer gegenwärtig, gleich von einem Baum erschlagen zu werden. Es blitzte und donnerte unaufhörlich, als wollte jemand meine Weiterfahrt verhindern. Es war, als würde ich mich gegen einen zähen Brei der Zeit stemmen. Ich habe schon überlegt, vielleicht bin ich hier falsch, wenn das gleich so losgeht, mit einem derart schweren Unwetter als Willkommensgruß.

Aber: Die Natur ist unerbittlich und unveränderlich, und es ist ihr gleichgültig, ob die verborgenen Gründe und Arten ihres Handelns dem Menschen verständlich sind oder nicht. Als ich vor der kleinen Grundschule in Altenau ankam, wo ich im ehemaligen Pfarrhaus ein Zimmer für die nächsten Monate als Herberge finden sollte, war keine Menschenseele zu sehen. Alles Lebendige schien sich vor den tobenden Elementen verkrochen zu haben, wo immer sich ein Schutz bot. Ich kam aus dem Trubel der leuchtenden Großstadt München. Jetzt stand ich mitten auf dem Land im Regen. Die Nacht vorher war ich noch bis in den frühen Morgen Taxi gefahren. Die Nachttour war wunderbar gewesen, ein regelrechter Walzer, bei dem ich immer zur richtigen Zeit am richtigen Ort stand – ich musste nur die Tür offen halten, derart schnell wechselten sich die Fahrgäste auf meiner Rückbank ab. Schuhmans-Bar-Odeonsplatz-Bahnhofsviertel-Leierkasten-Harlaching, einmal Flughafen und zurück. Danke. Bitte. Trinkgeld. Weiter. Das pralle Stadtleben – eine irisierende Lichterkette an Eindrücken und Begegnungen, grell, laut, eindringlich im Übermaß. Hier, wo ich jetzt angekommen war, schien das Nichts zu beginnen, finster, durchzogen von Blitz und Donner. Den Tag hatte ich mit Schlafen und dem Packen meiner Siebensachen vertrödelt, um dann spät und irgendwie lustlos aufzubrechen. Mit meinem Diplom hatte ich einen wichtigen Abschnitt meines Lebens erfolgreich abgeschlossen, jetzt standen endgültige Entscheidungen an. Mit der kommenden Weihe zum Diakon würde ich mein Zölibatsversprechen abgeben und 6 Monate später zum Priester geweiht werden. Lebenslang. Das macht man nicht so nebenher, es beschäftigt einen und mich mehr, als ich mir zugestehen wollte. Ich war angesichts der Schwere dieser Weichenstellung mit Ernst erfüllt. Ich hatte keinen Zweifel, dass ich mit Leib und Seele Priester werden wollte, mehr als jemals vorher – aber forschte intensiv in mir, ob ich mich den Aufgaben des Priesteramtes und den damit einhergehenden Belastungen gewachsen zeigen würde. Auch mit dem Taxifahren müsste ich Schluss machen. Ich bin nicht blind meiner Berufung gefolgt – ich hatte mein Noviziat abgebrochen und inzwischen andere Menschen am Zölibat scheitern sehen, die Priester gewesen waren. Das war mir eine gute Mahnung, das Kommende nicht auf die leichte Schulter zu nehmen.

Kurz: Ich befand mich in einem kleinen Tief, war innerlich abgespannt, wie das so ist, wenn eine schwere Aufgabe erledigt ist und die nächste, noch größere auf einen wartet. Das Alte war noch nicht fort – das Neue noch nicht aus dem Schatten getreten. Ich hatte im Prüfungsstress meines Diploms und dank der Taxinächte noch keine Zeit gefunden, Vorstellungen zu entwickeln, was mich in der »Praxis« in einem Dorf wie Bad Kohlgrub wirklich erwarten würde. Mein erstes Gehalt als Diakon(anwärter) bis zur Priesterweihe bot da keinen Anreiz – es belief sich damals noch auf dreihundert Deutsche Mark – im Monat. In etwa so viel, wie ich in zwei guten Nacht-Taxifahrten verdient hatte, wie ich trocken nachrechnete. Und jetzt hatte mich mein Schicksal plötzlich mitten aus der Stadt an diesen von Blitzen durchzuckten Waldrand geschossen, in ein asketisch eingerichtetes, kleines Zimmerchen einer winzigen Volksschule neben der kleinen Dorfkirche des überschaubaren Dorfes Altenau. Ein biblisches Unwetter, das Menschen wie einst Luther fromm werden lassen kann. Eine nicht ergründbare Welt aus Licht und Schatten im Stroboskop zuckender Blitze, untermalt von Donnerschlägen, von denen jeder mir zuzuraunen schien: »Kehre um! Geh zurück in deine Stadt!« Nur mühsam und völlig durchnässt hatte ich schließlich das Schloss aufgebracht, nachdem ich endlich den verabredungsgemäß unter der Fußmatte deponierten Schlüssel ertastet hatte. Und da saß ich nun. Im Dunkeln. Stromausfall. Sicherungskasten unbekannt. Bei Starkregen. Am Arsch der Welt. Ich erwartete, dass Graf Dracula gleich in Gestalt eines bayerischen Bauern einfliegen würde, um mir im fahlen Licht zuckender Blitze den Rest Leben aus den Adern zu saugen. Saß da vor meiner ungewissen Zukunft. Blitzezucken auf der Netzhaut. Ohne Möglichkeit zum Gespräch mit irgendjemandem. Meine Welt war menschenleer.

Ich starrte auf meinen Autoschlüssel, meine nassen Füße, zweifelnd, ob ich hier richtig bin. Aber selbst der Weg zurück zum Auto schien nur was für Lebensmüde. Starrte zweifelnd in die fallenden Vorhänge aus Wasser, die das Ende meines Auftritts anzukündigen schienen, bevor ich überhaupt in meine neue Rolle gefunden hatte. Auf der Wiese die Schatten der Körper von Kühen in Halbtrauer. Kein Fernseher, kein Radio, keine Ansprache, Hunger, kein offenes Wirtshaus, wohin ich noch hätte Erkundungsgänge unternehmen können – und es war mir, Gewitterdonner, fast unerträglich einsam. Ich hatte das Gefühl, der einzige Mensch auf der Erde zu sein. Irgendetwas Schreckliches musste auf der Fahrt von München nach Bad Kohlgrub geschehen sein. Gestrandet war ich – ein bayerischer Robinson aus der leuchtenden Stadt, angespült an diesem dunklen Strand. Irgendwann bin ich dann doch eingeschlafen. So begann ich meine Tätigkeit als Praktikant im Pfarrverband von Axel Meulemann in Bad Kohlgrub. Es war der Anfang vom Ende meiner dunklen Zeit und der Beginn meiner seelischen Heilung.

◆

Als ich am nächsten Morgen aufwachte, war das Unwetter vorbei und im strahlenden Sonnenschein lag vor Robinsons Hütte ein oberbayerischer Landbauernhof in der ganzen Pracht seiner mit Begonienkästen behängten Balkone. Kuhstall, Misthaufen, auf dem Hühner gackerten. Ich hörte Milka-Kühe fröhlich muhen. Es roch nach frisch gemähtem Gras. Die Luft schien so klar, aromatisch und köstlich feucht, als wäre sie zum Trinken statt zum Atmen. Landmalerei mit Alpenrand. So könnte das Auenland aussehen. Könnte. Oder gar das Paradies? Doch, doch – ich hatte die Unwetternacht überlebt. In Hochstimmung dachte ich zum ersten Mal: »Okay, lieber Gott, danke für den Programmwechsel.« So schlecht schien er es doch nicht mit mir zu meinen.

Meine neue Behausung war damals fünf Kilometer entfernt vom Pfarrhof und so bin ich am ersten Tag dann nach Bad Kohlgrub zum Pfarrhaus gefahren. Ich habe mich angemeldet und gesagt: Da bin ich! Ich hatte mich bei Pfarrer Meulemann vorher um Aufnahme beworben mit einem sehr schönen und sorgsam formulierten Brief, wie ich damals fand. Ich wollte ihm Gelegenheit geben, mich vorher anzuschauen und bei Nichtgefallen zum Rückzug zu blasen, falls er meinen würde, dass ich nicht der Richtige sei. Meulemann hatte auf Bayerisch geantwortet, dass ihn mein Brief »narrisch gfreit« hätte und er gespannt meinem Kommen entgegensehen würde. Natürlich hatte ich Erkundigungen über Meulemann eingezogen. Es war bekannt, dass er jedes Jahr einen Praktikanten annahm, den er bestens ausbilden würde. Kein Ausbilder, der grobe Fehler macht, auch im persönlichen Umgang. Meulemann ging also der Ruf voraus, dass er besondere Qualitäten als Ausbilder hätte. Er war tatsächlich früher Leiter eines Lehrlingsheimes in München-Sendling in der Berlepsch-straße gewesen – sein empathischer Umgang mit Auszubildenden und die Freude, Wissen und Handwerkszeug an die nachfolgende Generation weiterzureichen, rührte wohl daher. Und so war ich entsprechend gespannt auf unsere Zusammenarbeit, als ich sauber rausgeputzt mit Anzug und Krawatte zum Dienstantritt vor ihm stand. Dabei hatte ich angenommen, ich müsste mich besonders gut anziehen für den ersten Tag.

Meulemann hat mir später gesagt, mein erster Auftritt sei ihm vorgekommen, als hätte ich meinen Kommunionanzug angehabt, so unschuldig und grün hinter beiden Ohren hätte ich ausgeschaut – und so kurz wären Ärmel und Hosenbeine gewesen.

Der Vergleich mit dem Kommunionanzug war nicht so daneben. Tatsache war: Ich hatte damals nichts anderes als diesen schlecht sitzenden Anzug. Und noch heute prägt eine gewisse Nachlässigkeit und Fehleinschätzung den Umgang mit meiner Kleidung, was an der Zuordnung ihrer relativen Bedeutungslosigkeit für mein Leben zu liegen scheint, eine Einstellung, die ich bei den Kapuzinern mitgenommen hatte. Kleidung ist Funktion. Zur Verhüllung der biblischen Nacktheit. Mehr nicht. Denn ich komme nackt auf die Erde – und nackt werde ich wieder von hier gehen, wie der heilige Franziskus.

Am folgenden Montag wurde ich den Angestellten des Pfarrhofes vorgestellt, der Sekretärin, dem Verwaltungsleiter, seiner Haushälterin, der »Mauser Marie«. Dann sind wir in die Grundschule und ich wurde dem Direktor Schnell vorgestellt, einem wunderbar engagierten, doch wie ich auch fand, sicher anstrengendem Menschen.

Der erste Arbeitstag eines Praktikanten der Kirche unterscheidet sich im Wesentlichen nicht vom ersten Arbeitstag in jedem anderen Beruf, zum Beispiel eines Banklehrlings: Es war alles neu, fremd und respekteinflößend wie vor jeder neuen Aufgabe. Meulemann hat mir alles gezeigt, mich jedem vorgestellt, mit einer Liebenswürdigkeit, die ihresgleichen sucht. Und das war gut so – denn ich konnte mich da voller Vertrauen bei ihm einhängen und wurde nicht enttäuscht. Er tat alles mit großer Freude, mit Ruhe und Gemütlichkeit. Meulemann, das zeigte sich bei dieser Tour durch Bad Kohlgrub schon am ersten Tag, war wirklich der King vor Ort, ein echter Balou und ich Mogli, den es aus der sicheren Stadt, wo er sich auskannte, in einen noch unbekannten Dschungel im tiefsten Oberbayern verschlagen hatte.

◆

Meulemann gab das Klischee des perfekten Dorfpfarrers ab, leutselig – aber doch Respektsperson, die das vollkommene Vertrauen der Leute, egal ob alt oder jung, genoss. Jeder hat ihm sein Vertrauen geschenkt. Und in den zwanzig Jahren seiner Tätigkeit hatte er dieses Vertrauen nie ausgenutzt. Meulemann war bis in das winzigste Detail der Einrichtung seines Pfarrhofes redlich und bodenständig, aufs engste verwurzelt mit der Region, die er als seine Heimat ansah – ein Bild der Bescheidenheit, ohne jede Prunksucht mit Doppelbadewanne. Ein Asket, der in seiner Arbeit – nicht in seiner Funktion aufging. Diese Einfachheit äußerte sich schon darin, dass der Pfarrhof wie die meisten Bauernhäuser damals tagsüber nie abgeschlossen war – die Tür blieb im doppelten Sinne immer für jeden offen.

Meulemann hat es mir leicht gemacht, mich rasch einzufinden. Das Mittagessen wurde immer zusammen eingenommen – gekocht hat Meulemanns Haushälterin, die Mauser Marie, eine Frau, die aus der großen Bauernfamilie vom Mauserhof in Bad Kohlgrub kam. Ich kannte mich in der Genealogie der ansässigen Bauernfamilien bald bestens aus. Das war das Erste, was Meulemann zur Diensteinführung mit mir unternommen hatte: Wir waren in seinem klapprigen Ford mit der kaputten Seitenscheibe tagelang den ganzen Ort und jeden der Einödhöfe abgefahren, egal wie abseits sie lagen. Meulemann erzählte mir die ganzen Geschichten dazu, er war ein lebendes Lexikon, ein begnadeter Heimatkundler, der jedes Detail liebevoll zu sammeln schien und hinter seiner hohen Stirn allzeit griffbereit abzuspeichern wusste, ohne sich je Notizen zu machen. Von ihm erfuhr ich alles über die Hofnamen und ihre Herkunft. Denn während Generationen von Bauernfamilien kommen und gehen – der Hofname war über Jahrhunderte derselbe geblieben. Hofnamen, die sehr weit zurückreichten und wie die Taufnamen von Generation zu Generation weitervererbt wurden. Wie die Mauser Marie mit ihrem richtigen Namen hieß, weiß ich gar nicht – sie war gebürtig im Mauserhof und so hieß sie Mauser-Marie, und das reichte aus. Meulemann brachte mir bei, dass ein Dorf auf mehreren Ebenen funktioniert – zunächst auf der Postkartenseite, welche die Touristen lieben – und dann auf den vielen anderen, die aus Affären, Fehden, Liebschaften, Grundstückstauschen, Bierbruderschaften und gemeinsamen Leichen im Keller nebst anderen Abhängigkeiten und »Hinterfotzigkeiten«, liebenswürdigen wie verachtenswerten, bestehen. Es war nie verkehrt zu wissen, wer wirklich zu wem gehörte und wie sich die ständig wechselnden Koalitionen in das Gesamtbild des Dorfes einfügten.

Die »Mauser Marie« war zum Beispiel die Schwester vom Bürgermeister und entsprechend vernetzt auf ihrer strategisch nicht unbedeutenden Position im Pfarramt. Oft konnte man solche Meldeleitungen auch für den kurzen Dienstweg einsetzen, um ein bestimmtes Vorhaben voranzutreiben. Das ging dann auf Zuruf. Am Zaun. Im Stall. Beim Wirt. In einem Dorf wie Bad Kohlgrub musste man nur wissen, an welchen Seilen welche Glocken läuten. Meulemann kannte alle Namen und wusste alles, wer wann wen warum geheiratet hatte, wo es Grenz- und Erbstreitigkeiten gab, wer mit wem konnte und wer nicht und wo es andere Probleme gab, wer gut verträglich war und mit wem sehr bedachtsam umzugehen war. Wer diese Zusammenhänge nicht kennt, geht unter – das hat mir Meulemann beigebracht. Und: »Du muasst die Leut mögen!« Das war die Grundvoraussetzung, mit deinem Wissen gut umzugehen und es zum Nutzen, nicht zum Schaden der Dörfler einzusetzen. Denn am Ende würden sie alle wieder in seinen Kirchenbänken zusammenrutschen und die hl. Messe mitfeiern. Nirgendwo – das lernst du in keinem Priesterseminar – habe ich besser begriffen, wie verletzlich, filigran und wie unglaublich wichtig die Pflege der Gemeinschaft ist. Dass du die Menschen lieben musst, um immer wieder auf sie zuzugehen. Dass die Gemeinschaft auch den Pfarrer trägt. Lieben und geliebt werden – über alle Konflikte hinweg, die unweigerlich auftauchen. »Du muasst die Leut mögen!« Und das tat ich. Langsam entwickelte sich vor mir das gesamte, über Jahrhunderte gewebte Panorama des Beziehungsgeflechts einer oberbayerischen Dorf- und Bauernkultur. Axel Meulemann war ein Teil davon, ein bayerisches Urviech, authentisch wie kein Zweiter mit Land und Leuten verbunden – und doch trug er ein Geheimnis mit sich herum. Was wenige wussten: Der Urbayer Meulemann hatte Migrationshintergrund. Er war ein gebürtiger »Saupreiß« – geboren ausgerechnet in Berlin –, der sein ganzes Leben lang den Makel seiner Berliner Geburt nicht verwinden konnte, wie mir sein Vater mal süffisant erzählt hat. Was für eine Sensation! Sein Vater, ganz Preuße, tröstete seinen Sohn, noch als er Priester geworden war, mit den Worten: »Junge, det is ejal, in welchem Stall der Zuchthengst zur Welt kommt, ob im Saustall oder im Gestüt – er ist und bleibt ein Zuchthengst.« Einmal Preuße, immer Preuße, dachte dagegen Meulemann und verfiel jedes Mal in erregtes Schweigen, wenn die Frage nach seinem Geburtsort aufkam. Später hat ihn niemand mehr gefragt. Er hatte es geschafft, ein echter und anerkannter Vollbayer zu werden. Aufgewachsen und bayerisch assimiliert wurde er in Rottach-Egern am Tegernsee. Ein Ludwig-Thoma-Verschnitt im Pfarrhof.

1987 war die Welt noch in Ordnung in Bad Kohlgrub und das Kurwesen mit Moorbädern boomte. Pfarrer Meulemann hatte damals gerade silbernes Priesterjubiläum, als ich bei ihm begann. Er war 50 Jahre alt. Und ich war 26. Aus unserer Zusammenarbeit entwickelt sich bald so eine Art Vater-Sohn-Verhältnis. Wir galten im Dorf bald als kongeniales Team. Ich war immer der »Bua«. Wenn ich abends spät von einem Taufgespräch nach Hause wollte und in der Pfarrei noch Licht brannte – bin ich immer noch zu ihm rein auf ein »Stamperl« Schnaps. Das war ein Ritual, das eingehalten wurde, selbst wenn er schon im Bett lag und noch am Lesen war. Dann habe ich mich auf die Bettkante gehockt, so vertraut war unser Verhältnis. »Wie war's?«, hat er immer gefragt. Und die zweite Frage war: »Uu-und? Was hat's zum Essen geb'n?« Kein Gedanke an Missbrauch oder Ähnliches – nein, wirklich Vater-Sohn, völliges Vertrauen, gegenseitig – und dann habe ich ihm berichtet, wie alles gelaufen ist, was gut und was belastend war. Und jedes Mal hat er mich wieder mit äußerst wertvollen Anregungen, Tipps und Tricks entlassen oder mir Zuspruch gegeben, wie ich meine Arbeit verbessern kann, wenn ich mal irgendwo aufgelaufen war. Das kam fragend, menschlich, einfühlsam – nie strafend oder von oben herab. Eventuelle Misshelligkeiten im Dorf hat er stets stillschweigend und loyal bereinigt, bevor sie die Chance hatten, größer zu werden. Der Herr Pfarrer. Meulemann mochte die Menschen, die wussten das und sie mochten ihn. Diese Nachbereitungen des Tages haben mir unendlich viel gegeben. Das war ein Komplet der anderen Art, lehrreich, motivierend und manchmal auch voller Trost, wenn etwas nicht perfekt gelungen war.

◆

Richtiges Handwerk habe ich gelernt von ihm, wenn es um die Predigt ging. Samstagvormittags war immer Treffen im Pfarrhof. Wir saßen dann im Wohnzimmer am Tisch und haben über das Evangelium geredet, hin und her überlegt, was wir predigen würden am Sonntag, was das Thema war, das die Menschen aktuell am meisten berührte. Das waren stundenlange intensive, manchmal auch hitzige Diskussionen auf einem sehr hohen Niveau – die unendlich bereichernd für mich waren. Ich der Fragende, der Zweifelnde, der mit seiner ganzen jugendlichen Begeisterung Angreifende, manchmal auch mit zu viel Ungestüm. Er, der in sich ruhende Dorfpfarrer mit seinen fünfundzwanzig Jahren Abgeklärtheit und seiner unendlich scheinenden »Bonanza« an Anekdoten, die er unermüdlich abbaute, ohne sich auch nur zweimal zu wiederholen. Erlebnisse mit Menschen, die ihn wirklich zu einem edlen, aber stets bodenständig und sehr praktisch denkenden Menschen geschliffen hatten, genauso, wie er es jetzt mit mir tat. Das war praxisnaher Unterricht, wie er anschaulicher und einprägsamer nicht sein konnte. Aus unseren Gesprächen ist am Ende immer die Predigt entstanden. Manchmal haben wir auch keine Lösung gefunden für unsere Fragen oder unseren Disput, den es auch häufig gab. Dann wurde das Thema vertagt und jeder von uns hat die Woche über eifrig gelesen und die betreffenden Stellen im Evangelium gesucht als Beleg für seine Thesen, die wir uns dann erneut, aber umso fundierter um die Ohren gehauen haben. Tagelang konnten wir so zusammensitzen. Das waren die Lehrstunden meines Lebens, in denen lebendige Predigten entstanden, die genau die Fragen aufwarfen, die sich zur gleichen Zeit jeder Gläubige stellte – wenn auch nicht so klar herausgearbeitet. Im Dorf bewunderte man Meulemann, wie dicht er seine Ohren am Puls der Zeit hatte – und fragte sich schaudernd, von wo überall er aus dem Dorfklatsch seine Informationen beigezogen hatte, die dann an mancher Stelle in die Predigt eingewebt waren. Er wusste wirklich gut Bescheid. Aber hing nie jemanden hin. Von Meulemann habe ich alles gelernt, das Predigen, die Seelsorge – und seinen Leitsatz: »Du musst die Leut mögn!« Meulemann war als Typ längst auf dem Weg zum Original, ein Platzhirsch im Ort, der gegen alle Anfeindungen immun, nahezu »unkaputtbar« zu sein schien. Ein Fels, auf den die Gemeinde bauen konnte.

Meine allererste Beerdigung war Simmerl Schlögel, Hochzeitslader des Ortes, der Zeremonienmeister jeder anständigen Hochzeit im Dorf, beliebt ohne Ende, gestorben mit 32 Jahren. Nach schwerer Krankheit. Das ganze Dorf war auf den Beinen. Die Kirche bis auf den Friedhof hinaus brechend voll. Meulemann hatte mir diese wichtige Beerdigung übertragen, weil er an diesem Tag selbst schwer erkrankt war und nicht laufen konnte. Ich habe meinem Meister extra eine Holzrampe gebaut, damit er im Rollstuhl zumindest den Trauergottesdienst abhalten konnte – und habe draußen die Beerdigung gemacht. Wir waren einfach ein super Team. Ich weiß noch wie heute, wie intensiv Meulemann die Trauerrede mit mir vorbereitet hat, was man da sagt – und was besser nicht. Dass man nicht zu viel redet. Dass man besser zuhört. Vor allem auch im Umgang nicht zu rührselig wird. »Du darfst dem Landmenschen körperlich nicht zu nahe treten. Da muss immer eine gewisse Distanz bleiben – selbst in der Trauer«, riet er. Für die meisten Bauern gilt immer noch ihr Credo, dass man mit Problemen und Schicksalsschlägen gottergeben am besten selber fertig wird. Einer der Dörfler hat mal erzählt, da sei nach einem Unglück so ein Unfallseelsorger auf den Hof gekommen, Kriseninterventionsteam. Der habe es zwar gut gemeint – habe alle in den Arm genommen. Das wollten die Angehörigen aber gar nicht. Und das haben die ihm dann auch etwas barsch angesagt. Zu viel Gefühl gilt immer noch als Schwäche, die lähmt. Denn egal, was tagsüber passiert ist, jeden Abend musst du wieder in den Stall und die Kühe füttern und melken. Nirgendwo geht das Leben so schnell vorüber und weiter wie auf einem Bauernhof. Wenn der Pfarrer häufiger die unsichtbaren Grenzen nicht sieht, dann kann es geschehen, dass er schnell unten durch ist im Ort. Andererseits musst du aber wiederum vermeiden, dass du zu weit weg bist. Dazu gehört, dass es im Fasching keinen Ball im neben dem Pfarrhof gelegenen Kursaal geben darf, wo der Pfarrer nicht wenigstens eine Stunde an der Bar steht, sein Bier trinkt, allen zuprostet und sich sehen lässt. Unverkleidet natürlich – aber er ist da und feiert mit, gehört dazu. Die Menschen wollen auch einen Pfarrer zum Anfassen, bei allem Respekt – er muss sichtbar bleiben im Gemeindeleben. Und dazu musst du die Leute mögen, mit denen du lebst, und wissen, wie du sie am besten ansprichst – egal ob in der Stadt oder auf dem Land. Wie du das machst, erfährst du wiederum nur, wenn dich die Menschen interessieren – und sie interessieren dich nur, wenn du sie magst. Eigentlich klar, oder? So einfach war Meulemanns kleine Dorfschule für »Praxer« in Bad Kohlgrub.

Unser Kirchenpfleger zum Beispiel war hauptberuflich Bauer, wie Meulemann eine Figur wie aus einem Ludwig-Thoma-Roman. Ein beeindruckendes Mannsbild, ein Urviech mit einer natürlichen Autorität, die jeden Raum ausfüllte, den er betrat, und mit einer Wucht, die jeden Ochsen – ob beim Wirt oder im Stall – zum Stehen brachte. Von Meulemann habe ich gelernt, wie man sich solchen Natur-Autoritäten nähert, die meist weitaus schlauer und gebildeter sind, als man selber glaubt. Dass man Charaktere wie diesen bayerischen Ökonomierat einerseits nicht siezt, weil es für sein Anliegen zu distanziert wäre – aber andererseits eben auch nicht duzt – was plump rüberkommen würde, sondern das bayerische »es« benutzt: »Habt's es gewusst, dass heut …«, machte er mir klar. Meulemann machte mir immer alles vor – dann sagte er mir hinterher, warum er etwas Bestimmtes tat – und anderes unterließ. Diesen goldenen Mittelweg zwischen Nähe und Distanz, die richtige Ansprache, die passenden Worte zu finden – das ganze filigrane Handwerkszeug eines Seelsorgers, das alles habe ich damals als Lehrbub in der Pfarrei von Axel Meulemann in Bad Kohlgrub hautnah am »lebenden Objekt« erfahren.

Ich habe alles von der Pike auf gelernt. Vor allem, wie man den Gottesdienst richtig feiert: »Liturgie darf nicht wehtun!«, wie Meulemann immer und immer wieder sagte. Was bedeutete, dass der Gottesdienst nie langweilig und für die Gemeinde eine Qual sein darf.

Meine ganze Art, wie ich heute predige, wie ich versuche, die Menschen jedes Mal neu zu packen und für das Evangelium zu interessieren, sie zu öffnen, dass sie in die Entspannung kommen und damit zum Nachdenken, heraus aus ihrem anstrengenden Alltag, habe ich von ihm abgeschaut. Wie oft sind wir bei ihm in der Stub'n gesessen, norddeutsch »Wohnzimmer«, und haben uns über Gott und die Welt unterhalten. Alles war perfekt bäuerlich-bayerisch, komödienstadlmäßig eingerichtet. Einfach und einfach schön: mit Eckbank im Erker, Jogltisch und Herrgottswinkel und Vorhängen im bayerischen Weißblau an den Fenstern. Und wie im Komödienstadl ging es dort oft zu – Auftritt, Ansage, Dorfklatsch, Anekdote, Stamperl Schnaps, vier Hochzeiten und ein Todesfall und immer das pralle Leben. Ich musste mich da nur hinsetzen – das waren Vorlesungen, bei denen Meulemann in seiner unnachahmlichen Art immer zu großer Form auflief.

In Bad Kohlgrub hat Meulemann damals noch einen uralten Ford gefahren, einen richtigen Benzinfresser, der in der Garage des Pfarramtes den Zweiten Weltkrieg überlebt haben musste. Das Fenster auf der Fahrerseite war in die Tür gesackt und ließ sich nicht mehr hochkurbeln. Also fuhr Meulemann, sein »Praxer« auf dem Beifahrersitz, bei jeder Witterung mit offenem Fenster durchs Dorf, im Schritttempo, den Ellbogen lässig im Fenster, mit den Blicken halb draußen statt auf der Straße, was zu Situationen führte, die mich an Achterbahnfahrten mit der »Wilden Maus« erinnerten, hielt aus dem Wagen heraus hier ein Schwätzchen und dort eines, sammelte Informationen, die er im nächsten Gespräch gleich weiterreichte, grüßte rechts und grüßte links, immer aufgeräumt und freundlich, immer mit ehrlichem Interesse, winkte fröhlich allen zu, wie die Queen in ihrem Rolls Royce. Ein geschlossenes Fenster hätte nur gestört. Weitere Strecken unternahm er eher selten. Doch dann ging der Sommer. Der Herbst kam. Ab und zu wehte Laub auf die Sitze. Die Wildgänse flogen tief. Und Axel unternahm nichts. Die ersten Fröste zauberten morgens schon wunderschöne Eiskristalle auf die

Scheiben des Fords. Männer Gottes, vor allem jene, die in den alten Kirchen predigen, wissen mit der Kälte zwar umzugehen – aber als die tief hängenden Wolken im Tal den ersten Schnee ankündigten, fragte ich dann doch: »Sag mal, Axel, warum lasst denn des Fenster net richten?« Da hat er gesagt: »Bua, wozu? Ich muss doch eh immer winken, wenn ich durchs Dorf fahre – soll ich jedes Mal hoch- und runterkurbeln?«

Diese Unmittelbarkeit des Erlebens praktischer Erfahrung, die Vermittlung von Menschenkenntnis fern jeder theoretischen Abgeklärtheit durch lebendige Vorbilder wie Axel Meulemann und Elmar Gruber – immer ganz nah beim Menschen – hat mich bis heute völlig in den Bann geschlagen. Ich versuche, diese Nähe in meiner Tätigkeit als Seelsorger weiterzugeben – und weiß natürlich auch, wie schwer das ist – weil ich oft genug an meinen Ansprüchen scheitere. Es ist aber wichtig, dass ich dieses Scheitern wahrnehme, mich zu verbessern suche, dass ich nicht in meinen Routinen erstarre – sondern mich immer wieder, jeden Morgen mit dem Gebet auf den Weg mache in einen neuen, einen spannenden Tag, für den ich mein Seitenfenster runtergekurbelt lasse. Und warum? Weil ich begeistert bin und bereit, andere zu begeistern. Und weil ich die Leute mag.

Ich weiß, ich hätte mich nie so entwickelt, wenn ich in einer Stadtpfarrei, wie Milbertshofen, im Hart, Pasing oder Neuperlach begonnen hätte. Die Stadt ist anonymer. Das Interesse an der Person des Pfarrers ist nicht so groß wie im Dorf, weil in der Stadt die Bevölkerung nicht homogen ist und viel weniger Menschen leben, die ihren Glauben auch ausüben möchten. Im Dorf gibt es kein »Inkognito«, kein »Herum- und Davonschleichen«. Da warst du immer mittendrin. Die ersten Monate im Pfarrverband unterrichtete ich vormittags die Schulkinder in der dortigen Grundschule. Nachmittags standen die Kinder oft unvermittelt bei mir in der Wohnung, weil wir eine Probe geschrieben hatten, barfuß und fragten: »Hast du unsere Probe schon korrigiert?« »Nein.« »Na, dann könnten wir sie doch jetzt gemeinsam korrigieren?« Es war stellenweise wie im »Heidi«-

Roman. Eine intakte Bilderbuchwelt am Fuße der Ammergauer Alpen. Du bist vierundzwanzig Stunden am Tag öffentlich. Du lebst im Dorf. Du bist Teil des Dorflebens und bist als Pfarrer wie der Bürgermeister und die hübsche unverheiratete Bedienung beim Wirt immer ein Kristallisationspunkt des Interesses – und, wenn du nicht achtgibst, Aufregerthema des Dorftratsches. Wir hatten vier Pfarreien zu betreuen, Bad Kohlgrub war mit der erste Pfarrverband, in dem der damals bereits aufscheinende Nachwuchsmangel zu Strukturreformen führte, die das Amt des Pfarrers zu einem Stressjob werden ließen. Das war eine Menge Arbeit und so bekam ich nebenbei auch noch eine klasse Ausbildung im Zeitmanagement, lernte, was Ranking ist, die Notwendigkeit der Bewertung und Einteilung, was wichtiger und was weniger wichtig ist, was sofort erledigt gehört – und was Zeit bis später hat. Heute kann ich mit alldem perfekt umgehen. Ich würde in meinem Job sonst heillos untergehen. Ich kann sagen, dass Meulemann damals alles zutage gefördert und in mir geweckt hat, was für meine praktische Arbeit maßgeblich ist.

◆

»Liturgie darf nicht wehtun!« Sein zweiter Sinnspruch war die logische Folge des ersten: »Du musst die Leute mögen!« Damit definierte Meulemann Wunsch und Willen, dass die Menschen gerne in seinen Gottesdienst kommen sollen, weil sie sich bereichert fühlen, weil sie sich in der Gemeinschaft der Gläubigen wieder aufgehoben fühlen, in ihren Sorgen wahrgenommen, dass ihnen ihre Last mitgetragen wird und dass sie Freude empfinden und Erlösung von allen Übeln. Freiwilligkeit und Freude waren seine obersten Gebote. Und das entsteht – und kann kein Mensch der Welt befehlen oder sonst wie erzwingen. Aus eigenem Wunsch sollten sie ihm zuströmen. Und nicht aus Angst vor Strafe. Es reißt mich immer wieder, wenn ich wie am Morgen in der neuen Ausgabe des Jugendkatechismus »YouCat« – ein Anglizismus, den man auch als Markennamen für Katzenfutter hernehmen könnte – lese, es sei »eine große Sünde, am Sonntag nicht in die Kirche zu gehen«. Woher wissen die das? Hat etwa Gott ihnen das geflüstert? Meinen die Autoren dieser Zeilen etwa, dass sie mit dem Thema Angst und Sünde die Jugendlichen erreichen – die heute höchstens noch »Angst« empfinden, dass sie das Volumen ihres Handyvertrages überschritten haben oder dass sie Opfer des Cybermobbings werden? Glauben die Autoren wirklich, wir könnten unseren Kirchen wie im Mittelalter mit Angstmacherei die Menschen zutreiben? Wer sagt diesen Autoren, dass sie damit das Gegenteil bewirken? Dass es völlig sinnlos und unglaubwürdig ist zu behaupten, »Gott sieht das nicht gerne«, »Gott sagt, das sei Sünde«, »Gott hat zu mir gesprochen« – weil solche Drohungen inzwischen vom überwiegenden Teil der Glaubensgemeinschaft als Katholiken-und-Weihrauch-Folklore von Aluhutträgern abgetan und nicht mehr ernst genommen werden? Je älter ich werde, je länger ich verkündige, desto distanzierter werde ich gegen solche Selbstbekenntnisse und Offenbarungen wie »Ich habe Gott gesehen!«, »Gott hat zu mir gesprochen!«. Das kotzt mich inzwischen richtig an. So oft wie manche Katholiken, auch in seinem Namen über andere Menschen richten, könnte Gott richtig miese Laune haben. Möglicherweise mag es Gott nicht, seinen Namen zu missbrauchen, um andere Menschen zu beherrschen. Angst vor Sünde, Himmel und Hölle im kirchlichen Sinn hat doch heute kaum noch jemand – geschweige denn vor kirchlichen Würdenträgern, die es trotzdem mit dieser Nummer versuchen. Da lacht man allenfalls. Oder schlimmer noch: Man nimmt uns gar nicht mehr wahr. Und geht einfach.

Meulemann hatte aus seiner Menschenliebe heraus den Anspruch, seinen Gläubigen das nicht anzutun. Es entsprach seiner tiefen Überzeugung, dass er mit dem Evangelium etwas unglaublich Spannendes und Wertvolles für den Alltag der Menschen zu verkünden hatte. Er wünschte sich, dass über seine Predigten danach zu Hause am Mittagstisch oder am Stammtisch weitergeredet und diskutiert wurde. Mit »Liturgie darf nicht wehtun!« warnte er davor, wie er mal sagte, dass sich die Gläubigen aus Angst, vor Langeweile einzuschlafen, in den Oberschenkel kniffen oder die Nägel blutig bissen, jede Sekunde zählten und Stoßgebete gen Himmel schickten, damit es endlich vorüber wäre.

Aus diesem Interesse am Menschen, aus Liebe zu seinen Gläubigen und mit dem Willen, sie anzuregen statt zu langweilen, hat er jede freie Minute an seinen Predigten gefeilt, Gedanken gesammelt, diskutiert, vieles verworfen und anderes dazugenommen, bis er in der letzten Minute vor dem Läuten wenigstens einigermaßen zufrieden war. Die Verkündigung hat er ernst genommen wie nichts anderes in seinem Leben. »Liturgie darf nicht wehtun!« ist heute eine weitere, ganz große Baustelle in meiner Kirche. Denn wie recht er hatte: Es tut weh, wenn ich eineinhalb Stunden in einem Gottesdienst sitze und nichts verstehe, weil da vorne ein Langweiler steht, der über seine Gemeinde hinweg predigt und keiner begreift, worauf der Pfarrer eigentlich hinaus will.

Es tut weh, wenn da einer statt der Predigt eine Vorlesung hält. Und es tut weh, wenn einer das Hochgebet runterrattert, ohne dass er sich bemüht, so deutlich zu sprechen, dass da das eigentlich Essenzielle des Gebetes mitschwingt und erlebbar wird. Ein Hochgebet zu sprechen ist doch das Signal an die Gemeinde: Ich bete jetzt etwas! Das muss mit einer Intensität geschehen, die dieser Situation eines Gebetes – also einer Bitte – angemessen ist. Was soll also der Satz bewirken: »Lieber Gott, wir bitten für all unsere Verstorbenen«? Wenn ich in diesem Moment nicht aus vollem Herzen das Mitgefühl aufbringe, für alle, die in Trauer sind, für die Seelen, die uns verlassen haben – wenn ich nur lieblos aufsage? Wie soll da eine Wirkung entstehen? Gerade eine so wichtige Bitte, für alle, die bewusst und vorbereitet in den Tod gehen konnten – und für jene, die von einer Sekunde auf die andere herausgerissen wurden aus ihrem Leben. Welch fatale Botschaft sende ich da an meine Gemeinde? Wie kann ich Aufmerksamkeit erwarten, wenn ich im Inneren unbeteiligt bin? Keines dieser Gebete ist eine leere Formel – sondern es hat seinen tiefen Grund, warum es Teil des Gottesdienstes ist. Solche Bitten werden leer und sinnlos, wenn ich als Pfarrer nicht verstehe, dass ich es bin, der sie mit Leben und mit Liebe – mit Intensität –, füllen muss. Wenn ich es nicht schaffe, in diesen Flow zu kommen, der mich mit Himmel und Erde verbindet und mich eins werden lässt mit meiner Gemeinde, dann habe ich versagt, so empfinde ich das. Das aber schaffe ich nur, wenn ich wirklich an das glaube, was ich da erbitte. Es ist alles ganz einfach – und doch so schwer: Glaube ist Empathie. Empathie bedeutet Intensität. Intensität ist so mitreißend, dass die Liturgie nicht wehtut. Und daher tut es so weh, wenn die Predigt kein Glaubenszeugnis ist und ich eineinhalb Stunden in quälender Langeweile aushalten muss. Ich kann wunderbar spontan reagieren und bewege mich dann im Flow mit meiner Gemeinde – denn ich habe etwas zu verkündigen. Und die Gemeinde möchte hören, was ich zu verkündigen habe. Wer mich predigen sieht, weiß, mit welcher Leidenschaft ich das tue. Wenn mich eine Gemeinde bittet, ob ich predigen komme, zum Beispiel zu einem Feldgottesdienst oder einer Wallfahrt, dann ist das so ein Gefühl in mir, als wenn der liebe Gott selber angerufen hätte. Also Antwort ins Telefon: »Natürlich komme ich!« Ich nehme dabei in Kauf, dass ich mit meinen Themen polarisiere, dass manchen meine ausladenden Bewegungen, meine intensive Sprache, meine Gefühlsausbrüche – manchmal mein Zorn – irritieren.

Solche Kritik höre ich ab und zu. Was ich jedoch noch nie gehört habe ist, dass ich die Menschen gelangweilt hätte – im Gegenteil. Die Gespräche nach den Gottesdiensten und die oft seitenlangen Briefe, die ich täglich dutzendfach erhalte (und bei dieser Gelegenheit: Danke – ich lese sie wirklich alle. Aber nicht immer sofort und noch weniger schaffe ich es, alle zu beantworten – aber die Botschaft kommt wirklich an!), setzen sich meist intensiv mit dem auseinander, was ich in den Predigten anzustoßen versucht habe. Mehr kann ich doch nicht erreichen, wenn ich mich da vorne hinstelle; dass ich die Menschen hochreiße aus ihrem Trott, dass ich sie bewege, dazu bringe, nachzudenken, über ihr Leben und ihren Glauben, dass sie mit einem »Ja aber« widersprechen oder zustimmen – sich positionieren und aus dem Leiden und Erdulden wieder in die Gestaltung kommen – und sich im besten Sinne in ihrer Gemeinde wieder engagieren. Wenn ich das schaffe, dann habe ich doch alles erreicht, was ich mir als Mensch und als Priester nur wünschen kann? Mit solchen Ansprüchen vor vielen Menschen zu predigen verlangt Intensität, egal, wie routiniert du bist. Intensität verlangt aber innere Sammlung. Du kannst nur Energie abgeben, die du selbst besitzt. Mit der Zusammenlegung der Pfarreien zu Pfarrverbänden begann damals diese »Gottesdienstralley«, die vielen Pfarrern die Kraft und die Muße nimmt, sich anständig auf ihre Predigten vorzubereiten und ihren Gläubigen das zu geben, was sie verdienen: Intensität und ein wahrhaftiges Zeugnis des Glaubens.

Im neuen Pfarrverband von Bad Kohlgrub waren es sonntags vier Gottesdienste, die zu bedienen waren. Ich durfte auch predigen, aber keine Messe feiern – schließlich war ich bislang erst Diakon. Danach gegen 12 Uhr haben wir uns zum Mittagessen getroffen und bis aufgetischt wurde, gab's Campari pur mit Zitrone und immer Meulemanns Standardfragen: »Und, wie war deine Predigt? Wie ist es dir gegangen dabei? An welchen Stellen haben sie reagiert?« Das war sein tiefes, ehrliches Interesse. Wir haben uns stundenlang unterhalten. Wo ich unsicher war. Was mich geärgert oder gefreut hat. Er hat mir Rat und Unterstützung gegeben. Regelrechte Hausaufgaben, was ich beim nächsten Mal ausprobieren könnte. Und so hat mich dieser Mann das Predigen gelehrt, dass eine Predigt allein deiner persönlichen Überzeugung entsprechen muss, die du an die Gemeinde weiterreichst, zur Diskussion stellst, mitgibst als geistiges Lunchpaket auf den Weg zurück in den Alltag. Er hat mir Sicherheit gegeben, meiner inneren Haltung zu vertrauen – wenn sie vorher entsprechend durchdacht und durch intensives Bibelstudium unterfüttert war. Er forderte mir immer selbstständiges Denken ab – das durchaus nicht auf der offiziellen Linie liegen musste. »Du trittst doch nicht vorne vor deine Gemeinde hin und trägst einen Zettel vor oder das, was dir von anderen aufgegeben worden ist? Sondern du trägst deine Überzeugung zu einem bestimmten Thema vor, was durchdacht ist, durchlebt ist – das, woran du wirklich tief und fest im Inneren glaubst! Und nur das. Wenn du vorne stehst, hast du keinen Zweifel mehr.« Es ging ihm darum, dass du identisch mit deiner Botschaft bist, und fragte immer: »Glaubst du an das, was du sagst?« Man verlange, sagte er mal, von jedem kleinen Staubsaugervertreter doch auch, dass er seinen Heinzelmann preist als den besten und effektivsten und preisgünstigsten Staubsauger im ganzen Universum. Und nicht herumeiert. Zweifelt. Sondern aus Überzeugung. Wenn ich als Kunde bei diesem Vortrag keine Begeisterung spüre, also Glaubwürdigkeit, werde ich misstrauisch und kaufe ihm nichts ab. Und genau dasselbe verlange er von einem Pfarrer, dass seine Gemeinde spürt, dass er von diesem Evangelium begeistert ist.

Ich bin daher ein scharfer Kritiker jener »Schlafwandler« vorne am Altar, die auf »heilig« und »entrückt« machen, tatsächlich aber emotionslos wie auf Autopilot geschaltet Sonntag für Sonntag über die Köpfe der Gläubigen hinweg ihr Predigt-Soll runterspulen – bis das ganze Gemeindeleben selig entschlafen ist. In der Predigt darf es nicht geschehen, dass die »Ehrwürdigkeit« die innerliche Begeisterung ersetzt. Dann ist die Liturgie nur noch eine leere Hülle und die operative Hektik verdeckt geistige Windstille und die Tatsache, dass da vorne jemand vor seiner Gemeinde innerlich längst weggetreten ist, weil sein inneres Feuer vor langer Zeit schon erloschen ist. Das ist wie beim Gastwirt, der einem lieblos Essen aus der Tiefkühltheke auf den Tisch wirft mit den Worten: »Frisch war vorgestern, heute habe ich nur noch »habe ich nicht«. Ein Wirt, der solchen »Friss oder stirb!«-Service liefert, wird schnell Pleite machen. Und so ist es ja bereits vielerorts in den Kirchen. Die leeren Bänke sind ein Offenbarungseid – die Menschen sind längst fort, dorthin, wo sie mehr Aufmerksamkeit und Zuwendung und Antworten zu finden meinen für das, was sie im Leben beschäftigt. Jeden Sonntag fremdschämen, wie er sich durch seinen vorgegebenen Predigttext quält, ob er es wenigstens diesmal schafft oder wieder scheitert – das ist nur etwas für Schaulustige, wie sie bei Autobahnunfällen auf den Brücken stehen.

Wenn es mir als Pfarrer nicht mehr gelingt, aus einer tiefen inneren Überzeugung heraus meine Zuhörer mitzureißen, sie dort zu packen, wo es zwickt, wo Wunden offen liegen oder ihre Sehnsucht hingeht – dann wird das Glockengeläut bald keine Gläubigen mehr zum Gebet rufen, sondern nur noch dem Denkmalschutz und touristischen Zwecken dienen. Bad Kohlgrub selbst ist da auch ein Beispiel, was passiert, wenn man nicht begreift, dass alles im Fluss ist – auch die Zeit. Der Ort war 1987 noch ein florierender Kurort, der dank seiner heilsamen Moorbäder aus dem Nichts heraus mit einer gepflegten Kundschaft gesegnet war. Durch ihre zahlreichen Gäste sind die Dorfbewohner zu Wohlstand gekommen – heute werden sie eher wieder arm, weil das Kurwesen nicht mit der Zeit gegangen ist und es versäumt wurde, zu investieren und sich den veränderten Bedürfnissen der Kundschaft anzupassen – neue touristische Themenfelder zu entwickeln. Irgendwie ähnelt das auch meiner Kirche: Versäumnisse rächen sich.

◆

»Sakramente musst du spüren!« Damit meinte Meulemann, dass Glauben nichts Abstraktes ist. Genauso wenig wie die Sakramente. Aber dass wir beides mit Leben füllen müssen. Ein Sakrament zum Beispiel ist wie eine Bedienungsanleitung – jeder kann nachlesen, was zu tun ist. Das Sakrament bleibt eine Bedienungsanleitung und in der Wirkung völlig sinnentleert, wenn wir ihm nicht mit unserer Kraft zu glauben Leben einhauchen. Sakramente verbinden das Jenseitige und das Diesseitige und lassen damit etwas sehr Konkretes entstehen, in dir, in deinem Herzen – und genau da muss es hin. Sonst perlt es an dir ab wie ein Ei auf der Teflonpfanne. »Sakramente musst du spüren« – und wenn du es spürst, dann ist es in deinem

Herzen angekommen und nur da kann es wirken. Ich hatte mal eine Taufe, wollte gerade loslegen, hatte schon Luft geholt, um die Stimme für den Segen zu erheben, da beugte sich die Mutter des Kindes über das Taufbecken und schaute von unten völlig entgeistert hoch in mein Gesicht und fragte: »Ja – brauchen Sie jetzt kein Buch?« Ich war perplex: »Was für ein Buch?« »Die Bibel!« »Sie meinen, ich soll Ihnen etwas vorlesen?« Antwortet sie, noch energischer fragend, immer alles über dem Taufbecken, das Kind auf dem Arm, das Kind zurückziehend: »Aber man liest doch etwas vor. Sagt etwas!« Sag ich: »Was denn genau?« »Na, ein Gedicht, einen Spruch oder so etwas?« »Nein. Ich bin doch kein Zauberer. Ich brauche für die Taufe Ihres Kindes weder die Bibel noch das große Ratgeberbuch der 1000-schönsten-Taufrituale!« »Ach so?«

»Gute Frau, das, was wirklich wichtig ist, im Glauben und für eine Taufe, ist das, was Jesus Christus spricht – da reicht ein Satz von ihm, den spreche ich, und eine Handvoll Wasser. Dann bin ich ein guter Christ und Ihr Kind wird hoffentlich einer und das, gnädige Frau …«, an meine Stirn tippend »… diese Sätze habe ich alle hier im Kopf. Ich kann das auswendig beten.« Es wäre geistliche Armut und ich der falsche Mann, wenn ich als Priester noch irgendein Buch bräuchte als Gedächtnisstütze für das Sakrament der Taufe, legte ich nach. Dann war sie still. Außerdem würde sich die Gefahr vergrößern, dass entweder das Buch, also eine Bibel, oder ihr Kind ins Taufbecken fallen könnte, wenn ich einhändig hantiere. Ich habe noch einen Moment die Stille abgewartet und sie freundlich angeschaut. »Stimmen Sie mir zu, das ein gesprochener Segen, der aus dem Herzen kommt, stärker ist als jedes Wort, das aus dem Buch einfach nur abgelesen wird?« Stille. Habe sie dann zunickend angelächelt: »Wollen wir?« Es war dann eine sehr schöne, harmonische Taufe. Ich habe auch noch mehr als einen Satz aufgesagt. Ich merkte, wie die Mutter vom Äußerlichen ins Innerliche gekommen war und sich den Segen wirklich mitwünschte. »Sakramente musst du spüren.« Dritter Lehrsatz Meulemann – und wie recht er doch hatte.

Glauben kann man nicht vorlesen, er kommt aus dem Herzen und diese Liebe geht von innen nach außen. Was nur von außen kommt und das Herz nicht erreicht, bleibt formal und funktional wie eine Raufasertapete im Finanzamt. Ich möchte nicht, dass ein Priester ein Buch braucht, um einen Segen zu sprechen – sondern ich möchte, dass die heiligen Sakramente leben und aus sich heraus Kraft spenden. Und weil man ein Sakrament nicht nur mit dem Herzen, sondern auch hautnah spüren muss, salbe ich bei jeder Taufe den ganzen Kopf des Kindes mit heiligem Chrisam-Öl ein, ordentlich – nicht zaghaft tupfen –, sondern wirklich großflächig einsalben. Auch das habe ich von Meulemann. Er hatte mich vor meiner ersten Taufe gefragt: »Wie taufst du das Kind?« Ich erzählte ihm, was uns im Priesterseminar beigebracht worden war. Danach taucht man den Daumen leicht ins Chrisam-Öl, macht das Kreuz auf die Stirn des Kindes und wischt sofort mit einer Watte zwischen Ring- und Zeigefinger alles sauber weg. Da ist mein Pfarrer richtig grantig geworden, was für ein Schmarrn das sei. »Da wird nicht gespart!« Bei ihm werde richtig eingetunkt und ein mächtiger Batzen Chrisam-Öl über das ganze Haupt des Kindes verrieben, dass es spritzt und tropft – damit jeder riecht und spürt und sieht: dieses Kind wurde getauft! Und dann nahm er einen wirklich fetten Batzen und fing an, das Kind mit Inbrunst, aber liebevoll zu salben. Und sofort zog der balsamische Geruch des Chrisam-Öls allen wohltuend durch die Nase. Damals hörte ich auch zum ersten Mal seinen dritten Lehrspruch, nach dem ich mich bis heute richte: »Sakramente musst du spüren!« Chrisam-Öl duftet, natürliches, gesundes Oliven-Öl, aus einer Pflanze mit hoher symbolischer Bedeutung, dazu wohlriechende Balsame beigemischt. Heilig, weil es laut der jahrtausendealten Überlieferung den Duft Jesu Christi bewahrt haben soll – ebenso sanft wie Chrisam-Öl soll er geduftet haben. Damit wurden Könige gesalbt. Was also gibt es Schöneres, als das Kind mit einem Öl zu salben, das eine solche Legende hat, und es mit der Taufe auf das Evangelium vorzubereiten?

Dachte ich. Während ich also den Taufsegen spreche und das Kind voller Andacht und mit allen guten Gedanken – ohne das große Buch der Taufrituale – salbe, sehe ich aus den Augenwinkeln, wie die Oma plötzlich ihr schwarzes Lacktäschchen aufklappt, ein akkurat gefaltetes, weißes Spitzentaschentuch hervorkramt und tatsächlich Anstalten macht, dem Kind das Chrisam-Öl wegzuwischen. Sie hatte nichts verstanden. Oder Kontrollputzfimmel. Das sind die Situationen, wo mein niederbayerisches Blut in mir durchbricht. »Dean'S Eahnane Finger weg!«, hab ich sie angefunkt, dass alle zusammengezuckt sind. Der Effekt war einwandfrei. Das Spitzentuch verschwand unbefleckt genauso schnell wieder, wie es hervorgekommen war. Ich sagte: »Lassen Sie doch um Gottes willen das Öl seinen Segen entfalten – ein Sakrament muss man doch spüren … das riecht doch auch so gut.« Als das Kind getauft war, durften alle eine Probe nehmen, alle dran riechen. Ich glaube, alle Anwesenden hatten bei dieser Taufe instinktiv begriffen, dass eine Salbung etwas sehr Schönes, Starkes, Heiliges ist, das man nicht achtlos wegwischen darf. Dass es Zeit haben muss, Ruhe und innere Andacht, um in dir zu wirken und dir unter die Haut zu gehen. Danach ging alles seinen Gang, als wäre nichts geschehen. Kein Wort des Unfriedens danach. Zufriedene, lächelnde Gesichter. Bei einigen ein Grinsen, wie mir schien. Nun ja. Ein paar Tage später bekomme ich eine E-Mail von der Mama des Kindes, in der sie sich noch einmal bedankt hat für die schöne Taufe und dann kam es: »Und wie Sie zu meiner Mama gesagt haben ›Finger weg‹ – davon erzählen alle, da flippen unsere Freunde und Verwandten heute noch völlig aus, wenn wir das erzählen.« Auch die Mutter hatte anerkannt, dass da dem Pfarrer etwas wichtig war – und zwar zum Wohle des Kindes. So wichtig, dass er sich eingesetzt hat. Ja, Sakramente muss man spüren. Auch später bei der Firmung. Bei der Hochzeit. Wenn es ans Sterben geht. Ein Sakrament ist etwas Mächtiges von Haus aus, wenn die Anwesenden es mit Leben erfüllen. Riechen. Sehen. Schmecken. Mit allen Sinnen miterleben bedeutet Wirkung. Was wir spüren, ist in uns angekommen. Ein Teil von uns. Bei meinem alten Pfarrer habe ich das erfahren, begriffen, warum, und nie wieder vergessen: »Sakramente muss man spüren!«

♦

Nach einem Jahr als Lehrbub bei Gottes Handwerksmeister Meulemann in Bad Kohlgrub bin ich am 27. Juni 1987 im Dom St. Maria und St. Korbinian zu München-Freising zum Priester geweiht worden. Die Priesterweihe ist ein sehr starkes und martialisches Zeichen, das mich als Jugendlicher irgendwie an Tarzanfilme erinnert hatte, wenn sich die Eingeborenen zum Klang der Trommeln in Rage tanzen, um sich schließlich als Zeichen der Unterwerfung vor ihren Häuptling hinzuwerfen.

Ich fand das früher seltsam. Die »Prostratio Completa« – das Sich-ausgestreckt-Niederwerfen vor dem Altar – also vor Gott, nicht vor dem Bischof – als Zeichen der absoluten Unterwerfung und »flehentlichen Bitte um Annahme« ist sehr selten in der katholischen Liturgie und wirkt auf den Betrachter entweder sehr eindrucksvoll oder zutiefst irritierend. Jeder könnte auf dir rumtreten. Wie auf dem Sibirischen Tiger bei »Dinner for one«. Ein Moment der Wehrlosigkeit. Du liegst da, das Gesicht nach unten. Es ist und bleibt eine Demutsgeste, ähnlich dem Kotau an den chinesischen Kaiserhöfen – nur eben voll ausgestreckt, deswegen »completa«. In der Vorbereitung für die »Prostratio Completa« wurde uns vom Zeremonienmeister tatsächlich gesagt, wir sollten darauf achten, unser Gesicht nicht auf die Uhr an unserem Handgelenk zu legen. Ich dachte noch, das kann dem doch wurscht sein, wohin ich mein Gesicht lege – da sagt er: »Nein, unter keinen Umständen das Gesicht auf die Armbanduhr!« Offenbar hatten sich in der Vergangenheit einige Kandidaten durch das Gewicht ihres Kopfes sozusagen das komplette Ziffernblatt mit Sekundenzeiger als eine Art »Branding« in die Stirn gepresst – was wenig schön aussieht, wenn der Priesterkandidat dann wieder aufsteht und sich dem Publikum zuwendet. Ich trage seither keine Armbanduhren mehr.

Die Priesterweihe ist etwas, was sehr tief geht und einen innerlich sehr verändern kann. Da braucht man eh keine Armbanduhr. Denn dieses Sakrament ist zeitlos und ewig. Es reicht nicht für die Vorbereitung aus, wenn mir jemand Fotos und Filmchen dazu zeigt und mir erzählt, wie der protokollarische Ablauf ist. Hier geht es um dein Leben. Das ist eine so weitreichende Verpflichtung, die du dir selbst und deinem Glauben gegenüber ablegst, das ist kein Verwaltungsakt, sondern ein Versprechen. Nein, auch dieses Sakrament musst du spüren; ich muss innerlich bereit und völlig offen sein, damit da die Weihe etwas Bleibendes in mir speichern wird, das die Zeit überdauert. Nach der Diakonen-Weihe und dem einen Jahr Vorbereitung auf die Priesterweihe nimmst du mit dem Sakrament der Weihe endgültig – ähnlich wie beim Eheversprechen – eine für dein Leben irreversible Richtungsänderung an. Dazu muss man innerlich wirklich bereit sein. Ich sage immer: Vergleich es mit der Leidenschaft der Liebenden. Fehlt dir diese Leidenschaft, dann kehre um. Ich habe zu viele Priester scheitern sehen. Junge, hoffnungsvolle Männer, die als seelische Krüppel enden – und im schlimmsten Fall auch noch Schaden bei anderen Menschen anrichten. Wir hatten den Missbrauch. Das Zölibat ist nicht für jeden Menschen gut, es kann Menschen zerstören und statt Heil auch Unheil auslösen. Daher kann ich als Mann und als Mensch und als Glaubender nicht früh genug beginnen, alle Fragen zu beantworten, die sich mit dem Leben im Zölibat beschäftigen.

Ich hatte damals sehr viel Glück. Meine Vorbereitung auf die Priesterweihe im Juni 1987 mit ihren Exerzitien wurde von meinem ehemaligen Pfarrer und »Retter« Elmar Gruber begleitet, mit dem ich seit meinem ersten legendären Auftritt als Ministrant, wo ich »wirklich alles gegeben« hatte, verbunden geblieben bin. Wir waren 18 Weihekollegen in diesem Seminar in Altomünster. Es hatte die ganze Woche über sintflutartig geregnet und an den Ufern der

Flüsse stand das Hochwasser an den Deichkronen. Eine Stimmung, die das Zusammensein zusätzlich verdichtete. Es gab keinen Augenblick der Zerstreuung. Alle schienen hochkonzentriert auf das Ereignis ihrer Weihe hinzuarbeiten.

Diese Nähe, die entstand, die Möglichkeit, uns so erfahren zu können, war das nächste beeindruckende Erlebnis, das ich aus dieser Zeit mitgenommen habe. Du bist eine Woche praktisch ununterbrochen mit den Weihekandidaten zusammen. Miteinander reden. Miteinander beten. Miteinander schweigen. Miteinander essen. Beten. Einen so intensiven Austausch habe ich nachher nie wieder gehabt. Und ich muss sagen: wie oft habe ich mich in meinen späteren, einsamen Zölibatsstunden in meiner noch einsameren Dienstwohnung danach gesehnt, nur einmal wieder in einer Gemeinschaft so aufgehoben zu sein. Es kamen Erinnerungen hoch an das Gemeinschaftsgefühl bei meinem ersten Gottesdienst mit meinen Kapuzinern in Laufen. Da war es wieder, dieses intensive Gefühl von Liebe und Aufgehoben-Sein. Die Vorbereitungszeit mit den anderen Kandidaten war etwas, was uns alle sehr tief angesprochen hat. Es hatte wirklich etwas Heiliges. Da war Schweigen. Sammlung. Sprechen. Zuhören. Lernen. Sich innerlich öffnen. Sich vom Alten verabschieden – das Neue willkommen heißen. Das war, wie wenn du vor einer langen Reise, bei der unsicher ist, ob du zurückkehren wirst, deine Dinge ordnest, gründlich aufräumst, Überflüssiges fortwirfst und dann eine Tür hinter dir abschließt, um in einen neuen Lebensabschnitt zu gehen. Du sagst allem Lebewohl und sagst deinem bisherigen Leben, was es ist: Vergangenheit. Und das tust du ohne Zögern und konsequent. Es war mit die intensivste Zeit in meinem Leben. Ein großes Ganzes, ein perfektes Stück spiritueller Begleitung, das mich in idealer Weise auf diesen entscheidenden Moment hinführte. Sakramente musst du spüren. Da war es wieder. Und wieder hörte ich die Stimme meines Mentors und Vorbildes Elmar Gruber. Das, was ich als Zehnjähriger von ihm erfahren hatte – hörte ich jetzt noch einmal, aber ganz anders und mit dem Glaubensverständnis eines 26-Jährigen. Die Vorbereitungswoche mit Elmar Gruber hat mir damals wahnsinnig viel gegeben. Und ich verstand so unendlich viel mehr.

Einmal hat sich der Gruber Elmar vor uns auf den Boden gelegt. Nur damit wir Weihekandidaten mal erleben, wie das auf dich wirkt, wenn sich ein anderer Mensch vor dir auf den Boden wirft. In der Vorbereitung wiederholte er diese Übung vor uns – nur würde ich diesmal am Boden liegen, was der nächste Teil der Übung war. Plötzlich selbst dort zu liegen hatte wieder eine ganz andere Wirkung. Er hat uns diese Zeichen so nahe und erfahrbar gemacht, dass wir verstanden, worum es geht. So einfühlsam wie er das machte, war es schon ein Traum und ich habe seither nie wieder an Ritualtänze mit Eingeborenen in Tarzan-Filmen gedacht, wenn es um die Priesterweihe geht. Dieses von Elmar Gruber spirituelle und geistige Hinarbeiten auf die Weihe war rückblickend betrachtet der wichtigste Teil. Immer wieder schoss mir Meulemann durch den Kopf, wie er vor sich hin grantelte: »Sakramente musst du spüren!« Ich hatte das rational immer verstanden – in dieser Woche habe ich es auch mit dem Herzen gefühlt. Dieses Gefühl hat mich bis heute nie losgelassen. Es ist der Kernteil meiner Arbeit – meine Herzensangelegenheit – geworden.

In der letzten Woche der Vorbereitung auf die Weihe wird konsequent geschwiegen, um sich nicht selber abzulenken. Diese Einsamkeit. Das auf sich Zurückgeworfen-Werden in diesem Schweigen führt zwangsläufig zu einem inneren Dialog mit dir. Mir ist total klar geworden, alles, was ich vorhabe und in Zukunft tun werde, das bin ich. Das ist allein meine Entscheidung. Das kann ich auf niemand abwälzen. Ich bin es. Ich bin der Hauptakteur. Das ist nicht mehr mein Vater und nicht mehr meine Mutter vor mir, die mir etwas abnehmen möchten, um mich zu beschützen. Das trifft nur mich. Ich entscheide mich dagegen oder dafür. Da gibt es keine Ausflüchte. Das habe ich in dieser Woche Schweigen erst vergegenwärtigen müssen. Dass ich jetzt in der ersten Reihe stehe und niemand mehr vor mir.

Das weiß man natürlich. Aber es kommt erst so richtig, wenn man es spürt. Die Stille und die Ruhe bei diesem In-sich-Hineinlauschen ist extrem. Für mich wurde die Weihe erst durch diese Vorbereitung, die Herz und Seele geöffnet hat, zu etwas ganz Erhabenem.

Heute versuche ich den Menschen, bevor ich ihnen Sakramente spende, bewusst zu machen, wie viel sie selbst beitragen können und müssen durch ihre innere Öffnung und Konzentration auf das Sakrament. Wie es ihnen möglich wird, Kraft und eine sehr berührende Tiefe aus diesem Akt zu schöpfen – wenn sie sich entsprechend vorbereiten. Sakramente musst du spüren. In dir. Das kann nicht von außen kommen. Ich würde gerne jedes Brautpaar überreden, sich eine Woche vor der Hochzeit aus ihrem Alltag auszuklinken und eine Woche in ein Kloster zu gehen – oder gemeinsam auf eine Wallfahrt. Zeit für sich zu haben. Vielleicht auch mit anderen Brautpaaren zusammen? Mit einem Exerzitienmeister, der so einfühlsam vorbereitet, so wie wir ihn damals in Elmar Gruber hatten. Bewusstwerdung wäre für Paare die ideale Vorbereitung auf das Sakrament der Ehe. Was man uns Priestern angedeihen lässt, wird in der Regel in dieser Intensität bei Eheleuten nicht gemacht: intensive, spirituelle Vorbereitung. Ich halte das für einen großen Fehler. Natürlich gibt es die Gespräche mit den Brautleuten an einem Tag im Pfarrheim, aber das ist niemals so wirksam wie eine Intensivwoche, weil du nicht aus deinem Alltag hinauskommst, abgelenkt bleibst und du nicht auf das Wesentliche zurückgeführt werden kannst. Ich finde es so schade, denn die meisten Menschen wissen gar nicht, auf welche innere Bereicherung sie da durch Nichtwissen verzichten. Ich würde jedem Menschen gönnen, dass er erleben darf, was ich damals in dieser Vorbereitung auf meine Weihe erfahren habe. Es war absolut beseelend und sinnstiftend. Im Bereich der inneren Vorbereitung auf das Spenden der Sakramente hat meine Kirche sehr viel vernachlässigt. Eine Hochzeit ist der Beginn von Familie – eines der längsten Projekte, die wir als Menschen eingehen können: lebenslang. Es ist ein Sakrament, das viel tiefer gehen muss als die bloße Unterschrift unter ein Amtsblatt des örtlichen Standesamtes. Sakramente musst du spüren. Das ist die Lehre, die ich auch hier wieder mitgenommen habe. Erst die innere Beteiligung, Konzentration auf das Wesentliche macht das Sakrament für dich so unendlich wertvoller – als wenn du es so oberflächlich mitnimmst, als Verwaltungsakt gestaltest und damit dein eigenes Tun banalisierst.

◆

Am Samstag nach den Vorbereitungstagen war die Priesterweihe angesetzt. Es hatte die ganzen zwei Wochen davor durchgehend geregnet. Und einige von uns hätten am nächsten Tag nach der Weihe schon die Primiz gehabt. Angesichts des Dauerregens bangten viele, wie das Wetter werden würde. Denn die Primizfeiern sind fast immer Freiluftmessen, weil so viele Leute kommen. Aber dann wachten wir am Samstagmorgen auf und irgendjemand hatte den Schalter umgelegt. Es war schönstes Wetter bei weiß-blauem bayerischen Himmel. Es ist dein Festtag. Der Weihetag, auf den du dich so intensiv vorbereitet hast. Die Kirche ist bis auf den letzten Platz gefüllt und die Familien, Freunde und Verwandten der Kandidaten sind gekommen. Mein Vater war da. Er hatte sechs Karten bestellt für die Familie – und ich dachte an meine Mutter, irgendwo im Weißblau dieses Himmels über Freising. Auf dem Höhepunkt der Zeremonie stellt der Regens des Priesterseminars dem Bischof die Kandidaten vor. Der Regens ruft laut den Namen und den der Heimatgemeinde auf: »Rainer Schießler, München, 12 Apostel!« Die ersten richtig lauten Worte, die man nach der Schweigewoche sagt, ist die Antwort auf die Frage des Bischofs, ob man bereit ist, den Weg als Priester zu gehen. Und man ruft mit voller Kraft: »Ad sum!« Übersetzt: »Hier bin ich!« »Ad sum« symbolisiert die Geschichte von Samuel, der in der Nacht von Gott gerufen wird. Und Samuel versteht nicht, sondern geht zu Eli und fragt: »Was rufst du mich dauernd?« Und Eli antwortet: »Nein, nein – ich habe dich nicht gerufen.« Bis Eli erkennt, dass es Gott ist, der Samuel ruft. Also sagt Eli zu Samuel:

»Wenn Gott dich noch mal ruft, dann sag ihm: »Herr, hier bin ich, dein Diener hört – Ad sum!« Und genauso trittst du nach vorne und rufst: »Ad sum!« Hier bin ich. Du rufst diese Worte so entschlossen, dass der ganze Dom deine Stimme vernimmt. Das Schweigen in den Tagen vorher gibt den Worten, die in diesem Moment aus dir strömen, eine ungeheure Wirkung.

Eine Woche Schweigen und dann so laut zu rufen »Hier bin ich!« – sehr stark. Und dann tritt man wieder in die Reihe der anderen Weihekandidaten zurück. Wenn alle 18 Kandidaten aufgerufen worden sind, ruft der Bischof zum Regens: »Hältst du sie für würdig?« Und der Regens antwortet: »Die Verantwortlichen wurden befragt und ich bezeuge, dass sie sie für würdig halten.« Und dann folgt die »Prostratio Completa«, die Niederwerfung vor Gott, das Gericht des Volkes über dich, die Weihehandlung, das Weihegebet und schweigende Handauflegung. Was ich in diesem Moment gefühlt habe? Das war wie ein Raketenstart. Ich bin noch nie Rakete geflogen – aber das kann nur so etwas sein. Du wirst in eine völlig neue Sphäre katapultiert. Auf die du dich einerseits intensiv vorbereitet hast wie ein Astronaut, der selbst vorher noch nie einen Raketenstart gespürt hat und jetzt zum ersten Mal erlebt, wie Schwerelosigkeit ist. Die Kunst meines Lebens als Priester ist, zwischen Himmel und Erde ausgestreckt auf einem Fuß mit einer Hand nach dem Himmel zu greifen – andererseits aber fest verwurzelt bei den Menschen in meiner Gemeinde zu sein, damit man seine Bodenhaftung nicht verliert und die Wärme der Erde und die Wärme der Menschen spürt. Ich mag daher Bäume so gerne, weil sie mir genau das vorleben: in den Himmel zu streben, zum Licht, und trotzdem verwurzelt im Boden zu bleiben, zu wissen, wo man herkommt. Und genau das muss der Priester schaffen: einerseits von dem Erlebnis dieses Raketenstartes zehren und wissen, wo das Licht und sein Ziel ist – und andererseits ja nicht entrückt zu werden und meinen, über der Gemeinde zu stehen. Du musst diese Kraft, die dir dieser Raketenstart gibt, dieses Eintauchen in neue Welten immer wieder nutzen, um heil zurück zur Erde zu fliegen. Weil du ja nicht für dich selber fliegst. Die Aufgabe ist ja, dass du die Menschen deiner Gemeinde mitnehmen musst auf diesen Flug in den Himmel. Es ist so wichtig für jeden Priester, dass er diesen überwältigenden Moment des Übergangs in sich aufbewahrt. Dafür lebt er und davon zehrt er für den Rest seines ganzen Lebens. Wie behält man diese Kraft in sich? Es gibt da den guten Spruch: Für gute Erinnerungen musst du selbst sorgen. Indem du dich gut vorbereitest. Intensiv auf diesen Moment des Sakramentes zulebst. Wie ein Sportler, der sich auf die Olympiade vorbereitet, weil er weiß, vermutlich habe ich nur diese eine Chance, diesen einen Wettkampf für eine Goldmedaille. Ich muss mich vorbereiten. Im Moment der Weihe löst sich die Anspannung der vorausgegangenen Wochen auf. Ein unglaublich befreiendes, erhebendes Gefühl. In manchen Ländern wirst du mit Blütenblättern überschüttet. Von den Müttern der Weihekandidaten mit Tränen, wie bei einer Hochzeit. Väter schauen meist ernst drein. Berührt sind alle. Glockenläuten. Ich trat aus dem Dom in dieses gleißende Junilicht. Ich bin geweiht. Ich bin Priester.

◆

Das ist 28 Jahre her und seitdem lebe ich den Zölibat mit allen Höhen und Tiefen. Was mich betrifft, sage ich auch nicht »Glück gehabt« oder was für ein toller Kerl ich bin. Am besten trifft es der Satz: Ich bin zufrieden damit. Rückblickend kann ich sagen, dass mir das Leben im Zölibat nur möglich ist, weil die Kraft, sich jeden Morgen neu dafür zu entscheiden, allein meiner inneren Überzeugung entspringt. Weil ich so leben will und nur deshalb funktioniert es bei mir. Ich muss nicht. Ich will es. Ich bin voll im Einklang mit dem, was das Zölibat von mir fordert, ich lebe tatsächlich diese idealisierte Form. Ich bin jedoch fern davon, euphorisch zu sein, und würde anderen niemals raten, diese Lebensform zu wählen – sondern jedem ins Gewissen reden, sich genau zu prüfen, weil ich um die Belastungen weiß.

Es wundert mich bis heute: warum mir das niemand vor meiner Weihe in dieser Deutlichkeit gesagt hat. Mich hat keiner meiner Oberen gefragt: »Glauben Sie, dass Sie ein Leben lang ohne zärtliche Nähe zu einem anderen Menschen, ohne die Innigkeit zwischen Mann und Frau, ohne Familie, ohne eigene Kinder leben können?« Oder ganz profan gesagt: es ohne Geschlechtsverkehr aushalten? Würde man das Versprechen ein Leben lang aushalten, auch wenn man älter wird – oder daran zerbrechen? Obwohl das doch die Frage aller Fragen ist? Aber wer weiß schon eine Antwort, wenn du Mitte zwanzig bist und das Leben noch vor dir steht? Die spirituelle Begleitung in der Vorbereitung der Priesterkandidaten mit Aufnahme ihres Studiums im Priesterseminar ist meiner Meinung auch so eine Baustelle meiner Kirche, die dringend einer Reform bedarf. Und mehr noch: Ich stelle das Zölibat selbst zur Disposition, so, wie es heute offiziell als Ideal von der Kirche postuliert wird – weil dieser Anspruch angeblich von großen Teilen der Priesterschaft scheinbar nicht mehr praktiziert und in weiten Teilen der Bevölkerung ohnehin nicht mehr akzeptiert wird. Es gibt bis heute keine ernst zu nehmende Studie, wie viele der Priester wirklich ihr Leben lang zölibatär leben – aus Überzeugung und nicht weil sie sonst ihren Priesterstatus und ihre Pfarrei verlieren. Wir bräuchten dringend so eine Umfrage, damit wir endlich mal aus der Grauzone der angeblichen »Dunkelziffern« über den Bruch des Zölibats herauskommen und das Ganze in einer offenen Diskussion auf eine neue Grundlage stellen könnten. Wenn ich gefragt werde, nach meinen Schätzungen, wie viele Priester wirklich das Zölibat leben, sage ich stets: keine Ahnung, und verweigere jede Antwort. Ich mache da nicht mit, weil alles eine reine Vermutung wäre aus dem, was ich persönlich erlebe und höre und in den Medien lese. Ich beteilige mich nicht an Wanderungen durch die Grauzone von Annahmen. Aber ich möchte Fakten, wissen, was wirklich los ist. Ich fühle mich nicht zu dem Glauben verpflichtet, dass derselbe Gott, der uns mit Sinnen, Vernunft und Verstand ausgestattet hat, von uns verlangt, dieselben nicht zu benutzen. Und es muss etwas los sein, mit dem Zölibat. Denn wie oft habe ich Begegnungen mit Priestern, die mir ihr Herz ausschütten oder jene, über die und deren Beziehungen geredet wird, man nur noch den Kopf schüttelt und sich sagt: Unter solchen Umständen zu leben – das kann nicht gut gehen. Da geht es nicht nur um Zweisamkeit mit einem Partner, dem ewigen Vertuschen, Lügen und Verleugnen – da geht es um Einsamkeit. Bis zum Ausbruch des Missbrauchsskandals gab es keine psychologischen Betreuungsstellen, die man in einer seelischen Notlage hätte anrufen können. Wozu auch – niemand ist dem Himmel so nah wie der Priester?

Im Notfall helfen Beichte und Gebet? Sie helfen manchmal – aber nicht immer. Im Pfarralltag kommt man kaum zum Nachdenken, so sehr wirst du mit Terminen überschwemmt. Aber all diese zahllosen Kontakte mit Menschen, diese Fülle von Tätigkeiten, ohne die meine Arbeit als Pfarrer undenkbar wäre, bringen mir doch keine soziale Gemeinschaft? Nur weil ich den ganzen Tag mit Menschen zusammen bin, habe ich noch lange keinen Familienanschluss, den jeder Vater hat, wenn er abends von der Arbeit nach Hause kommt. Du hast auch keine Mitbrüder, die wie in klösterlicher Gemeinschaft mit dir leben und arbeiten, mit denen du dich austauschen kannst. Du hast niemanden, der dich auffängt, wenn der Tag nicht gut gelaufen ist – und niemanden, dem du erzählen könntest, wenn etwas Wunderbares geschehen, etwas besonders gut geglückt ist. In der modernen Zeit stellt das Zölibat, bedingt durch diese nie da gewesene Vereinzelung der Pfarrer, völlig neue Anforderungen. Da können die Bischöfe noch so fordern, die Priester müssen den »geistlichen Sinn« für das Zölibat entwickeln. Hallo? Wenn du jeden Abend allein vor deinem Teller sitzt ohne Gegenüber – das hat selbst den sieben Zwergen hinter den sieben Bergen keinen Spaß gemacht und die waren zu siebt allein.

Einsamkeit macht komisch und klein. Irgendwann beginnst du, verschroben und seltsam zu werden. Ein Langzeitgefangener im eigenen Ich. Ein Tom Hanks wie in »Cast away«, als Verschollener

Sozial-Insulaner, der mit einem Volleyball aus einer angespülten FedEx-Kiste spricht, um nicht verrückt zu werden. Meine Dienstwohnung ist so eine Insel für mich, wo es heißt »Lost«. Heute erleben schon junge Priester dank dieser Art der nicht betreuten Vereinsamung, was mancher Witwer erst im hohen Alter erlebt, wenn sein Lebenspartner verstorben ist: Alleine schmeckt es nicht. Ich stochere im Essen herum. Und lasse es oft stehen. Das Zölibat als Lebensform ist wirklich nicht für jeden Menschen geeignet. Entsprechend elitär müsste die Auswahl der Priesterkandidaten sein. Aber Nachwuchs gibt es nicht mehr ausreichend. Das Ordinariat muss froh sein, wenn es gelingt, die vielen verwaisten Pfarreien möglichst rasch zu besetzen. Als ich zum Priester geweiht worden bin, war ich längst nicht mehr das hoffnungsvolle Nachwuchstalent in einer florierenden und führenden »Mainstream«-Unternehmung – sondern mittendrin in der beginnenden Erosion. Angesichts des Nachwuchsmangels, angesichts des Anforderungsprofils eines lebenslangen Zölibats, das ausgerechnet viele der fähigsten Bewerber abschreckt, wird der Ausschnitt natürlich immer kleiner, aus dem die Kirche noch Nachwuchs gewinnen könnte. Und schlimmer noch: Nicht nur, dass man die Kandidaten, die man gerne hätte, nicht mehr erreicht – es drängen immer häufiger auch jene ins Priestertum, die allein von ihrer Persönlichkeit her besehen ein hohes Prognoserisiko haben, am Zölibat und der sehr beanspruchenden seelsorgerischen Tätigkeit zu scheitern. Weil sie die spirituelle Berufung gar nicht in sich spüren, sondern einen Beruf für ihren Lebensunterhalt suchen. Generell wird viel zu wenig Nachwuchsförderung und Nachwuchssuche betrieben. Und generell fehlt es an Betreuung und Förderung von Pfarrern und Priestern. Der Schaden ist unermesslich.

◆

Damals nach der Priesterweihe warst du erst einmal der Held. Dazu muss man wissen: Als junger Primiziant ist man mehr wert als der Papst – denn du trägst die Hoffnung auf Zukunft der Kirche in dir. In der ersten Zeit, wenn der geweihte Priester seine erste Eucharistie feiert – die sogenannte Primiz, das »Erstlingsopfer« –, umweht ihn eine Aura des Entrückten. Jedenfalls ich fühlte mich ein bisschen »entrückt« unter dem Eindruck all dessen, was da auf einen einströmt. In dieser Zeit wird der junge Priester überall eingeladen, eine Messe zu halten – an den Orten, zu denen er einen Bezug hatte – und die Menschen einen besonderen Bezug zu ihm. Der Priester wird gefeiert und bekennt sich durch das offene Zeigen seiner neuen Würde zu seinem Lebensweg im Dienste Gottes und der Kirche. In Bad Kohlgrub hatten die Leute sehr spontan und begeistert auf mich reagiert, die haben mich regelrecht verehrt, jedenfalls fühlte es sich so an für mich. Ehrlich gesagt habe ich diese Aufmerksamkeit wie jeder Primiziant in vollen Zügen genossen. Der junge Priester hat schon ein bisschen Kultstatus, ist vom »Geheimnis des Zölibats« und Weihrauch umweht, besonders wenn er gut aussieht. Und damals sah ich gut aus. Frisch. Energiegeladen. Ein bisschen verwegen. Immer ein Lachen im Gesicht. Ich hatte es dank meines Lehrmeisters voll drauf, bei einer Primiz eine halbe – ja sogar eine Stunde völlig frei und ohne jede Notiz, quasi aus dem Stegreif, predigen zu können und die Leute dabei auch zu unterhalten und nicht zu langweilen. Natürlich habe ich zugesehen, dass bei allem Ernst der Andacht an einer passenden Stelle auch gelacht wurde. Die Liturgie darf nicht wehtun. Ich hatte es leicht, denn ich konnte mit vollen Händen aus all den Erfahrungen und dem Angelesenen und den vertiefenden Bibelgesprächen mit Meulemann und dem daraus erwachsenden Tiefenverständnis meines Glaubens schöpfen. Ich tat das in voller innerer Überzeugung und mit der entsprechenden Ausstrahlung. Glauben macht stark. Du denkst es zumindest. Meulemann war ein sehr guter Lehrvater gewesen. Die Sympathien flogen mir nur so zu. Und doch hatte diese gute Zeit bald ein Ende und unser Dreamteam wurde aufgelöst.

Ich dachte, ich hätte in Bad Kohlgrub endlich wieder Heimat gefunden. Ich war aufgelebt in diesen zwei Jahren. Die Priesterweihe war der Turbo gewesen, der alle Zweifel aus meinem Taxi-Priester-seminar-Universum ausgelöscht hatte. Ich hatte die Illusion, in Bad Kohlgrub als Kaplan für die nächsten drei Jahre zu bleiben. Doch meine Kirche hatte einen anderen Plan, man wollte mich nicht in Bad Kohlgrub lassen. Ich erinnere mich noch genau an diesen Samstagvormittag. Wir saßen wieder einmal bei Meulemann im Bayern-Erker am Jogltisch in der Vorbereitung für die Sonntagspredigt, als der Postmann klingelte, die Post sei da. Ich bin raus zum Kasten und erkannte gleich den Brief vom Ordinariat. An mich gerichtet. Ich sagte: »Du, ich schau hier schnell mal rein – vielleicht steht da was Wichtiges drin.« War wichtig. Mir wurde per Dekret mitgeteilt, dass ich Bad Kohlgrub zu verlassen hätte und Kaplan in Rosenheim werden sollte. Ich fiel aus allen Wolken. War fassungslos. Verstand nicht, warum. Ich schaute hilflos zu Meulemann und dann reagiert der nicht, sondern schaut in die Weite, so wie Angela Merkel, bevor sie die Raute macht und sagt: »Wir schaffen das!« Und ich frage: »Warum sagst denn nix?« Und plötzlich geht mir ein Licht auf: »Du hast es gewusst?« Ja, sagt er, aber er habe mir doch nicht sagen dürfen, dass ich den Brief bekomme. Da ist bei mir damals etwas zusammengestürzt. Was war da hinter meinem Rücken geschehen? Welchen Anteil hatte mein Landpfarrer an dieser Entscheidung? Begründungen bekommst du ja nicht, ein Personalgespräch bekommst du ebenfalls nicht. Du wirst einfach abgeordnet. Umgestellt wie ein Möbelstück. Niemand hatte das Gespräch mit mir gesucht. Niemand hatte mich gefragt, was meine Ideen wären, mein Wollen. Sie wussten, was für ein gutes Team wir waren.

Der Regens, der für meine Ausbildung zuständig war, stammte aus unserem Pfarrverband in Bad Kohlgrub. Der war jedes zweite Wochenende dort und kannte alle Mitglieder der Gemeinde. Im Ordinariat mussten sie wissen, wie gut alles lief. Da gab es keine Geheimnisse. Oder doch? War wirklich alles so gut gelaufen? Hatte ich das nur so empfunden, was für ein gutes Team wir gewesen waren? Vielleicht war ich dem Irrtum aufgesessen, dass auch Meulemann unsere Zusammenarbeit mit mir als Kaplan für die kommenden drei Jahre fortsetzen würde. Wollte er mich in Wahrheit gar nicht? Hatte ich irgendetwas übersehen? War es nicht so, dass dieser so freundliche, fürsorgliche, zugewandte Mensch mir missmutig, launisch, einsilbig gegenübertrat? Hatte sich nicht in den Wochen nach meiner Weihe etwas angedeutet, das ich nicht wahrhaben wollte? Ich hatte ein paar Mal das Gefühl gehabt, dass Meulemann eifersüchtig schien, weil die Leute mich plötzlich mehr angenommen haben als ihn. Bisher war er immer der unangefochtene Platzhirsch gewesen. Und ich war nur der »Praxer«, der Gehilfe und der kleine Mitläufer gewesen. Auf einmal stand ich mit auf der Lichtung, strahlte beim Segen wie eine Christbaumspitze, stand etwas heller in der Sonne und der Axel im Schatten war eifersüchtig. Ich habe gedacht, ich spinne. Vielleicht, weil er ins Grübeln kam, so, wie ich heute jenseits der fünfzig auch manchmal ins Grübeln komme über die vielen Chancen und Gelegenheiten, die vor einem liegen, wenn man Mitte zwanzig ist, und hinter einem, wenn es auf die sechzig zugeht wie bei Axel. Es ist das Grübeln über die nachlassende Kraft, die Dellen und Schrammen, die sich nach fünfzig Jahren aktiven Lebens als Priester am Körper bemerkbar machen. Ja, Axel war eifersüchtig – nicht auf mich, aber auf meine Jugend und meine Strahlkraft.

Ich hatte das in meinem Primiz-Rausch nicht bemerkt. Ich hatte aber auch nie darauf abgezielt. Warum sollte ich? Ich war doch einfach nur in einem Höhenflug, wie ich ihn später nur selten wieder so erlebt habe. Voller Begeisterung habe ich das ausgelebt – weil man seine Freude ausleben muss, ausleben dürfen muss – weil Freude über etwas Erreichtes zu einem erfüllten Leben gehört. So weit meine romantische Vorstellung vom Werden der Person durch Glaube, Hoffnung und Liebe.

Die Realität sah anders aus. In meinem Jubel hatte ich seine Veränderung nicht bemerkt: »invidia clericalis« – eine der Todsünden im Vatikan – Eifersucht zwischen Glaubensbrüdern, hier im Kleinen, im Vatikan von Bad Kohlgrub. Ich war zu Meulemann zurück-gekommen wie ein Sohn, der seinen Segen haben wollte – und er-fuhr plötzlich Ablehnung. Mit einem Mal nun war mir klar, wie das alles gelaufen war, mit dem Brief und der ganzen Überraschung. Vielleicht waren wir tatsächlich das perfekte Team gewesen – aber nur als Pfarrer und Praktikant. Aber wären wir ein gutes Team ge-worden, als Pfarrer und Kaplan, auf Augenhöhe? Vielleicht war es auch so, dass ich mir etwas erträumt hatte, während Axel einfach mehr vom Leben verstand. Meulemann war ein Ausbildungspfar-rer, einer der besten, den die Kirche hatte. Und eine der Wahrheiten des Lebens ist, dass der »Lehrbub« nach dem Gesellenstück auf Wan-derschaft gehen und sich von seinem Lehrmeister trennen muss, um sich weiterzuentwickeln. Dass da noch andere Gefühle hinzu-treten könnten, war auch neu für ihn. Dass die Versetzung kein Irr-tum war, kein Missverständnis, sondern Ergebnis von Gesprächen über meine Zukunft, die man ohne meine Beteiligung führte – das wurde mir in den nachfolgenden Tagen, wo Stille zwischen uns herrschte, immer bewusster.

Über mich wurde in Kenntnis aller Vorgänge mit voller Absicht einfach verfügt. Das war also der tatsächliche menschliche Wert, den mir meine Kirche zusprach. Und mein geliebter Lehrpfarrer hatte von alledem gewusst. Damals hat es einen tiefen Riss gegeben. Nicht in meinem Glauben, der hat sich über die Jahre immer mehr gefestigt – aber in meinem Verhältnis zum Ordinariat und zur Ver-waltungskirche, die aus mir eine Marionette zu machen wünschte. Dieser Umgang mit Menschen nach Befehl und Gehorsam würde in den kommenden Jahren immer wieder meinen Widerspruchsgeist entfachen und erklärt auch mein über Jahre und bis vor Kurzem noch gespanntes Verhältnis zu meinem Ordinariat. Sie hatten mich nicht als Partner gesehen – sondern mich gegen die Wand laufen las-sen. Es war wie nach dem Tod meiner Mutter. Ich wurde ganz still und zog mich innerlich zurück. Meine unbändige Liebe war aufs neue enttäuscht und zerstört worden. Wieder hatte ich meine Heimat verloren und wieder stand mein Leben vor Veränderungen, mit denen ich nicht gerechnet hatte.

Axel ging dann bald in den Urlaub. Als er Ende August zurückkam, habe ich ihn um eine Aussprache gebeten. Ich wollte ausräumen, was sich ohne mein Wollen zwischen uns aufgebaut hatte. Ich wollte wissen, warum? Wo wir doch perfekt über eineinhalb Jahre zusammengearbeitet hatten, zusammenbleiben wollten – und dann in so ein Loch abgestürzt waren. Ich war enttäuscht und ich spürte, wie das bittere Ende einer von mir gefühlten sehr tiefen und ehrlichen Zuneigung zu einem väterlichen Freund mich unendlich belastete. Axel seufzte am Jogltisch und gestand mir vorbehaltlos und grundehrlich wie er war seine Eifersucht ein, dass er auch nur ein Mensch sei und selbst nicht gewusst hätte, ob es der Schmerz über den Abschied oder die Eifersucht auf meine neue Rolle als strahlender Primiziant gewesen sei, der im Überflug leicht abgehoben diese lächerlichen Gefühle der Eifersucht in ihm ausgelöst hätten, und wie falsch das gewesen sei, wie schlecht er sich dabei gefühlt habe und wie froh er sei, darüber nun mit mir sprechen zu können, so vertraut und ehrlich, wie es immer zwischen uns beiden gewesen sei. Es war also ein langes Gespräch. Wir sind versöhnt auseinandergegangen. Es änderte aber nichts daran, dass ich meine Sachen packen musste, um Bad Kohlgrub für immer zu verlassen. Denn das Ordinariat hatte über mich hinweg andere Aufgaben für mich bestimmt. Ich hatte in der Zwischenzeit meinen Regens angerufen, warum selbst er nicht den Wechsel wenigstens andeutungsweise mit mir besprochen hatte. Der Regens war zu allem Überfluss ein Kriegsfreund von meinem Vater. Die beiden sind sich nach fast vierzig Jahren nach dem Krieg zum ersten Mal wieder begegnet, als ich ins Priesterseminar eintrat. Er hätte mir etwas sagen müssen. Ich hatte inzwischen herausgefunden, dass ich in meiner neuen Stelle in Rosenheim einem Pfarrer zugeordnet werden sollte, der jahrzehntelang als Militärpfarrer gearbeitet hatte und entsprechend als ein harter Hund berüchtigt war. Angeblich wurde man dorthin nur beordert, wenn man etwas ausgefressen hatte. Hatte ich? Die Abordnung zu ihm entsprach für mich der Zuweisung in eine Art »Strafdivision 999«. Disziplin, Zucht und Ordnung, Befehl und Gehorsam und inneres Strammstehen nach all der geistigen Freiheit, die ich in Bad Kohlgrub genossen hatte. »Wieso ausgerechnet zu diesem Pfarrer – was habe ich bloß verbrochen?« »Jetzt reg dich nicht auf«, sagte der Regens. Angeblich sei es eine Entscheidung aus einer Notlage heraus gewesen. Der Pfarrer sei schwer krank und das Ordinariat bräuchte einen fähigen Helfer, der die Pfarrei am Laufen hält. Ich antwortete wütend und trotzig zugleich: »Ich sage dir nur eins: Ich geh da hin und mache meinen Job. Der kriegt mich nicht klein! Eher brenn ich die Kirche nieder!« Sagte der Regens trocken: »Und jetzt weißt du auch, warum wir gerade dich da hinschicken!«

◆

Wieder packen. Wieder Abschied. Nach dem Höhenflug der Primiz nun die ikarusmäßige Bruchlandung des jungen Helden bei einem Militärpfarrer in Rosenheim. Als Adler gestartet – als Suppenhuhn gelandet. War das alles, was mir das Schicksal zugedacht hatte? Ich hatte beschlossen, ich würde mich fügen, aber ich war nur verletzt. Und das gleich bei der ersten Stelle! Ich hing so sehr an Bad Kohlgrub und meinen enttäuschten Hoffnungen, so wie ich an meinem Elternhaus, meinen Kapuzinern, meinem getunten Audi A50 und am Taxifahren gehangen hatte – und dennoch Abschied nehmen musste. Auf den hundert Kilometern Fahrt von Bad Kohlgrub nach Rosenheim, in einem mit meinen Habseligkeiten vollgepackten VW Jetta haderte ich mit meiner Heimatlosigkeit und über den erlebten Verrat. Irgendwo lief so herrlich österreichisch das Lied von Rainhard Fendrich, »Tränen trocknen schnell«.

Rosenheim hat mich dann mit weit geöffneten Armen empfangen. Ich landete mitten im Trubel des dortigen Herbstfestes, das kleine, aber charmante, bodenständigere Oktoberfest des Chiemgaus. Ich stieg aus meinem Auto, hörte die Blasmusik, das Klingen der Maßkrüge, die Prosits auf die Gemütlichkeit, sah all die feschen Leute in der Tracht, die Buben und Mädels, die sich im Karussell wie Brathendl drehten, die vollbesetzten Achterbahnen und Riesenschaukeln, die kreischende Menschen in den blauen Himmel lupften – und ich wusste genau in diesem Moment und zwei Maß später: Mein Gott, hier kannst du gar nicht falsch sein. Meine ganze Wut war verflogen – mag sein, das Bier spielte eine sedierende Rolle –, aber ich war in einer himmelhoch jauchzenden Seligkeit. Hier ist die Quelle meiner Sehnsucht nach diesen lebensbejahenden Bierfesten, die mich später als Bedienung auf das Münchner Oktoberfest führen würde. Denn was ich hier erlebte, war die seelsorgerische Wirkung ausgelassener Fröhlichkeit, Aufgehen in der Masse mit anderen Menschen, eine Stärke und Lebensbejahung, die mir die Zuversicht gab, alles weiter Kommende packen zu können. Und so kam es. Was anfänglich aussah wie Strafe, entpuppte sich binnen kurzer Zeit als Geschenk. Statt einer Kadettenanstalt fand ich einen für meine Zwecke bestens unbestellten Acker vor, den ich nun mit wirklich großem Eifer zu bearbeiten begann. Das, was ich in Bad Kohlgrub im Kleinen erlebt hatte, diese Leidenschaft, raus aus der Stadt, praktisch arbeiten, ganz dicht an den Menschen bleiben und den Spruch des Lebens in seiner ganzen Tiefe erfahren: »Du musst die Leut mögen!«, das alles war Rosenheim. Ich hätte die ganze Schöpfung umarmen können. Rosenheim – so schien es mir – war meine große Liebe. Hier also würde für eine lange Zeit meine neue Heimat werden. Ich würde jetzt nach vorne schauen und nicht mehr mit Wehmut zurück nach Bad Kohlgrub. Die kommenden vier Jahre als Kaplan an der Kirche St. Nikolaus in Rosenheim würden später zu den schönsten, unbeschwertesten Zeiten in meinem Leben zählen – das war mein »Sweet Home Alabama«.

◆

Nach meiner »Abschiebung« aus Bad Kohlgrub habe ich mir während der vier Jahre in Rosenheim wirklich etwas aufgebaut. Ich war jung, ich hatte Ideen, alles schien mir zuzufliegen. Ich ging völlig in meiner Arbeit auf und die Gemeinde dankte es mir mit Beteiligung und Begeisterung. Wir haben so viele Projekte angeschoben. Auch mit dem Sportbund Rosenheim. Ich war Eishockeyfan geworden und saß, wann immer es ging, auf der Tribüne, jubelnd und schreiend im Meer der Fans vor der unglaublichen verdichteten Kulisse eines Eishockeystadions. Und ich spielte selbst – bei den Herren und mit den Teilnehmern meiner Jugendgruppen. Ich war mittendrin im Leben. Faktisch eins mit meiner Gemeinde – was genau meinen Vorstellungen eines modernen, agilen Pfarrers entsprach. Rosenheim war mein Labor für moderne Seelsorge, mein Ding und die Menschen dort ein Teil von mir selbst und ich von ihnen.

Und dann kam eines Tages wieder der schwarze Brief aus dem Ordinariat. Es war üblich, mindestens eine zweite Kaplansstelle anzutreten. Das aber bedeutet wieder Abschied. Nach Bad Kohlgrub musste ich nun auch mein geliebtes St. Nikolaus aufgeben. Pfarrer »verlieben« sich in eine Pfarrei, so sagt man unter uns Priestern. St. Nikolaus und die Menschen dort, das war meine große Liebe. Und nun musste ich erneut alles stehen und liegen lassen. Ich bin dieses Mal nach Absprache mit dem Ordinariat nach München Giesing beordert worden. Wenn ich schon weggehen sollte, dann nur nach München, das war mir klar. Und ich wollte einen eigenen Haushalt führen, nicht mehr in einem Pfarrhof leben, mich auf die nahe Zukunft als Pfarrer ganz praktisch vorbereiten. Ich riss mich los von den vielen Freunden und Menschen, die mir so viel bedeuteten, meinen Jugendgruppen, den Eltern, den Gemeindemitarbeitern, dem Sportbund Rosenheim – allen, die mich so wundervoll unterstützt hatten. Zum Abschied erhielt ich von meiner Jugendgruppe eine nächtliche Aufnahme vom Kircheninneren von St. Nikolaus, die heute das Grau meiner Dienstwohnung veredelt, damit ich nie vergesse, wer ich für sie gewesen bin und wer ich bleiben muss. Auch mein Lieblings-Sweatshirt aus der Rosenheimer Zeit hängt heute dort an der Wand. Ich hatte das Sweatshirt aus Nostalgie-Gründen und weil ich in München innerlich fror, fast jeden Tag getragen, bis es nach vielen Jahren so geflickt und verschlissen war, dass Gunda es beim Saubermachen fast entsorgt hätte. Es lag schon im Altkleidersack und es ging mir wie in der Heimwerkerwerbung, wo der verzweifelte Mann auf der Müllkippe gräbt, um seine geliebte Jeans wieder zu finden. Sie hatte dann ein Einsehen: Tragen durfte ich es nicht mehr (mindestens sechs schlecht gelaunte Smileys) – aber sie hat es rahmen lassen und mir als Überraschung zum Namenstag geschenkt. Ich schaue jeden Tag gerne drauf. Die zweite Erinnerung ist ein Foto von mir in einem Eishockeytrikot der »Los Angeles Kings« mit einem signierten Eishockeyschläger vom Sportbund Rosenheim »für Kaplan Schießler«. Der Eishockeyschläger steht heute noch neben meinem Schreibtisch und das Foto hängt neben der Tür in unserem Besprechungsraum – in der Bilderreihe meiner ehrwürdigen Vorgänger. Unter den Talaren Muff von zweitausend Jahren – ich daneben als Eishockeycrack. Meine Art, zu protestieren, mich nicht einordnen zu lassen. Diese drei Dinge sind das Einzige, was ich aus den vier Jahren meiner großen Liebe zu Rosenheim retten konnte.

So ging ich wieder zurück nach München. Doch dieses Mal war alles irgendwie anders. Ich ging aus Rosenheim fort und wusste, ich würde mich nie mehr emotional so sehr auf etwas einlassen können, mich nie wieder an einen Ort oder Menschen so binden, in der Gewissheit, dass ich nur allein und in mir selbst ein Zuhause finden würde. Es war mir jetzt klar geworden, dass ich durch mein Zölibat mein ganzes Leben lang alleine bleiben würde – ein Diener der Kirche, der selbst nichts zu wollen hatte, immer abrufbar, immer auf dem Sprung zu sein hatte, unfähig, wirklich selbstständig über mein Leben bestimmen zu können. Was viel schlimmer war: Meine schlimmste Vorstellung war ohnehin, das Zölibat durch das Aufgehen in der Gemeinschaft der Gläubigen meiner Gemeinde kompensieren zu können. Sie hatte sich bereits zum zweiten Mal als Wunschdenken erwiesen. Ich war mittlerweile völlig desillusioniert. Meine Jugend, meine ganze Begeisterung schien mit dieser erneuten Entwurzelung, das spürte ich, endgültig in Form gebracht. Ich würde mein Herz nicht noch einmal öffnen, ja gar verlieren können.

Die folgenden zwei Jahre als Kaplan im Münchner Stadtteil Giesing habe ich gewissenhaft und ordentlich, aufgeräumt und organisiert verbracht, in einer ähnlichen Gefühlslage wie nach dem Tod meiner Mutter und den Jahren als »Taxidriver« aus dem Priesterseminar. Ich habe in dieser Zeit funktioniert. Meine Arbeit gut gemacht. Dem Herrn gegeben, was des Herrn ist. Das war alles. Ich wusste, da kommt etwas Größeres, auf das ich mich vorbereiten muss.

◆

Das Einzige, was mich in dieser eher tristen Phase rausgerissen, ja am Leben erhalten hat, das war Fußball. Die Spiele von 1860 München – im 60er-Stadion in München Giesing. Meine Ersatzdroge nach dem Adieu von meiner Eishockeymannschaft in Rosenheim. Auf den Zuschauerrängen in der Fankurve der »Blauen« habe ich noch einmal erfahren, wie wichtig es ist, seinen Alltag einfach mal »wegzuknipsen«, seine Emotionen auf etwas völlig anderes zu richten und im Mitgehen, im Mitfiebern, durch Jubel und Begeisterung zusammen mit anderen Menschen ein Druckventil zu schaffen. Meine Begeisterung für große Events hat mit dem Rosenheimer Volksfest begonnen, hat sich im Eishockey fortgesetzt und fand jetzt im Fußball einen neuen Höhepunkt. Fußball, Volksfeste und Eishockey sind für jeden Pfarrer zum Neidisch-Werden – sie sind der perfekte Gottesdienst, die pure Liturgie.

In Rosenheim habe ich, wann immer möglich, nahezu jedes Spiel besucht. In dem verdichteten Raum einer Halle, eng an eng mit den anderen Zuschauern und praktisch direkt am Spielfeldrand. Die Stimmung physisch erleben, dieses ungeheure Wogen des Jubels, der Enttäuschung, der Wut in allen Höhen und Tiefen mit einer unfassbaren Wucht, allein schon durch den Schall. Das hat mich jedes Mal völlig fasziniert, was da abgeht. Der Einzug der Spieler, die Fahnen, die fast andächtigen Chöre der Fans. Am Schluss der Friedensgruß, wie beim Gottesdienst. »Jetzt schenkt euch ein Zeichen der Freundschaft«, das Eis noch voller Handschuhe und Eishockeyschläger, nachdem man sich eben noch auf dem Eis gekloppt und teilweise die Zähne ausgeschlagen hat. Und dann ist das Spiel aus und ein jeder gibt dem anderen die Hand und lacht und alle gehen friedlich nach Hause. Das ist Liturgie – bis auf die Klopperei –, aber vom Willen zur Versöhnung her betrachtet wiederum gelebtes Christentum.

Liturgie ist auch Fußball, in der Fankurve eines entfesselten 60er-Stadions, in dem zu meiner Zeit noch gespielt wurde – mitten im Arbeiterviertel München Giesing. Vor ein paar Jahren habe ich mal vor der Kulisse eines hin- und herwogenden Lokalderbys zwischen 1860 München und dem FC Bayern mit Uli Hoeneß über die Parallelitäten zwischen Fußball und Liturgie diskutiert. Unsere Einschätzung war ganz ähnlich. Und ich sagte: »Es darf nie sein, dass wir Konkurrenten sind.« Im Gegenteil: Kirche muss sich mal abschauen, was da in den Stadien abgeht, vom Fußball lernen, wie die Vereine es schaffen, Identifizierung und Bindung ihrer Fans herzustellen – vor allem im Jugendbereich. Niemand wird gezwungen, in einen Verein einzutreten – die Menschen kommen nicht nur freiwillig, sondern drängen zu den Spielen in die Stadien. Die sind voll und unsere Kirchen leer. Genauso bei den Jugendlichen: Wenn ich mich erinnere, mit wie viel Enthusiasmus sie damals mehrfach in der Woche ins Eishockeytraining gingen und mit welcher Begeisterung sie spielten – da kann ich als Pfarrer nur neidisch werden. Natürlich haben die mal einen Durchhänger – na und? Aber die Woche drauf geht's dann umso intensiver weiter. Denen ging es um die Gemeinschaft, die Freude in der Mannschaft, gemeinsam zu siegen – da will man dazugehören, mitgestalten. So müsste Kirche heute sein: Begeisterung! Statt sich hinzuschleppen. Freiwilligkeit. Statt Zwang. Ich bin heute noch entschiedener 60er-Fan – und egal, was da im Management und im Vorstand passiert, den Fans und der Mannschaft werde ich immer die Treue halten, auch wenn ich gerne mal bei den »Roten« vorbeischaue, deren Kapitän Philipp Lahm ich getraut habe.

Fußballspiele waren damals kleine Fluchten aus meinem Tief. Ich befand mich im Zustand einer bindungslosen Schwerelosigkeit und in den Stadien bekam ich wieder Bodenhaftung, allein schon durch körperliche Nähe zu anderen Menschen, dass du mitsingst, mitjubelst, so blöd das klingt – so verlassen war ich, dass mir das Bad in der Menge geholfen hat, nicht zu verzweifeln. Ich begann mich gerade mit meinem Zustand abzufinden, den ich beschreiben würde mit »Nichts mehr wollen«, »Nach nichts mehr streben«. Einem Zustand, in dem nur der Tag bis zum Abend zählte und es keine Zukunft für mich zu geben schien – als mich völlig aus dem Nichts der Ruf nach Sankt Maximilian ereilte.

Abendläuten

Ich wollte da nicht hin. Ich war immer noch verliebt in Rosenheim. Wieder war ich abgeordnet worden. Diesmal nahm ich das mit kühler Distanz zur Kenntnis. In Giesing war ich kaum verwurzelt gewesen und ich sah keine Verschlechterung: zukünftig würde mich nur die Isar vom 60er-Stadion trennen. Kein Ding. Und irgendwie reizte mich die Aufgabe auch. Denn Sankt Max war richtig groß. Ich hätte eine derart wichtige Pfarrei mitten in der Innenstadt vermutlich nie bekommen, wenn sie noch einen Funken Leben in sich gehabt hätte. Das Gemeindeleben war durch innere Zwistigkeiten zum Erliegen gekommen. Ein Problemfall. Mein Vorgänger hatte mit einer katholischen Erweckungsbewegung namens Neokatechumenat sehr intensiv gearbeitet. So intensiv, dass er polarisierte und viele Gläubige Sankt Max den Rücken kehrten. Es kam einer Spaltung gleich. Mein Vorgänger war seines Amtes enthoben worden und über Nacht hatten sie schnell einen guten Ersatzmann gebraucht, der übernimmt – das war ich. Wie beim Eishockey! Plötzlich stand ich im Spiel, auf blankem Eis. Ich konnte allerdings nichts mehr kaputt machen. Der Job war eine Art »Krankensalbung«. Und andererseits ein ungeheurer Vertrauensbonus, den ich Kardinal Wetter, meinem damaligen Diözesanbischof, zu verdanken habe.

Kaum jemand kann sich vorstellen, wie schwer die ersten Jahre in

Sankt Max für mich gewesen sind und mit welchen Widerständen ich zu kämpfen hatte. Gleich zu Beginn habe ich allen Gemeindemitgliedern gesagt: »Ich gehör euch nicht!« Das war eine Kampfansage – die gleichzeitig signalisieren sollte, dass ich mich weder von der einen noch von der anderen Seite vereinnahmen lasse, sondern nur nach dem Wohl der ganzen Gemeinde entscheiden werde. Ich hatte in den Anfangsjahren niemanden, von dem ich sicher sagen konnte: der ist Freund und nicht Feind. Aber ich machte keine Fehler, weil ich die ersten Jahre von 1993 bis 1996, wo es wirklich darauf ankam, zwei der besten Berater gehabt habe, die man sich in so einer Drucksituation wünschen kann. Das war niemand vom Ordinariat – von denen ist niemand aufgetaucht, um mich zu unterstützen. Die eine Vertrauensperson war Gunda, die genau hier in mein Leben getreten ist, und die andere war mein eigener Vater. Die beiden einzigen Menschen, denen ich damals noch rückhaltlos vertraut habe. Ohne sie hätte ich es nie geschafft. Das Jahr vor meinem Abitur hatte ich mit meinem Vater kaum noch geredet – sondern nur gestritten. Unser Verhältnis blieb selbst nach dem Tod meiner Mutter eher sachlich unterkühlt. Einer unserer Streitpunkte war von jeher seine dauernde Kritik an mir gewesen. Nie schien es gut genug, was ich machte. Nie war er zufrieden und zeigte mir auf, was hätte besser sein müssen. Und immer schien er den Fehler bei mir zu suchen. Wenn ich mich gegen seine Kritik auflehnte, sagte er: »Ich werde dich immer kritisieren – selbst wenn du sechzig bist und ich neunzig. Nicht, weil ich was davon hab – sondern damit du was davon hast. Weil ich will, dass du immer das Beste aus dir und deinem Leben herausholst.« Deswegen versteh ich auch immer nicht, warum interessierte Kirchenkreise mich als »Nestbeschmutzer« titulieren, wenn ich meine Kirche kritisiere. Ich tue es, weil es meine Kirche ist und weil ich nicht möchte, dass sie vor die Hunde geht. Ich möchte nicht, dass sich die falschen Leute vorne hinstellen und anweisen, wie die Kirche zu sein hat und was zu befolgen ist. Als ich damals, bereits wenige Tage nach Dienstantritt, gemerkt habe, auf was für ein Pulverfass mich das Ordinariat gesetzt hatte, und ich nicht so recht weiterwusste, habe ich meinen Vater angerufen und gesagt: »Papa, ich brauch dich!« Mein Vater war Beamter durch und durch. Personalrevisor. Ein unglaublich strenger, aber strukturierter und auch rechtlich beschlagener Mensch. Er war ein vorsichtiger – eher bedächtiger und umsichtiger und erfahrener als ich –, vor allem aber ein entschlossener Mensch, wenn er einmal einen Entschluss gefällt hatte. Einer, der mit 13 Jahren im Gefängnis gesessen hatte, weil er sich wegen seines katholischen Glaubens geweigert hatte, zur Hitlerjugend zu gehen. Seine eigene Mutter, eine überzeugte Nazi-Jüngerin – hatte ihren Sohn damals angezeigt. Mein Vater ist der Mensch, der durch seine Prinzipientreue und Standfestigkeit meine kritische Geisteshaltung, mein Beharrungsvermögen und meinen großen Sinn für Gerechtigkeit geprägt hat. Vater wusste durch Krieg und Nationalsozialismus, wie brutal das Leben sein kann. Es gab wenig, was ihn nach dem Verrat seiner Mutter und einem Weltkrieg mit Hunger, Tod und Elend noch hätte erschüttern können. Für Träume war da kein Platz mehr. War ich angesichts der inneren Kälte nach meinen Niederlagen und Anweisungen jetzt genauso? In jedem Fall war ich abgeklärter und auf dieser Ebene haben wir uns getroffen und plötzlich blendend verstanden. Ich habe keinen Pfarrbrief mehr geschrieben und nichts Wichtiges unternommen, ohne mich vorher mit meinem Vater abzustimmen und seinen Rat einzuholen.

Er hat mir immer geraten, vorsichtig zu sein, nicht zu viel zu schreiben, eine Sache mal ein paar Tage liegen zu lassen – auf andere schnell und entschieden zu reagieren – zu niemandem zu vertraulich zu sein. Mein Vater hat mir damals in einem Crashkurs noch einmal seine ganze Lebens- und Berufserfahrung mitgegeben. Das war eine schöne Erfahrung. Unser Verhältnis – das war das einzig Schöne an den Ereignissen meiner ersten drei Jahre in Sankt Max – ist nach einer langen Zeit der Distanzierung unter diesem Druck wieder zu dem geworden, was man ein Vater-Sohn-Verhältnis nennt. Seine Unterstützung war liebevoll, grenzenlos und unendlich wertvoll für mich. Auch emotional. Er war zur rechten Zeit und an der rechten Stelle für mich da. Die erste Zeit in Sankt Max war sehr hart. Ich war bis auf den Kontakt zu meinem Vater völlig vereinsamt. In den Jahren meiner Ausbildung hatten sich auch dank meiner ständigen Entwurzelungen kaum tiefer gehende Freundschaften ausgebildet. Das ist als Pfarrer im Umfeld der Gemeinde eh sehr schwierig. Als Pfarrer stehst du unter Dauerbeobachtung. In Sankt Max war ich dank der Konflikte zusätzlich sozial isoliert. Hier entstand auch mein besonderes Verhältnis zu meiner Dienstwohnung. Ich musste immer damit rechnen, vorzeitig meine Arbeit hier abbrechen zu müssen, weil alles zu konfliktgeladen ist, und ich hatte mir ja vorgenommen, mich nie wieder zu binden und einzurichten. Der Rest war Ora et Labora. Das war mein Leben.

◆

Einsamkeit ist ein zehrendes Gift, das dich als Seelsorger völlig aushöhlen kann. Und dann spürst du ja, ob da ein Mensch ist, der dich gesund macht, oder ein Mensch, der dich belastet und krank macht. Und bei Gunda habe ich gespürt, dieser Mensch, der macht dich gesund, der macht dich heil. Ich habe so ein schönes Gebet für meine Trauungsgottesdienste – da heißt es: »Wir beten auch für die jungen Menschen, die auf der Suche nach Liebe und Partnerschaft sind, dass sie den treffen, der ihnen in ihrer Sehnsucht das Glück zu bringen vermag.« Ich habe heute mit sehr vielen jungen Menschen zu tun, gerade wenn sie auf die dreißig zugehen, die Torschlusspanik bekommen, weil sie genau dieses Geschenk nicht erfahren haben. Bei fast allen geht es nicht um einen Sexualpartner, im Gegenteil, da hätten sie in der Großstadt meistens genügend Testläufe – sondern es geht darum, wo ist der Partner, von dem ich sage »Boing« – das ist er! So und nicht anders. Meinetwegen bis an mein Lebensende. So auf einer Wellenlänge mit einem anderen Menschen zu schwingen, egal ob Mann oder Frau, das ist für mich eine Gotteserfahrung. Und so über einen anderen Menschen reden zu können, auch. Sagen zu dürfen, dass dieser Mensch zu mir gehört. Und ich zu ihm. Wow. Ich kann nicht ausdrücken, wie mich das innerlich bewegt. Ich würde mir nur wünschen, dass es allen Menschen möglich wäre, dieses Gottesgeschenk zu erfahren. Jeder Mensch braucht Mitmenschen – auch als Priester brauche ich ein soziales Netz, Menschen, die mich verstehen, aufnehmen und mich so nehmen, wie ich bin. Ich habe das nie gesucht – so jung bin ich in das Zölibat gekommen, dass ich vorher nie auf den Gedanken kam, wie wichtig diese soziale Einbindung ist. Ich habe nie inseriert »Verwaister Priester sucht in platonischer Verbindung ein weibliches Wesen« – sondern es geschah durch Zufall, als ich Gundas Tochter Nicole auf die Erstkommunion vorbereitete. Nicole war damals neun Jahre alt und Gundas Sohn Marco war elf. Es war in den Anfängen meiner Zeit in Sankt Max. Eine sehr belastende, nervenzehrende Zeit. Damals hatten sich meine Überlegungen vertieft, wieder Ordnung in mein inneres Chaos zu bringen, um mich zu retten. Ich war entschlossen, die Flucht nach vorne anzutreten und nach außen zu gehen und nicht länger in dieser Distanz zu anderen Menschen zu leben – sondern in Gemeinschaft. Ich brauchte keine Frau – undenkbar –, aber Freundschaft. Eines Tages kamen die Kommunionmütter und auch Gunda zu mir, um mit mir die Vorbereitungszeit zu besprechen. Ich war wie vom Donner gerührt. Du spürst doch vom ersten Moment an, wenn du einen Menschen triffst, das haut hin oder nicht. Wir sind dann von Mal zu Mal mehr ins Reden gekommen, beim Elternabend oder wenn sie ihre Kinder abgeholt hat und wir haben voneinander sehr viel erfahren über unsere Lebensumstände. Gunda war damals in einer ähnlichen Situation wie ich, in der sich auch für sie viel verändert hatte. Sie bereitete sich auf die Trennung von ihrem Mann vor, was auch wegen der Kinder beide Ehepartner sehr belastete. Ich habe sie dann auf diesem Weg begleitet und heute sind wir drei, ich, Gunda und ihr getrennt lebender Mann Kurt, sehr verbunden, feiern Geburtstage gemeinsam und essen zusammen. Ihre zwei Kinder haben wir sozusagen zu dritt erzogen. Marco ist heute Polizist und Nicole eine sehr gewiefte Bankerin. Da war nie eine Bösartigkeit zwischen beiden Eheleuten, so wie Papst Franziskus heute öffentlich sagt: »Es kann geschehen, dass Ehen auseinandergehen.« Da waren damals zwei, die gemerkt haben, es geht jetzt nicht mehr, unsere Ehe trägt nicht mehr, sondern belastet uns beide. Es haut nicht mehr hin. Niemand kann sich das aussuchen, welchen Menschen du triffst, wie du jemanden findest, wo alles zusammenpasst, und ob du dich wieder trennst.

Nach der Kommunion habe ich die Helfer zum traditionellen Dankesessen in meine Dienstwohnung eingeladen, absichtlich, um endlich einen zwingenden und unaufschiebbaren Anlass zu haben, endlich wieder Ordnung zu schaffen. Ich hatte nach Kräften geputzt und alles Überflüssige in den Schränken und in meinem Schlafzimmer verstaut und war angenehm überrascht über das Ergebnis. Aber der Zeitaufwand war enorm und der Kampf gegen das üble Karma dieser Wohnung aussichtslos. Ich hatte ihre prüfenden Blicke beim Eintreten durchaus registriert. Die Wohnung war zwar Tante-Clementine-Ariel-mäßig sauber – aber eben nicht rein. Für ein geübtes Auge ist das Chaos in meinem Priesterhaushalt nicht zu verheimlichen. Und so kam Gunda auf mich zu und sagte: »Herr Pfarrer, Sie sind ein perfekter Gastgeber – allerdings glaube ich, Sie könnten schon ein bisschen Hilfe gebrauchen.« Ich dachte, was für ein netter Anstoß, möglicherweise die Lösung meines Problems, das mich seit längerer Zeit umtrieb. Und so sagte ich: »Ich glaube auch.«

So wurde Gunda meine Haushälterin. Schon nach einer Weile hatte ich Gunda gesagt: »Ich brauche nicht nur Hilfe im Haushalt, ich brauche jemanden, wenn sich das ergibt, zu dem ich wirklich Vertrauen haben kann.« Gunda ging es genauso. Das war der Beginn einer wunderbaren Zusammenarbeit. In den vielen Jahren meiner Arbeit habe ich gelernt, dass eines wichtig ist: dass du allen Menschen, mit denen du zusammen bist, offen begegnest – im Guten wie im Schlechten. Deswegen kann ich auch offen schreiben zu meiner Freundschaft zu Gunda und ihrer Familie. Diese Freundschaft ist in meiner Gemeinde bekannt und akzeptiert, weil sie immer auf der Ebene geblieben ist, wo es keine Geheimnisse geben muss. Gunda ist in den vergangenen zwei Jahrzehnten zu meiner wichtigsten Begleiterin geworden, ein Mensch zu dem ich rückhaltlos Vertrauen habe. Das hat sich erst über die Jahre allmählich aufgebaut. Ich beschreibe eine Selbstverständlichkeit, dass Mann und Frau eng und gut zusammenarbeiten – weil es immer noch keine Selbstverständlichkeit ist für einen Priester, der im Zölibat lebt. Die dramatische Entwicklung ist doch nicht mehr zu leugnen: Uns geht der Nachwuchs aus. Inzwischen fehlt es überall an Geistlichen, die nur annähernd geeignet sind, die wenigen Führungspositionen in der Verwaltung oder Leitung eines Bistums auszufüllen, die Klerikern vorbehalten sind – Bischofsämter eingeschlossen. Selbst die Zahl von Männern und Frauen, die einen Hochschulabschluss erwerben wollen, der für einen Beruf in der Kirche qualifiziert, sinkt weiter und weiter – und dass, obwohl viele Diözesen händeringend nach nur einigermaßen qualifizierten Laien suchen. Eine Institution schafft sich ab. Der Kollaps der vertrauten, um die Pfarrkirche zentrierten Volkskirche ist mittlerweile nicht mehr eine Frage von Jahrzehnten, sondern von Jahren. Wir brauchen jedoch in Zukunft andere Lebens- und Berufsmodelle, Modelle, die Nähe zulassen und menschlicher sind, die auf Freiwilligkeit setzen und die Lebenswirklichkeit der Menschen mit ihren unterschiedlichen Formen der Gemeinschaft würdigen – ohne dass sie bestraft und ausgeschlossen werden. Die Amtskirche muss lernen, um jede Seele ihrer Gläubigen zu kämpfen. Mit Liebe und Barmherzigkeit – nicht durch Kälte, Abweisung und Macht. Servus servorum Dei – Wir sind nicht Herren, sondern Diener Gottes.

◆

Gunda war der erste Schritt aus meiner menschlichen Isolation. Weitere Mitstreiter traten hinzu. Heute sind wir ein Team, das ein

Netz bildet, in das man sich fallen lassen kann, wenn ich oben auf dem Seil mal abzustürzen drohe. Ohne dieses Netz ginge es nicht. 1995 schien zum ersten Mal alles im grünen Bereich. Wie es schien, hatte ich das Gröbste überstanden. Das Leben in der Gemeinde begann wieder zu pulsieren. Ich hatte Unterstützer gewonnen, wie meinen Kirchenpfleger Stefan Alof und etliche unermüdliche Mitstreiter in der Pfarrei, mit denen ich bis heute engstens zusammenarbeite. Anscheinend machte ich meine Sache anständig. Um den streitenden Parteien klarzumachen, dass ich als junger, unerfahrener Pfarrer keine Übergangslösung bin, und als Anerkennung für meine Leistungen übertrug mir Kardinal Wetter, Erzbischof von München und Freising, zwei Jahre nach meinem Wechsel nach Sankt Max, am 1. Mai 1995 die Pfarrei per »kanonischer Instituierung«. Ich hatte mit feierlicher Schlüsselübergabe und Urkunde ein Lehen von der Kirche erhalten, meine erste, eigene Pfarrei, und ich war fortan auf Lebenszeit installiert. Der installierte Pfarrer »besitzt« die Pfarrei. Darum gibt es bei der Installierung eines Pfarrers auch die förmliche Schlüsselübergabe. Ich bin verantwortlich. Ich habe mich um Sankt Max zu kümmern. Ich habe zu schauen, dass die Pfarrei geistlich, materiell – also finanziell – und personell gut geführt ist. Eine große Verantwortung. Und das ist psychologisch sehr wichtig: Ich war so gut wie unkündbar – ebenso wenig würde man mich ohne Weiteres wieder abberufen können. Zum Glück hatte ich damals auf den Rat meines Regens gehört.

Während meines Studiums verbrachte ich ein Jahr, das sogenannte »Freijahr«, in Salzburg. Man lebt und studiert in einer anderen Stadt und außerhalb des heimischen Priesterseminars. Dort hatte er mich aufgesucht und verlangt, nachdem ich ihm meinen Wunsch gestand, in Salzburg fertig studieren zu wollen, ich müsse zurück nach München kommen. Das Leben in dieser wunderschönen Stadt Salzburg aber hatte mir so gefallen, dass ich gerne dort geblieben wäre. Ich hob begeistert an: »Ja, es ist hier gut, ich lebe auf!« Der Regens: »Nein, nein – Sie kommen zurück nach München.« Ich:

»Warum? Lasst mich doch hier!« Und dann hat er es mir erklärt: »Sie brauchen ein bayerisches Diplom.« Weil man nur mit einem bayerischen Diplom in Bayern ein »installierter Pfarrer« werden kann. Mit einem österreichischen Diplom hätte ich allenfalls »Pfarradministrator« werden können. Ich bin mir sicher, ohne meinen Status als »installierter Pfarrer« hätte man mich während der in den folgenden Jahren ausbrechenden Auseinandersetzungen mit dem Ordinariat spätestens nach meinem zweiten Urlaubsantrag für die Wiesn jederzeit versetzen können. Der Regens sagte damals zu mir: »Denken Sie an Ihre Zukunft, ich möchte, dass Sie später fest im Sattel sitzen.« Zum Glück habe ich auf ihn gehört. Niemand hätte mich so einfach versetzen können, auch wenn es ihn noch so gejuckt hätte – es sei denn, ich hätte wirklich etwas »angestellt«. Eine zweite Möglichkeit wäre gewesen, wenn umgekehrt ich von mir aus die Stelle gekündigt hätte, wonach mir nur in meinen ganz dunklen Stunden der Sinn stand. So war, neben meinem Taxischein, dieses feste »Lehen« die zweite Säule meiner Unabhängigkeit, die mir Stärke und Zuversicht gegeben hat, dass ich alle Hindernisse überwinden und alle Erschwernisse überstehen werde. Ich will nicht verschweigen, es hätte noch eine weitere, dritte Möglichkeit gegeben, mich Missliebigen aus Sankt Max zu entfernen: indem man mich weggelobt und so derart befördert hätte, dass ich die Stelle nicht mehr hätte innehaben können. Ich weiß bis heute nicht, warum niemand im Ordinariat auf diese Idee gekommen ist. Nun würde ich also in Sankt Max meine Heimat finden müssen. Aber war das überhaupt der Ort, wo ich hinwollte? Sollte ich hier »angekommen« sein? Es stand noch viel Zweifel und viel Arbeit im Raum.

◆

Ausgerechnet jetzt verlor ich meinen wichtigsten Berater, meinen Vater. Seinen Schlaganfall überstand er zwar ohne Lähmungen, aber er musste ins Altersheim übersiedeln. Zum Glück konnte er noch glasklar denken. Aber sein Sprachzentrum hatte schweren Schaden erlitten, der gesamte Wortschatz war ausgelöscht und er musste neu sprechen lernen. Das dauerte einige Zeit. Eines Tages gab mein Vater seiner Logopädin zu verstehen, er benötige etwas Bestimmtes. Er zeigte erst auf Fensterscheiben, dann auf seine Taschen. Er nahm die Hülle seiner Papiertaschentücher. Zeigte uns das Cellophan seines Pausenbrotes. Es hat Stunden gedauert, bis wir das aus ihm herausgebracht hatten, was er wollte: Klarsichthüllen. Aber wozu brauchte er Klarsichthüllen? Er legte sich sein eigenes Wörterbuch an und hat sich selbst das Sprechen wieder beigebracht. Immer, wenn er ein Wort wiedergefunden hatte, schrieb er es auf und steckte den Zettel in die Klarsichthülle. Tisch. Stuhl. Essen. Trinken. Rainer. Sohn. Bald hatte er einen ganzen Ordner Grundwörter vor sich, nach Themen geordnet, die er mittels der Klarsichthüllen vor Abnutzung schonte. Da war er wieder, der alte Schießler. Seine Logopädin hat nicht schlecht gestaunt. Es war wie damals, als er mit mir Latein gelernt hat: »Du musst nicht jedes Wort parat haben – aber du musst wissen, wo es steht. Wenn du weißt, in welcher Lektion, in welchem Zusammenhang es im Buch steht, fällt dir das Wort in der Klassenarbeit wieder ein.« Ich hätte nie das Abitur so locker geschafft, wenn mein strenger Vater nicht von der vierten bis zur achten Klasse mit mir Latein gelernt hätte. Jetzt war ich dran, ihn abzufragen. Mithilfe seines Lexikons in den Klarsichtfolien. Er hat alles visuell verarbeitet. Kurze Zeit nach seinem Schlaganfall hat er schon wieder seine Steuererklärung gemacht.

Im Gegensatz zu mir war mein Vater ein Freund pedantischer Ordnung. Das Chaos, das sich auf meinem Schreibtisch findet, hätte es bei ihm nicht gegeben. Mein Vater hätte gesagt. »Wie schaut's denn hier aus!« Er war so ordnungsliebend, dass er wirklich alles abgelegt hat – selbst die Briefumschläge der Kontoauszüge. Wegen des Poststempels, könnte ja mal wichtig werden. Beamter. Ordnung. Klarsichthülle. Als er nach dem Gehirnschlag ins Altersheim musste und wir die Wohnung meiner Eltern ausgeräumt haben, waren da containerweise Unterlagen, Briefe, Fotos. Ihr ganzes Leben. Ich bin oft stundenlang in den Kisten versunken. Aber, um einen Musiktitel des bayerischen Sängers Georg Ringsgwandl zu zitieren: »Du kannst nix mitnehma!« Am Ende landete fast alles im Container und ich schaute zu, wie das Rest-Leben meiner Eltern abtransportiert wurde. Das tat weh.

Sterben kann schön, friedvoll und sanft sein – und es kann lang, dramatisch und schmerzvoll werden – mein Vater hat beides erleben müssen. Das erste Mal war es der Tod, von dem alle träumen – sanft sterben, einschlafen, sich wegträumen – es ist das Ziel, welches wir uns innigst wünschen. Beim zweiten Mal war es hart, lang und vermutlich auch schmerzhaft – an einem Tag, an dem Weltgeschichte geschrieben wurde. Mein Vater war für seine 73 Jahre schon sehr gealtert, als es das erste Mal ans Sterben ging. An Maria Himmelfahrt 2001 ist er in seinem Altersheim zusammengebrochen. Zunächst hatte das niemand bemerkt und er wäre so schön friedlich gestorben, einfach aus dem Leben geglitten. Jedenfalls hat er mir später erzählt: »Weißt du, wie ich da am Boden gelegen bin, das war ned blöd. Das war ein gutes Gefühl. Ich habe kein Licht gesehen oder diesen ganzen Schmarrn«, hat er gesagt, »aber es war nicht blöd. Ich habe mich da sauwohl gefühlt. Ich bin da gelegen, es war warm um mich herum und ich habe gespürt, wie es mich langsam wegträgt. Das war nichts Schlecht's.« Waren das nur Endorphine oder eine Nahtoderfahrung? Es war in jedem Fall der sanfte, der schöne Tod, von dem alle träumen. Sie hätten ihn einfach gehen lassen sollen. Aber als alter Mensch darfst du nicht einfach so sterben. Eine Heimschwester hatte durch eine Glasscheibe seine Füße neben der Treppe liegen sehen. Und dann ging es los. Reanimation. Blaulichtfahrt. Intensivstation. Das volle Programm. Sonst wäre er so einfach und friedlich vor sich hingestorben. In der Klinik stellten die Ärzte lapidar fest: »Herzklappen, hätten wir schon viel früher machen müssen!« Sag ich: »Was haben wir für Chancen?« Der Arzt: »Schätze, 30 zu 70 Prozent.« Mein Vater: »Egal. Ich bin ein alter Kämpfer, ich mach des!« Und ich habe ihn unterstützt: »Ja, mach's –

ich hätte dich schon noch gerne ein bisschen bei mir!« Es war der Abschied. Vier Wochen später war dann OP. Voll intensiv. Herzzentrum. Es sah nicht gut aus danach. Das war schon nicht mehr er, der wichtigste Teil des »alten Kämpfers« war schon vorausgegangen – sein Lebenswille. Er hat die Intensivstation nicht mehr verlassen. Dann kam der Tag, als mein Vater starb. Ein Tag, der auch weltpolitisch alles veränderte. Ich war damals auf einer Jugendfreizeit im Bayerischen Wald, als Gunda abends anrief und sagte: »Komm nach Hause, deinem Papa geht's nicht gut – er braucht dich jetzt.« Ich bin dann am nächsten Morgen die letzten Stunden bei ihm am Bett gehockt und sah zu, wie der Sand aus seiner Uhr lief, orchestriert von dem Piepen und Fiepen der Apparatemedizin. Das Gefiepe und Gepiepe hat mich zunehmend aus der Fassung gebracht. Ich dachte an einen Urlaub auf Gran Canaria, wo mir Freunde ein besonders schönes Erlebnis vermitteln wollten und mich zu einer Übernachtung in eine weit abgelegene Bucht überredet hatten. Das Boot würde erst am Mittag des nächsten Tages zurückkommen, um uns abzuholen. Ich saß die ganze Nacht über schlaflos am Strand und habe mir die Ohren zugehalten. Die Wellen machten mich narrisch. Ich möchte nie Schiffbrüchiger sein. Und so war das auch mit dem Monitor und seinem Gefiepe. Angesichts des Todes eines geliebten Menschen erfährt man auch als Priester jedes Mal wieder seine völlige Ohnmacht. Ich konnte es nicht umdrehen. Ich habe nur darauf gewartet, dass dieser Monitor endlich aufhört, Wellen zu schlagen, und die Nulllinie kommt. In der Nacht auf den 11. September 2001 durfte mein Vater gehen. Ein stilles, ganz leises Gehen. Doch es war nicht ganz so leise. In New York brannte das World Trade Center. Die Flugzeuge. Unglaubliche Aufregung. Um 9.59 Uhr stürzte der Südturm ein, genau in dem Moment, als ich vor meinem toten Vater stand. Da lag nun mein Turm, in sich zusammengefallen. Mein Vater hatte mich verlassen.

Mit dem Tod meines Vaters endete für mich eine Epoche, in der die Nachkriegsgeneration als Zeichen der Hoffnung Kinder in das

Wirtschaftswunder hineingeboren hatte. Mit dem 11. September 2001 begann endgültig das Zeitalter des globalen Terrorismus, der »War against Terror« der Bushfamilie, die Verwüstung Afghanistans, des gesamten Nahen Ostens, des Iraks, Syriens und Nordafrikas, und die Entwurzelung von Millionen Menschen, die jetzt an unseren Grenzen stranden oder im Meer namenlos untergehen.

Für die Trauerfeier hatte ich als Sterbebild ein Foto ausgewählt, auf dem mein Vater noch ganz jung war, mit seinen zwei kleinen Söhnen auf seinem Schoß. Wichtig waren mir an diesem Bild seine Hände. In der Trauerrede habe ich über die Hände meines Vaters gepredigt: »Schaut euch diese Hände an – die seine Kinder umgreifen wie Schaufeln, die schützen und bergen.« Seine Kinder waren sein Leben. Ich habe in dem Moment damals endgültig gewusst, jetzt musst du alleine weitermachen in Sankt Max. Da steht niemand mehr vor dir. Ich glaube, wenn die Eltern gegangen sind, ist das der Moment, wo man erst wirklich erwachsen ist. Noch heute ertappe ich mich in schwierigen Angelegenheiten immer wieder dabei, dass ich mich zu ihm umschaue und denke, was würdest du jetzt sagen?

◆

Der größte Fehler, den wir machen, ist, dass wir den Tod zu unserem Todfeind erklären. Es ist ein aussichtsloser Kampf – weil der Tod ihn immer gewinnt. Als meine Mutter starb, hatte ich gegen das Vergebliche angekämpft. Beim Tod meines Vaters war da schon Demut, weil bei mir angekommen war, dass der Tod ein Übergang ist und zum Leben gehört. Also halte ich es lieber mit dem heiligen Franziskus, der den Tod zu seinem Bruder erklärt. Was ich nicht bekämpfen kann, muss ich umarmen. Der Tod als Bruder darf für uns nichts Fremdes sein. Der Bruder ist mein anderes Ich. Ich bin nicht mit ihm verheiratet, ich bilde mit ihm keine Familie – und doch gehört er seit meiner Geburt untrennbar zu mir. Er ist näher an mir dran als jeder andere. Daher sollten wir im Leben lernen, den Tod zu begrüßen wie einen Bruder, wenn es so weit ist. Eigentlich dürfte ich als Christ nicht traurig sein, wenn es ans Sterben geht – aber dennoch ist es ein unwiederbringlicher Abschied. Ich muss mich drauf verlassen, dass dann alles so kommt, wie es geschrieben steht. Ich habe keinen einzigen Beleg dafür – ich muss darauf vertrauen, voller Zuversicht daran glauben. Niemand hat ein Rückticket und könnte berichten, wie es drüben ist. Gibt es nicht. Ich begleite als Priester so wie an diesem Tag viele Sterbende, aber die Frage, »Herr Pfarrer, meinen Sie, dass ich nach dem Tod weiterlebe?«, hat mir noch nie jemand gestellt. Die Sterbenden stellen mir komischerweise viel häufiger die Frage: »Glauben Sie, dass ich meinen verstorbenen Mann wiedersehe?« Diese Menschen sehnen sich danach, durch den Tod unterbrochene Freundschaften und Beziehungen wieder aufnehmen zu dürfen – statt neu existieren zu können. Ich sage stets: »Ich weiß es nicht.« Soll ich diese Menschen belügen, vorgeben, dass ich mehr wüsste? Das Leben nach dem Tod ist kein IKEA-Katalog, den man anschauen und dann bestellen und seine Welt einrichten kann, ganz wie es uns gefällt. Der Tod ist nicht »Pippi Langstrumpf«. Dieser Übergang ist sehr elementar und umfassend und wird alles auflösen, was wir bisher als unser Leben erkannt hatten. Was soll ich denn anderes sagen? Vielleicht hat der Glaube seine Schwierigkeiten in der modernen Zeit, weil das moderne Denken greifen, erfassen und verstehen will. Was nach dem Tod kommt, lässt sich aber nicht begreifen. Wir wissen schlicht nichts, was genau passiert. Ich weiß nicht, ob ich mich wiedererkennen werde. Ich weiß nicht, ob ich andere Menschen, die ich geliebt habe, wiedererkenne. Aber ich glaube daran, dass gestorben wird in Verweslichkeit, ich glaube an die Auferstehung des Fleisches, in der Unverweslichkeit des Leibes in einer neuen Form. Ich glaube nicht daran, dass du eine Wiederholung erfahren wirst von dem, was du erlebt hast – zumindest erscheint das völlig unwahrscheinlich. Ich glaube daran, dass Anhaftungen an das vergangene Leben dort im Neuen keine Rolle mehr spielen werden. Ich selbst habe keine Angst vor dem Tod – aber ich habe Angst vor dem Sterben. Vor dem Ende all dessen, was ich hier in diesem Leben bin. Angst davor, dass es noch nicht genug war, dass ich weitermachen will und plötzlich nicht weitermachen darf. Die Sehnsucht nach einem Menschen, ihn noch einmal zu sehen, ein paar Worte, die fehlen, eine Entschuldigung, die nicht ausgesprochen, eine Versöhnung, die nicht erreicht wurde – eine Liebe, die nicht erklärt wurde. Wie viel Mut braucht es, zu sagen: Ich gehe jetzt gerne, weil es genug war – und werde ich diesen Mut haben? Den Mut zur Veränderung?

Ich hatte in der Sterbebegleitung manchmal Sterbende, die diese Demut gefunden hatten, weil ihnen die Kraft ausgegangen war, auch der Wille. Und in ganz seltenen und schönen Fällen: weil sie ihr Leben vollkommen ausgeschöpft hatten und sich sagten, es ist genug, ich bin lebenssatt. Da war nichts mehr, wonach sie sich gesehnt hätten. Ich habe andere erlebt, wie sie aus ihrer scheinbaren Niederlage Trotz gewonnen haben, in dem sie entschlossen waren, den Tod zu umarmen wie einen Bruder: »Wissen Sie, Herr Pfarrer«, sagte mal eine Frau nach dem Gottesdienst zu mir, »hier im Windschatten unter dem Kreuz stehe ich sehr gut und ich finde es jetzt sehr tröstlich, nicht bleiben zu müssen.« Was sind das für tolle Sätze! Das kannst du keinem Menschen vorbeten, das muss aus seinem Herzen kommen. Meine vielen Begegnungen mit Menschen, die sterben müssen, haben in mir den festen Vorsatz reifen lassen: dass ich nie in einer Gewissheit reden werde von dem, was sein wird nach dem Tod, so, als wenn ich alles schon »abgecheckt« hätte im Vergleichsportal für Jenseitsreisen – sondern, dass ich aus einer kritischen Distanz heraus dieses Unbekannte offen anspreche, dass es auch mir unbekannt bleibt – aber dass ich fest an etwas glaube. Wer mehr weiß, der lügt. Oder ist schon drüben. Für mich bedeutet das Leben nach dem Tod: Ich spüre, dass es da eine Lebensform gibt, die mir zugedacht ist – aber das war's auch schon. Was genau da kommt, entzieht sich meiner Kenntnis, der Beschreibbarkeit, der Nachweisbarkeit – an dieser Stelle setzt mein Glaube ein, an das, was geschrieben steht.

Die Gewissheit, die einen durchdringt, wenn man glauben kann, gibt mir aber die positive Kraft, mich diesem Leben und damit auch dem Tod in allen Höhen und Tiefen zu stellen. Und darüber kann ich sprechen. Und ich kann versuchen, die Menschen neugierig zu machen, die Gedanken wegzulenken vom Tod, der ja nur der Übergang ist, und hinzulenken auf das weitaus größere Abenteuer, zu dem, was dann kommen mag. Da steckt ganz viel Vertrauen und Hingabe drin – aber keine konkrete Begrifflichkeit, die sich wie eine Gebrauchsanleitung erfassen ließe. Es ist wie bei den Sakramenten. Die kannst du erklären in ihrer Wirkungsweise – letztendlich musst du sie in dir spüren, fühlen – und die Grundvoraussetzung dafür ist, dass du glaubst und in Erwartung dieser Erfahrung einfach offen bist, für das, was kommt.

◆

Eine Beerdigung beschließt ein Leben. Es gibt keine Beziehung ohne Leiblichkeit. Dass ich jemanden liebe und mit ihm zusammen bin, dass ich hören, reden, denken, fühlen, träumen, schauen kann – alles, was wir für das Miteinander brauchen –, funktioniert nur, weil ich eine Leiblichkeit habe. Auch meine Beziehung zu Gott ist nur möglich in einer Leiblichkeit. Darum bestatten wir ja den Menschen und ehren mit der Trauerfeier seinen im Tod nun sinnlos gewordenen Leib. Ich betraure den Toten also keineswegs als Belohnung, weil er sein Leben lang brav die Kirchensteuer entrichtet hat – sondern weil ich seinen Leib ehre. Und deshalb widert es mich auch so an, wenn Kirchenvertreter mir sagen möchten, ich dürfe einen Verstorbenen und seine Angehörigen auf ihrem Weg nicht spirituell begleiten, nur weil er im Leben aus der Kirche ausgetreten ist. Gottes Liebe ist bedingungslos – und deshalb darf die Kirche die Ausgabe von Sakramenten auch nicht an Bedingungen wie die Entrichtung der Kirchensteuer knüpfen. Ich hatte einmal eine Beerdigung übernommen für einen Jungen, dessen Mutter kurze Zeit nach seinem Vater verstorben war. Der Tod der Eltern ist für ein Kind ein unfassbarer Vorgang. Beide Eltern waren aus der Kirche ausgetreten. Der Junge war nun auf sich allein gestellt. Hätte ich dem Kind und seiner

Familie sagen sollen: »Kirchenaustritt! Tut mir leid. Seht zu, wie ihr klarkommt!«? Wenn Angehörige eines Ausgetretenen mich bitten, zu helfen, dann »steh i do wie a Brezen« und kein Kardinal, kein Papst der Welt könnte mich davon abhalten. Ich habe den Jungen in den Arm genommen und gesagt: »Normalerweise gehen wir hinter dem Sarg – heute gehen wir beide davor und zeigen deiner Mama den letzten Weg.« Ich wollte nicht, dass er die ganze Zeit auf den Sarg seiner Mutter starren müsste. Ich habe den Jungen dann bei der Hand genommen und so sind wir den ganzen langen Weg von der Kirche zur Grabstelle gemeinsam gegangen. Ich habe ihm von meiner Mama erzählt – und er mir von seiner. Das war sehr innig und so voller Leben und Herzlichkeit und schenkte so viel Zuversicht, dass ich wieder einmal sagen musste: Das ist der Sinn der Trauerfeier und meiner Arbeit als Priester: beizustehen. Klarzumachen, du bist nicht allein. Die Art und Weise der Bestattung unterscheidet sich natürlich. Denn jemand, der aus der Kirche ausgetreten ist, hat ein klares und deutliches Signal gesetzt, dass er zu der Einrichtung Kirche und ihren Vertretern in einer Distanz steht. Diese Entscheidung respektiere ich: Auch die Eltern des Jungen werden ihren Grund gehabt haben. Der Mensch ist tot und kann sich nicht mehr erklären. Der Tod setzt etwas Endgültiges. Da ist Leben, wie wir es kennen, zu Ende. Von einer Beerdigung gehst du anders weg als von einer Taufe oder Hochzeit. Ich habe viele Taufen, Kommunionen und Hochzeiten, alles schön und wunderbar – aber es sind Momentaufnahmen aus dem Fluss der laufenden Ereignisse. Nach der Taufe nimmst du dein Kind mit, das gesalbt ist und wunderbar nach Chrisam-Öl duftet. Zukunft. Nach der Hochzeit geht ihr als Mann und Frau und habt das Leben vor euch, entwickelt euch täglich neu. Zukunft. Nach einer Trauerfeier nimmst du nichts mit außer Schmerz und Erinnerungen und es wird seine Zeit der Trauer brauchen, bis wir den Verlust in unser Leben integriert haben.

Ich halte Beerdigungen nach Möglichkeit anders ab als gewohnt. Um im Tod an das Leben zu erinnern. Wenn ich merke, dass die

Stimmung passt und ein guter Spirit da ist, dann kann ich mit der Trauergemeinde zusammen am Grab wirklich etwas Sinnstiftendes gestalten und erleben und diese essenziellen Seinsfragen anklingen lassen. Ich habe meine schönsten Beerdigungen in Rosenheim gehabt, während des Rosenheimer Herbstfestes – weil der Friedhof direkt neben der Loretto-Wiese ist, auf der die Bierzelte sind. Ich wusste, dass immer Schlag 15:00 Uhr die Blasmusik zu spielen beginnt. Und dann habe ich angefangen zu predigen, aus dem Stegreif, die Stimmung der Menschen aufnehmend. »So meine Damen und Herren, jetzt steh'n wir da und schau'n blöd. Und jetzt müssen wir irgendwie damit klarkommen, was hier läuft, gell«, habe ich einmal in diese Hilflosigkeit gesagt, die Trauernde immer am Grab überkommt. Und dann habe ich das genau geplant, dass ich um 15:00 Uhr mit dem Glockenschlag ende – weil ich gewusst habe, jetzt beginnt die Blasmusik. Und so war es auch an diesem Tag. »Sagt mir, was bestimmt euer Leben – der Tod oder dass ihr noch hier seid, in euch gehen könnt, euer Leben in andere, bessere Bahnen lenken könnt, dass ihr es genießen und ausschöpfen könnt – eben weil ihr am Leben seid?« Und wenn ich dann sehe, wie das Rechnen und Überlegen anfängt in den Gesichtern, sage ich: »Beides ist wichtig. Der Tod wie das Leben. Beides. Tut ja nicht das eine gegen das andere ausspielen und aufrechnen. Es gibt kein Leben ohne Tod und den Tod nur, weil es Leben gibt.« Und kaum war ich fertig, kamen die Klänge in aufhellenden Farben vom Auerbierzelt herübergeweht, als ein kräftigendes Lebenszeichen. Das war jedes Mal unglaublich schön. Und dann sehe ich ein Lächeln auf den Gesichtern – weil die Traurigkeit gegen den tieferen Sinn von Blasmusik und den Duft der Hendlbratereien nicht mehr dagegen argumentieren kann.

Der Tod gehört untrennbar zum Leben dazu – und wenn man den Tod bejaht als den natürlichen Abschluss des Lebenszyklus – dann schmeckt anschließend auch das Leben wieder besser und wird intensiver und bewusster gestaltet. Wenn alles vorbei war, nur wenn es gepasst hat, habe ich gesagt: »So, jetzt gehn mer nüber und

trinken a Mass Bier!« Wer hat schon Leichenschmaus zum Herbstfest? Ich bin kein einziges Mal alleine ins Bierzelt rüber. Dass man
gegen den Tod anlachen kann in der Trauer – das ist doch die
schönste Liebeserklärung an das Leben. Wer sich da spürt im Leid
wie in der Lebenslust, im Leben und im Angesicht des Todes, der
macht nichts verkehrt. Ich hatte eine gute Seele in meinem Haus,
Maria Dilger. Als sie über achtzig war und nicht mehr Treppen steigen konnte in ihre Wohnung im fünften Stock und das Wohnungs-
amt sie weit weg in einen anderen, fremden Stadtteil, nämlich ins
Hasenbergl verpflanzen wollte, was ihren sicheren Tod aus Einsamkeit und Verzweiflung bedeutet hätte, habe ich zu ihr gesagt: »Frau
Dilger, das kommt überhaupt nicht infrage, Sie ziehen bei mir ein.«
Ich hatte im Pfarrhof eine kleine Erdgeschosswohnung und dort
wohnte sie fortan und wurde die gute Seele des Hauses. Allein schon
aus Dankbarkeit und weil sie Beschäftigung suchte, stand sie nun
tagaus, tagein in ihrem grauen Putzkittel und hat gewerkelt, gefegt,
geschrubbt und geputzt und bald war dieses Bild, wie sie da war und
kehrte, untrennbar verbunden mit der Pfarrei, so sehr gehörte sie
dazu. Als sie dann ging, habe ich den zahlreich erschienenen Trauernden noch mal ihre Geschichte erzählt, auch wie sie Tag für Tag
den Dreck weggekehrt und für Ordnung gesorgt hat, diese wunderbare, humorvolle Münchnerin. Und dass ich mit ihr zu Lebzeiten
ausgemacht hätte, was auf ihrem Grabstein stehen müsste. Und
dann sagte ich es: »Hier ruht in Frieden unsere geliebte Maria Dilger – sie kehrt nie wieder.« Wirklich, die Menschen haben lauthals
aufgelacht. Das war so treffend und so befreiend: »Schaut's – jetzt
haben wir uns köstlich amüsieren können, nicht mal auf Marias
Kosten – sie selbst hat das so gewollt, dass gelacht und nicht geweint
wird an ihrem Grab – und so war abgemacht, dass ich unseren alten
Spaß am Tag von Marias Beerdigung erzähl.« Dieser Spruch, diese
Abmachung, dieses Lachen auch angesichts des Todes – das war
Ausdruck ihrer christlichen Hoffnung, dass es schon weitergeht.
Dass wir uns angesichts des Todes so fröhliche Gedanken machen

können – Prinzip »Brandner Kaspar« –, ist Ausdruck einer tief empfundenen Freiheit, über die der Tod keine Macht hat – weil dieses Freiheitsgefühl weit über den Tod hinausreicht.

◆

Die Erkenntnis, dass wir in jedem Fall sterben müssen und die Aufgabe haben, unser Leben auszuschöpfen im Glauben an eine Form von Existenz danach, führt überraschend auch zu einem hohen Maß an diesseitiger Freiheit. Wir haben eine Verantwortung für das Leben jetzt. Ob Himmel oder Hölle, entscheiden wir selbst schon hier auf Erden: jeden Morgen, schon wenn wir aufwachen, wie wir in den Tag gehen, ob wir unseren Mitmenschen im Guten begegnen, wie wir auf Unrecht reagieren. Und das bedeutet, dass wir unsere Meinung sagen und Position beziehen, egal wie quer das manchem läuft.

Ich habe in Sankt Max endgültig beschlossen, Glauben so zu vermitteln, wie meine Vorbilder es mir beigebracht haben, dass du ihn tief spürst. Ich war entschlossen, keine Karriere nach oben anzustreben und für immer in einer Gemeinde als Pfarrer zu arbeiten. Ich sehe bis heute kein Heil für die Zukunft meiner Kirche darin, mit Priesteruniform oder in vollem Ornat als Bischof durch den Vatikan zu wandern – und seine Betonstrukturen sozusagen im Marsch durch die Institutionen zu unterwandern. Die dürren Nicht-Ergebnisse der Familiensynode 2015 haben mir noch einmal bestätigt, dass es ein gänzlich sinnloses Unterfangen wäre. Für mich kann es in dieser Kirche nur einen Platz geben, von dem ich immer wusste, hier gehöre ich hin – und der ist ganz nah bei den Menschen. Und ganz weit weg von kirchlichen Machtpositionen.

Irgendetwas stimmt nämlich nicht, wenn gesagt wird, die Menschen hätten sich von der Kirche abgewendet. Baut sich da möglicherweise ein folgenschweres Missverständnis auf – ist es vielleicht genau andersherum? Ist die Kirchenführung dabei, sich von ihren unbotmäßigen Gläubigen zu verabschieden? Ich bekomme zahllose

Zuschriften, Mails – oft rufen sie auch an oder sitzen gleich vor mir, um ihren Austritt zu begründen. Der Tenor ist immer derselbe: Die Menschen fühlen sich von ihrer Kirche nicht mehr berührt, so fremd ist sie ihnen geworden. Alle, die zu mir kommen, und alle, die von mir gehen, eint dennoch das Bedürfnis nach Glauben. Diese Menschen wären doch noch zu erreichen! Sie kommen wieder, wenn sie die Heimat finden, die sie suchen. Nur wer sich gar nicht mehr meldet, einfach wortlos geht, den haben wir verloren und werden ihn nie wieder erreichen.

Wenn ich zurückschaue, so war die Ausbildung und die erste Erprobung des Erlernten nach Bad Kohlgrub, Rosenheim und Giesing abgeschlossen und folgende Leitlinien hatten sich für meine Arbeit und mein Leben herauskristallisiert:

- Grenzenlose Liebe zur Schöpfung
- Grenzenlose Barmherzigkeit
- Das Bekenntnis zu Reduktion und Einfachheit
- Wer anklopft, dem wird aufgetan
- Du musst die Leute mögen
- Liturgie darf nicht wehtun
- Sakramente musst du spüren
- Glauben kommt aus dem Herzen, nicht per Dekret
- Du hast das Recht, zweimal geboren zu werden
- Du hast das Recht, nicht einsam zu sein
- Du hast das Recht, Taxi zu fahren
- Du musst Motorrad fahren, weil:
- Die größte Sünde das ungelebte Leben ist.

Ich habe damals Schritt für Schritt begonnen, diese Leitlinien in praktische Arbeit umzusetzen – mit vielen Aha-Erlebnissen. Das fing ganz einfach an: So zum Beispiel, als wir eines Tages den Anrufbeantworter im Pfarrbüro einfach abgeschaltet haben – seither bin ich auf meinem Handy für meine Gemeinde Tag und Nacht erreichbar. Mein Vorbild ist der legendäre Kiosk an der Reichenbachbrücke, direkt am Ufer der Isar hundert Meter von Sankt Max entfernt. Das ist meines Wissens der einzige Kiosk in München, der das ganze Jahr über durchgängig 24 Stunden am Tag für seine Kunden geöffnet hat. Und ich denke mir immer wieder, wenn im Sommer kilometerlange Schlangen anstehen, um sich noch ein Bier zu kaufen für den Isar-Grillabend, selbst nachts um drei oder vier Uhr einen Plausch zu halten, wenn ich von der Wiesn nachts ins Pfarramt radle oder um sieben in der Früh zum Angelus-Läuten die Leute noch in dichten Trauben dort stehen, lachend, ratschend, trinkend und essend – da denk ich mir immer, gell, der Harry, der Eigentümer, hat immer offen. Und er hat seine Gemeinde. Ein münchenweit bekannter Treffpunkt. Ein Kiosk für gute Laune. Tag und Nacht.

Bei uns in Sankt Max war früher ab 16:00 Uhr der Anrufbeantworter dran. Doch der Tod kennt keine Dienstzeiten, bei mir rufen die Leute nicht an, weil sie ein Bier wollen – sondern bei mir stirbt die Oma oder ein Mensch will sich das Leben nehmen oder es gibt sonst eine Not, die keinen Aufschub duldet. Und dann läuft der Anrufbeantworter wie beim Finanzamt, vertröstet auf Dienstzeiten am nächsten Tag und dann stirbt die Oma ohne Beistand – während der Harry – ein Tragerl Bier aufs andere – immer für seine Kunden da ist? Wer so eine Kundentreue direkt vor seiner Tür hat, der wird automatisch neidisch und kann nicht länger absperren nach Dienstzeit. So halte ich es seither wie mein Nachbar Harry. Der AB bleibt aus. Und so bin ich auch das ganze Jahr 24 Stunden am Tag ansprechbar: Wer klopft, dem wird aufgetan. Man muss sich das vorstellen: das habe ich vom Getränkehandel gelernt. Für solche Kundennähe aber brauche ich kein Zölibat. Sondern die richtige Einstellung zu meiner Arbeit. Mönche und Nonnen legen ein Keuschheitsgelübde für lebenslange sexuelle Enthaltsamkeit ab, weil ihr Leben ausschließlich auf die spirituelle Beziehung zu Gott ausgerichtet sein soll. Die Ehe-Enthaltsamkeit der Priester im Zölibat gilt als Zeichen für eine besondere Lebensform, deren Charisma die ausschließliche Hinwendung auf seine Gemeinde garantieren soll. So die offizielle Lesart der Kirche. Der Harry lebt nicht im Zölibat und geht trotzdem 24 Stunden am Tag in seinem Job auf. Was für ein Blödsinn also zu sagen, mit dem Zölibat, da hätte der Pfarrer mehr Zeit für die Gemeinde? Ist das etwa die Begründung für die Lebensweise eines Menschen, zölibatär zu sein – weil er dann immer »verfügbar« ist?

Eine solche Sichtweise lehne ich entschieden ab, ich halte das für einen Missbrauch des Evangeliums. Für mich muss sich das Zölibat immer aus sich selbst heraus begründen. Freiwillig sein. Spirituell – und darf sich nicht an Dienstzeiten und Verfügbarkeit für Dritte orientieren. Die einzige Wahrheit ist: Es hängt allein von der inneren Einstellung ab, zu dem, was man tut – man nimmt sich die Zeit oder nicht. Mit oder ohne Zölibat spielt da überhaupt keine Rolle. Wenn es anders wäre, könnten die gesamten evangelischen Pfarrgemeinden einpacken. In einem evangelischen Pfarrhaushalt geht – dank Martin Luthers Aufhebung des Zwangs zum Zölibat – heute die Ehefrau an den Apparat, wenn der Mann nicht da ist – und da legt auch keiner auf, nur weil eine Frau spricht und dieser Pfarrer nicht zölibatär lebt. Im Gegenteil kann eine Frau mit ihrer Empathie und ihrer Stimme oft mehr herausreißen und Ängste abbauen helfen als eine Männerstimme. In meiner Gemeinde, habe ich damals beschlossen, sollten in allen Bereichen ganz andere Überlegungen eine Rolle spielen: die Hinwendung zu einer barmherzigen, zugewandten Kirche für ALLE, die an Jesus Christus glauben und an die Verkündigung – egal welchen Geschlechts und welcher Ausrichtung. Ich war und bin der Auffassung, dass hier die einzige Chance meiner Kirche liegt, in einer Großstadt wie München weiter zu bestehen. Mir war klar, dass dieser Kurs einigen nicht schmecken würde.

◆

Ich bin seit 23 Jahren Pfarrer in einem der größten Schwulenviertel Deutschlands. 2015 war kein gutes Jahr für die Gegner gleichgeschlechtlicher Beziehungen. Wie schwer sich meine Kirche tut, auf der Höhe der Zeit und ihrer Entwicklungen anzukommen, zeigte sich Frühsommer 2015 in Irland. Die Iren sind zu 94 Prozent katholisch. Jede Form von Homosexualität stand bis 1993 unter Strafe. Und trotzdem hatten sich die Iren gegen das ausdrückliche Votum ihrer Amtskirche in einem Referendum mit mehr als 62 Prozent der 3,2 Millionen Wahlberechtigten, bei einer hohen Wahlbeteiligung, für die Zulassung gleichgeschlechtlicher Ehen ausgesprochen. Noch nie war die Spaltung zwischen Gläubigen und ihrer Kirchenführung so deutlich. Es war wegen der aufgedeckten Missbrauchsskandale in Irland kalkulierter Ungehorsam als Protest. Der Kardinalstaatssekretär Pietro Parolin kommentierte aus Rom die Abstimmungsniederlage so: »Ich glaube, man kann nicht nur von einer Niederlage der christlichen Prinzipien, sondern von einer Niederlage für die Menschheit sprechen.« Für viele Menschen sind das Sätze, die fassungslos machen und mich in meiner Gemeindearbeit in Erklärungsnotstände bringen, tritt doch hier ein Menschenbild zutage, das mit der Lebenswirklichkeit der meisten nichts mehr zu tun hat. Ich habe mich von Homosexuellen oder Lesben nie bedrängt oder angegriffen gefühlt. Weder in ihrem Auftreten noch in ihrer Sexualität noch in meiner Gemeindearbeit. Wann immer ich als Pfarrer Kontakt mit gleichgeschlechtlichen Partnerschaften habe – dann sind das Menschen, die unglaublich liebevoll miteinander umgehen. Da sitzen nie »Politaktivisten« vor mir, die etwas beweisen, Kirche instrumentieren wollen – sondern sehr moderne, gebildete, aufgeklärte Menschen, die ihren Glauben leben und ihr Anliegen zu heiraten mehr als glaubhaft vertreten. Wenn Sexualität auf Freude beruht, auf Liebe, auf Gegenseitigkeit – und nicht auf Unterdrückung und Ausbeutung –, was daran sollte Sünde sein? Der Mensch spürt doch selber, wenn er diesen Weg verlässt oder gezwungen werden soll, etwas zu tun, wo er sich nicht gut dabei fühlt. Das Schöne am sexuellen Akt aus Liebe ist Ergänzung, Selbstauflösung: wenn sich zwei Menschen vorbehaltlos und voller Vertrauen ineinander verlieben und verlieren. Wie die Paare sich lieben, wenn sie intim werden, hat mich nicht zu interessieren und hat mich auch nie interessiert – genauso wenig wie ich bei heterosexuellen Paaren ins Schlafzimmer schauen würde. Ich habe kein Recht dazu als Priester. Schließlich muss das Paar miteinander auskommen – als Dritter im Bunde bin ich völlig fehl am Platz und setze mich da nicht auf die Bettkante. Durch diese klare Trennung gibt es nichts, was mich in meiner guten Einstellung durcheinanderbringen könnte. Ich denke, wenn wir es mit aufgeklärten, selbstbewussten Menschen zu tun haben, finden die ihren Weg selbst – da muss ich mich als Kirche doch nicht einmischen, verurteilen und richten, solange sich beide auf diesem Weg gut verstehen. Auch hier braucht Kirche den Mut zur Veränderung. Zu mir kommen viele dieser Paare, die gleichgeschlechtlich lieben. Ich erlebe stets eine sehr intensive Auseinandersetzung mit der Frage, ob sie heiraten sollen. Viele haben mich als Seelsorger ihre Beziehungen miterleben lassen, häufiger, als ich gedacht habe – einen derart respektvollen Umgang miteinander würde ich auch dem einen oder anderen heterosexuellen Ehepaar wünschen, das ich getraut habe. Gläubige Homosexuelle oder lesbische Paare in der katholischen Kirche kommen nicht einfach zu mir und fordern: »Wir möchten heiraten«. Ich habe das nie erlebt. Die treibt etwas ganz anderes an. Was ich immer spüre, ist der Wunsch, gesegnet zu werden, nicht verstoßen, sondern aufgehoben zu sein. Was passiert nun, wenn ein Schwuler oder eine Lesbe – oder gleichgeschlechtliche Paare – ins seelsorgerische Gespräch zu mir kommen? Freiwillig. Zu einem katholischen Pfarrer. Weil sie gläubig sind. Soll ich denen etwa vorwerfen, »Du lebst in Sünde« – so darfst du einen anderen Menschen nicht lieben oder mit ihm Sex haben? Und sie dann abweisen? Rein rhetorische Frage: Hätte Jesus das etwa getan? Was mache ich also mit Paaren, die sich einander versprechen möchten – denn sakramental trauen darf ich sie ja nicht? Sie verpartnern sich selbst, ich begleite sie. Ihre Ringe kann ich segnen, so wie ich alle möglichen Gegenstände segne. Das mache ich im Gottesdienst, im kleinen Kreis, bitte das Paar nach vorne, sage allen Anwesenden, was ich da tue, dass ich mich freue, dass ein Paar im Glauben zusammenfindet und mich gebeten hat, ihre Ringe zu segnen. Und ich kann nichts dagegen tun, wenn die beiden sich ohne meine Aufforderung gegenseitig ihre Liebe und Treue bekunden. Das geht heute. Insofern muss ich auch mal klar sagen, die katholische Kirche bewegt sich. Wir sind freier geworden. Mir fällt da immer wieder das Gleichnis von der Schnecke ein, die dem lieben Gott sagt: »Ich weiß, ich bin nicht die schnellste. Aber glaub mir, deswegen überleg ich so genau, wohin ich gehe, und du, der du alle meine Schleimspuren im Schotter kennst, weißt um meine Gesinnung.« Das ist ein Gleichnis, das ich gerne erzähle, weil es so einleuchtend erklärt, warum sich fehlende Geschwindigkeit und vorhandener guter Wille nicht ausschließen müssen. Letztes Mal habe ich es bei so einer Ringsegnung für ein homosexuelles Paar vorgetragen. Ich sagte beiden: »Habt Geduld mit uns. Habt Geduld mit der Kirche. Wir tragen schwer, aber wir gehen mit. Es dauert nur no a bisserl. Habt Vertrauen!« Darauf die beiden strahlend: »Haben wir! Sonst wären wir nicht hierher zu Ihnen in die Kirche gekommen. Wir haben das Vertrauen. Wir kommen, weil wir hier nicht mehr weggeschickt werden …« Die Menschen, die zu uns kommen, kommen mit der Bitte, nicht verstoßen, sondern gesegnet zu werden und auch zahlenmäßig bleibt alles sehr überschaubar. Bei 35 000 Verpartnerungen bundesweit in 2014, also in etwa 70 000 Menschen pro Jahr, stellen die gleichgeschlechtlichen Ehen nicht einmal 0,1 % der Bevölkerung unseres Landes. Spielen wir daher bitte nicht »Wer hat Angst vorm Schwarzen Mann«, sondern nehmen wir uns ihrer als Christen ganz selbstverständlich an und heißen wir sie wie alle anderen auch in unserer Gemeinschaft willkommen. Die ehemalige Bischöfin Margot Käßmann hat es so betrachtet: Wenn gleichgeschlechtliche Paare, also Menschen, die irgendwie noch nicht vom Glauben abgefallen sind, beanspruchen, einander vor Gott ein Versprechen abgeben zu dürfen, dann ist das doch keine Abwertung der »Ehe« – sondern im Gegenteil eine

Aufwertung. Zeigt es doch: es gibt Menschen, für die ist die kirchlich abgesegnete Ehe noch erstrebenswert.

Und genauso erlebe ich in allen Vorbereitungsgesprächen mit gleichgeschlechtlichen Paaren: dass sie der Ehe keine Konkurrenz machen – sondern unterstreichen, wie wichtig ihnen der Wert des Ehebundes ist. Eigentlich sollten sich alle Gläubigen darüber freuen – denn diese Homosexuellen bekämpfen die Ehe nicht – sondern heben sie in ihrer Bedeutung entgegen dem Mainstream wieder hervor.

Ganz anders als die Kirchenoberen reagieren die Menschen in meiner Gemeinde: viel offener und herzlicher. Bezeichnenderweise sind es nie heterosexuelle Ehepartner, Verheiratete, die mich angreifen, wenn ich mich öffentlich für gleichgeschlechtliche Partnerschaften einsetze und sie in meiner Kirche ihr Bekenntnis ablegen dürfen. Ich kenne in meiner Gemeinde kein einziges Ehepaar, das jemals gesagt hätte: »Wir fühlen unsere Ehe herabgewürdigt. Wir wollen das nicht.« Im Gegenteil habe ich schon den Satz von einem Ehemann gehört: »Das, was meine Frau und ich uns an Nähe schenken, möchte ich anderen Menschen nicht vorenthalten.«

Und so taufe ich auch Kinder aus gleichgeschlechtlichen Beziehungen, egal ob adoptiert oder ob sie durch eine Samenspende auf die Welt gekommen sind. Was kann ein Kind für das Kirchenrecht und die Konflikte der Erwachsenen? Wie bei der Verpartnerung erlebe ich auch hier Menschen, die aus tiefem Glauben zu mir kommen – aber eben einen Konflikt mit der Amtskirche haben, der sie zum Austritt bewogen hat.

Zu mir kam vor einiger Zeit ein Lesbenehepaar und sagte, sie würden ihr Kind gerne taufen lassen. Die Mutter stammte aus einer Bauernfamilie aus einem Dorf in Oberbayern und sagte, sie sei mit diesem Wunsch bei ihrem Pfarrer an ihrem Wohnort gescheitert. Zum Pfarrer selbst war sie gar nicht erst vorgelassen worden. Das Gespräch hätte ein Angestellter im Pfarrbüro geführt, der ihr kühl mitgeteilt hätte, der Pfarrer taufe ihr Kind nicht, weil sie nur ein »verpartnertes Ehepaar« seien. Man könne einen anderen Taufpriester anfragen, der bereit sei, die Taufe durchzuführen, er wolle nur gleich klarmachen, dass er die Taufe lediglich im Eingangsbereich vollziehen würde, nicht am Taufbecken in der Kirche. Und er werde nur mit ihr, der leiblichen Mutter des Kindes reden, weil sie das Kind auf die Welt gebracht hat – und nicht mit ihrer Lebenspartnerin, die es ja nicht einmal gezeugt hätte. »Wissen Sie was, wir wollten eigentlich das Fest der Freude feiern – und nicht derartig herabgewürdigt werden.« Mit welchem Recht verweigert man da die Taufe eines unschuldigen Babys, etwa um die Lebensweise seiner Eltern abzustrafen?

In ihrer Not – es waren gläubige Menschen –, ihr Kind taufen zu lassen, waren sie zu mir gekommen. Sie fragten: »Machen Sie das – oder weisen Sie uns auch ab?« Ich fragte zurück: »Was glauben Sie denn?« Was man einerseits als Ausdruck der Empörung, aber eben auch als Frage nach ihrem Glauben verstehen kann: »Nun«, antworteten sie, »wir hatten schon die Hoffnung, Sie würden uns nicht abweisen?« »Dann kommt mit eurem Kind! Ich lasse euch nicht alleine.« Wer anklopft, dem wird aufgetan. Ich spürte – bei beiden – wie so oft in vielen ähnlichen Gesprächen mit gleichgeschlechtlichen Paaren ganz tiefe Wunden, Traurigkeit und auch eine Fassungslosigkeit über die vorausgegangene Abweisung. Es wäre sicher ihr letzter Versuch bei mir gewesen, mit der Kirche in Frieden zu leben. Glauben hatten sie ja genug – nur Kirche zu wenig. Was mich dann besonders berührt hat: Bei der Tauffeier war ihre große Familie gekommen, ganz liebe Leute, ein prächtiges Bild, wie sie da alle in Tracht vor der Kirche standen, fröhlich, völlig selbstverständlich. Und ich dachte: »Schau mal an, ausgerechnet unsere frommen katholischen Landleute haben keine Probleme, die ganze Familie, Freunde und Verwandte, stehen geschlossen zu diesem Paar aus ihrer Mitte. Niemand hat sich abgewendet. Und wer hätte sie in ihrem Wunsch, ihr Kind zu taufen und christlich zu erziehen, fast fallen gelassen? Die Kirche! Irrsinn. Wenn sich daher einer vor mir empören würde: »Wie können Sie nur ein Kind aus so einer Beziehung taufen?«, würde ich antworten: »Mit Wasser! Schon eine Handvoll genügt. Ich bin Priester. Mehr braucht das Kind, mehr braucht Gott nicht.« Mittlerweile haben wir ihr zweites Kind getauft. In dem Formular für die Taufanmeldung musste der Stand der Eltern ausgefüllt werden: verheiratet/nicht verheiratet. Und da haben wir ohne Umschweife reingeschrieben: Mutter/Mutter -verpartnert/verpartnert. Und genauso ging das ins Matrikelamt. Wir waren gespannt gewesen, ob es eine Rückfrage geben würde. Bisher ist nichts gekommen. Wenn ich so gläubige Menschen sehe, wie diese beiden Frauen, wie sie um die Taufe ihres völlig unbeteiligten Kindes gekämpft haben und wie glücklich sie anschließend waren, denke ich, so eine intensive Auseinandersetzung, warum ich mir das Sakrament der Taufe für mein Kind wünsche und so viel auf mich nehme – das würde ich allen Eltern wünschen. Es würde generell den Sakramenten die Bedeutung zurückgeben, die sie verdienen. Sakramente musst du in dir spüren. Aus dem Herzen. Dann entsteht Glaube. Meulemanns alter Leitsatz. Homosexuelle Partnerschaften, die ihre Kinder taufen, zur Kommunion schicken, firmen lassen und die mit kirchlichem Segen anerkannt werden möchten, können keine Niederlage für die Menschheit sein. Eine Niederlage für die Menschheit und für meine Kirche wäre es, wenn sie gläubige Menschen und ihre Kinder unter Hinweis auf das Kirchenrecht abweist und ausgrenzt – es wäre zudem auch eine Niederlage für die Mitmenschlichkeit.

◆

Kirche will einerseits eine Gemeinschaft in der Mitte der Gesellschaft sein und gleichzeitig drängt sie de facto vieles an den Rand, was diese Mitte ausmacht. Der Veränderungsbedarf in Sachen kirchlicher Sexualethik ist enorm. Die 2014 unter katholischen Gläubigen ausgewertete Umfrage des Vatikan hat ergeben, dass die Morallehre der Kirche überwiegend als »Verbotsmoral« und »lebensfern« angesehen wird. Nehmen wir nur das Verbot, vorehelichen Sex zu haben, und das Gebot für Mann und Frau, nur jungfräulich das

Sakrament der Ehe zu empfangen. Ich bin seit dem 27. Juni 1987 Priester in vier verschiedenen Gemeinden gewesen und ich habe nach 28 Jahren und Hunderten Hochzeiten aber wirklich keine fünf Paare gehabt, wo ich felsenfest gewusst habe, die gehen beide jungfräulich in die Ehe und haben vom anderen vorher nie mehr gesehen, als der Badeanzug hergibt. Und ich bin überzeugt, in keiner Gemeinde sieht das anders aus. Das bedeutet streng genommen, ich hätte nur fünf Paaren das Sakrament der Ehe stiften dürfen. Ist es noch haltbar, vorehelichen Sex generell als schwere Sünde zu bewerten? Kann eine Lehre Bestand haben, wenn sie dem »Glaubenssinn des Gottesvolkes« derart widerspricht? Kann der Katechismus noch »Richtschnur dessen sein, was in der Weltkirche Geltung hat«? Und stimmt der Satz des Bamberger Erzbischofs Ludwig Schick, die Kirche müsse mit Jesus gehen und nicht mit dem Zeitgeist? Woher weiß er, wie Jesus heute den Zeitgeist einschätzen würde? Vielleicht würden wir Überraschungen erleben? Die Sexualethik meiner Kirche ist von der Lebenswirklichkeit der Menschen längst rechts und links überholt worden und verwendet dennoch immer noch Sätze wie »in Sünde gezeugt« oder »in Sünde empfangen« – während bei Maria von einer Jungfrau die Rede ist, die Jesus unbefleckt geboren und als Jungfrau empfangen haben soll. Ich muss mir da selbst an die Nase fassen. Wie oft spreche ich noch im Gebet, zum Beispiel im Weihnachtsgottesdienst, von »der ewigen jungfräulichen Unversehrtheit Mariens«. Was setzen wir Priester mit solchen Floskeln nur für Bilder? Kaum jemand weiß – und nur ganz wenige Priester, die das studiert haben, sagen es ihrer Gemeinde, dass diese angebliche »unbefleckte Jungfräulichkeit« einer von vielen möglichen Übersetzungsfehlern der Bibel ist, dahingehend, dass keineswegs von »Maria, der Jungfrau« die Rede ist – sondern von »der jungen Frau Maria« – ein wirklich himmelweiter Unterschied. Die eine Version völlig realitätsfern falsch übersetzt und die andere Übersetzung, so menschlich und natürlich, so wohltuend nahe am wirklichen Leben: die »junge Frau Maria« hat ein Kind namens Jesus geboren. Solche Irrtümer schleppen wir seit 2000 Jahren mit. Eine Korrektur dieses Übersetzungsfehlers würde das Wirken von Jesus Christus um keinen Deut weniger »göttlich« erscheinen lassen. Was denn sollte diese Wirkung schmälern, wenn Jesus ganz natürlich geboren worden wäre? In ihrem Beharren auf der Jungfräulichkeit stempelt die Kirche Generationen von Frauen als zweitklassig ab, die den durchaus göttlichen Prozess einer natürlichen Geburt durchlaufen und Kinder auf die Welt bringen. Was anderes als ein Teil der göttlichen Schöpfung sollte das sein? Ein Kind, das so geboren ist, kann daher nicht »in Sünde geboren« sein.

Die katholische Kirche hat seit Bestehen den – schon vom Vorhaben her sinnlosen – Versuch unternommen, so etwas Unbändiges wie die Sexualität durch Worte, Regeln, Verbote, Strafen irgendwie zu regulieren. Was hat eine solche kirchliche Sexualmoral mit unserer Glaubensverkündigung zu tun? Wozu brauchen wir diese gigantischen Folianten über Sexualmoral? Die amerikanische Verfassung, an der jener spätere US-Präsident Thomas Jefferson mitschrieb, hat nur 7 Artikel und trotzdem steht alles Wichtige drin, auch zum Thema Menschenrechte. Ich glaube, die Kirche darf sich in der Sexualmoral auf die konkreten Dinge und Spielvarianten des Zwischengeschlechtlichen gar nicht erst einlassen und muss sie nicht in allen Einzelheiten vertiefen. Der tiefere Sinn der Ehe und das Sakrament ist nach der Kirchenlehre, Gott darzustellen in seinen drei wesentlichen Kernelementen: das sind Liebe und Treue, das ist Unauflöslichkeit und das ist Hinwendung auf das beiderseitige Wohl – und falls möglich: Nachkommenschaft, Kinder!

Den Hinweis auf das »beiderseitige Wohl« finde ich sehr spannend, weil sich da die Kirche outet und sagt, Ehe bedeutet eben nicht nur ausschließliche Orientierung auf Nachkommenschaft – sondern auch Sexualität. Denn Lust, bewusste Körperlichkeit und Wohlgefühl bedeuten intensive Nähe und schaffen Bindung füreinander. Es ist wissenschaftlich belegbar, dass Ehen, die auch sexuell beide Partner erfüllen, eher selten geschieden werden. Freude an der

Lust und erfüllte Lust ist normalerweise nur möglich, wenn beide Partner sich grenzenlos vertrauen und daher zulassen können, ihre Individualität miteinander aufzulösen in einer neuen, gemeinsamen Einheit. In meinem Hochzeitssegen sage ich dem Paar daher auch jedes Mal sehr laut und als deutliche Ermunterung: »Gott segne euch auch in eurer Lust!«

Manchmal merke ich dann, wie ein Ruck durch die Hochzeitsgesellschaft geht, weil das viele überrascht, dass ein zölibatär lebender Priester vor dem Altar so offen erfüllte Lust anspricht. Lust aufeinander aber ist ein Grundelement einer jeden erfüllten Beziehung. »Lust« erstreckt sich nicht allein auf die Sexualität. Sondern auf die ganze Partnerschaft. Wenn ich keine Lust mehr auf meinen Partner habe, dann mag ich doch auch nicht mehr mit ihm leben? Ich muss »Lust« haben, mit dir zu leben. »Lust« haben, dich zu sehen. Ich muss Lust haben, mit dir in den Urlaub zu fahren, Lust haben, mit dir etwas Neues zu entdecken, mit dir einen Betrieb zu führen, mit dir durch dick und dünn durch dieses Leben zu gehen, mit dir Kinder zu zeugen und für diese Kinder gemeinsam Verantwortung zu übernehmen, um sie zu guten, glücklichen Menschen heranwachsen zu lassen. Ich muss Lust haben – oder es besser bleiben lassen. Ohne Lust läuft nichts – weder im Bett noch im Leben. Lust ist Leben. Leben ist Schöpfung. Schöpfung ist immer göttlich. Und daher gehören Glauben, Schöpfung, Lust und Kirche einfach zusammen.

Meine Kirche müsste nur mal versuchen, auf diesem Gebiet ihren Markenkern wieder herauszuarbeiten – und mit einem Schlag würden so viele Vorwürfe und Vorurteile wegen der verstaubten und verkniffenen kirchlichen Sexualmoral von einem Tag auf den anderen ins Leere laufen. Die entscheidende Botschaft, um die es mir geht, ist die Forderung, dass mir und meinem Partner die Beziehung guttut. Es ist Jesu Botschaft unbedingter Liebe. Dass wir verantwortungsvoll und mit Respekt miteinander umgehen.

Wenn zwei verantwortungsbewusste, erwachsene Menschen sich lieben und ihre Sexualität gemeinsam ausleben wollen, dann machen sie das instinktiv richtig und werden auch aufeinander achtgeben. Wenn sie sich gegenseitig verschenken, können sie keinen Fehler machen, geschweige denn »sündigen«. Liebe hat keinen Auftrag, keine Gesetze, keinen Zwang. Kardinal Reinhard Marx hat das 2014 so ausgedrückt, dass Kirche nicht auf der Basis von Sündenkatalogen und Strafregistern über Moral sprechen sollte, vielmehr gehe es darum, den Menschen dabei zu helfen, ihr Leben unter dem Anspruch des Evangeliums gestalten zu können und zu »reflektierten« Gewissensentscheidungen zu kommen.

Vielen Menschen in meiner Kirche fehlt leider noch der Mut zur Veränderung. Und viele Menschen, die ihn hätten, haben wir verloren, nicht mehr erreicht oder noch nicht zurückgewonnen. Menschen, die den Mut zur Veränderung haben und diesen Mut von ihrer Kirche fordern, haben das stärkste Argument auf ihrer Seite. Denn wir haben einen Kristallisationspunkt – und das ist Jesus Christus, der jeden Menschen unabhängig von Geschlecht, Herkunft, Hautfarbe, von Bildung, unabhängig von sexueller Orientierung oder politischer Ausrichtung in seine Nähe holt. Grenzenlose Liebe war sein Gebot. Das allein hat die Menschen verändert. Jesus grenzt niemanden aus. Aber meine Kirche tut es: Sie grenzt Homosexuelle aus, die nicht Priester werden sollen, sie grenzt geschiedene Ehepaare aus, indem sie die Sakramente nicht mehr empfangen dürfen. Sie grenzt diese Geschiedenen aus, wenn sie noch einmal einen anderen Partner mit »Gottes Segen« heiraten wollen. Warum beansprucht die Kirche das Recht, über die Lebensentscheidung anderer Menschen zu urteilen, die sich trennen, weil ihre Liebe nicht mehr gelebt werden kann? Warum tun wir das? Jesus ruft dem Mob, der die Ehebrecherin steinigen will, doch zu: »Wer ohne Sünde ist, der werfe den ersten Stein!« Was ist denn die Sünde? Die Sünde ist die Verfasstheit des Menschen. Es geht gar nicht ohne. Sünde heißt nichts anderes, als dass ich mein Leben immer als schuldhaft erleben werde. Und schuldhaft bedeutet immer, dass ich mich nicht selbst erlösen kann. Deswegen beten wir im Vaterunser: »Und ver-

gib uns unsere Schuld, wie auch wir vergeben unseren Schuldigern.«
Liebe, Vergeben, Barmherzigkeit. Das wiederum ist die Verfasstheit
meines Christentums, wie ich es verstehe. Das ist die Aufgabe der
Kirche. Wer einmal in seinem Leben die Erfahrung gemacht hat,
dass ihm in seiner Schuld bedingungslos vergeben wurde, dass sie
den Stein nicht aufnehmen und das Steinigen nicht anfangen, sondern vergeben wollen, dass sie dir hinterherlaufen wie Elmar Gruber
damals, als ich Ministrant war, der wird allein schon aus Dankbarkeit diese Erfahrung weiterschenken. Es ist so unglaublich wichtig,
dass die Kirche mit ihrem archaischen Verständnis von Sexualität
gründlich aufräumt. Dass wir endlich aus diesen langen Schatten
mittelalterlicher Verteufelung der Sexualität heraustreten. Ich erlebe
das jeden Tag aufs Neue – das beginnt in der Jugendarbeit, geht weiter in der Eheberatung und den Vorbereitungsgesprächen für die
Hochzeit: Nichts schadet meiner Kirche heute mehr als ein ver-
krampfter Umgang mit dem Thema Sexualität. Ein Priester, der
heute versucht, mit dem Wort »Sünde« Angst vor Sexualität zu verbreiten, wird ganz schnell zur Lachnummer – vor allem als Pfarrer
in einer Großstadt wie München. Die Leute nehmen dich dann einfach nicht mehr ernst, zumal sie von einem zölibatär lebenden
Priester annehmen, dass hier ein Blinder die »hundert schönsten
Meisterwerke der Kunstgeschichte« beschreiben will.

◆

Während das vom Fahrtwind aufgewehte Laub um meine Speichen
tanzte und ich hochschaltete, dachte ich an all die großen Baustel-
len, die das moderne, sich stetig verändernde Leben in meiner Kirche aufgerissen hat. Ich dachte weiter nach über unseren Umgang
mit Männern und Frauen, deren Ehen geschieden wurden – und das
in allen Fällen, die ich miterlebt habe, niemals leichtfertig, sondern
nach langen, quälenden Prozessen und vielschichtigen Auseinandersetzungen. Dass ich diese Geschiedenen von allen Sakramenten
ausschließen muss und nicht einmal die Kommunion mit ihnen tei-

len darf. Ich erinnerte mich, wie tief das viele Gläubige gekränkt und verletzt hat, wie sie sich still oder empört abwenden, um nie wieder zu kommen. Ausgerechnet gläubigen Menschen, denen die Sakramente noch etwas bedeuten, stellen wir den Stuhl vor die Tür und schließen sie aus. Wer tritt denn heute noch vor den Traualtar für das Sakrament der Ehe? Doch wohl in der Mehrzahl Menschen, die sich mit ihrem Glauben intensiv auseinandergesetzt haben und diesen Schritt ganz bewusst tun. Sie könnten doch in offenen Partnerschaften oder mit einer standesamtlichen Eheschließung weitaus unkomplizierter leben – und sich noch unkomplizierter dazu wieder trennen, wenn es nicht mehr passt. Niemand braucht dafür die Kirche. Wer heute noch kirchlich heiratet, tut das ganz bewusst. Sakramentale Ehen werden heute seltener geschlossen – aber die Qualität und der Wert dieser Ehen steigen enorm, weil die Paare sich freiwillig dazu entschlossen haben.

Die sakramentale Ehe ist also keine »Einweg-Garnitur für den Isar-Grillabend« mit abgepackter Alugrillwanne und Kohleanzünder. Nichts, was die Paare heute leichtfertig »abfackeln«, um dann den nächsten Partner zu suchen. Ich jedenfalls habe bei keiner meiner vielen Hundert Eheschließungen im Laufe von fast drei Jahrzehnten Priestertätigkeit erlebt, dass da Menschen mit einem Gutscheinheftchen »Im Dutzend billiger« vor mir saßen. Meine Paare heiraten heute später und überlegter als früher. Wird dann eine Ehe geschlossen, ist sie meist stabiler. Gegenseitiges Verschenken, Hingabe – zum beiderseitigen Wohl der Ehepartner –, sich zu stützen und aufzufangen, sich gegenseitig gutzutun, finde ich, ist ein wunderschönes Ziel, für das es sich lohnt, ein Eheversprechen abzugeben. Das »Ja« ist mir so heilig, dass ich bei meinen Trauungen nie müde werde, dem Paar gegenüber zu betonen: Bis hier vorne vor den Traualtar kann und wird es nicht jedes Paar schaffen. Dazu muss man ja auch erst mal das Glück haben, den richtigen Partner zu finden, an den man sich verschenken will. Heute einen Menschen zu finden, der im selben Takt tickt, so weit zu kommen, diesen Entschluss zu fassen und dann so ein Eheversprechen am Ende eines langen Findungs-prozesses – das ist für mich eine ähnliche Gnade, als wenn ich mich mit dem Motorrad auf einer mediterranen Küstenstraße in die Kurve lege und der aufgehenden Sonne entgegenfahre. Was sind das doch für »Worte des ewigen Lebens«, wenn der Bräutigam spricht: »Nimm mich, ich will dein Mann sein, ich will an deiner Seite sein.« Und sie sagt: »Nimm mich, ich schenke mich dir als deine Frau!« Nicht in dem Sinne, ich bin dir völlig ergeben – sondern in dem Sinne: Ich ergänze alles, was du mir gibst. Und umgekehrt tust du es genauso. Ein Geschenk. Beide schauen sich an – und nicht mich. Als Zeichen des Selbstbewusstseins der beiden: auf uns kommt es an! Dieser Moment des »Ja« ist etwas Heiliges. Und das besteht fort, wenn es auch im Alltag und in all den Kämpfen, in denen wir stecken, manchmal unterzugehen droht. Niemand schließt das Sakrament der Ehe, um es zu brechen – sondern im guten Willen, es auszufüllen.

Und da sage ich mir, liebe Kirche, warum bleibst du diesen Menschen so fern – obwohl die Wirklichkeit so aussieht, dass heute statistisch fast 40 Prozent dieser Ehen scheitern. Da haben sich die Lebenswirklichkeiten seit den Sechzigerjahren des vergangenen Jahrhunderts einschneidend verändert, als die Scheidung noch die absolute Ausnahme – und Patchworkfamilien wechselnder Lebensabschnittspartnerschaften nicht die Regel waren. Man kann das beklagen – aber das sind Tatsachen. Tatsache aber ist auch, dass 60 Prozent dieser Ehen scheinbar gut gelingen! Respekt, sage ich da nur! Die Kirche darf heute doch im Sinne der Gläubigen nicht länger nur fragen, wann ist eine Ehe vollzogen – genauso muss sie fragen, wann eine Ehe nicht mehr vollzogen werden kann, weil die Liebe abgestorben und tot ist? Gibt es wirklich nur, »bis dass der Tod uns scheidet«, gibt es keine anderen Anhaltspunkte, Kriterien, Indizien, eine Ehe für »tot«, also für nicht mehr vollziehbar zu erklären? Wieso schaffen wir es, den Hirntod zu definieren – gültig auch in Krankenhäusern mit kirchlichen Trägerschaften –, um ab einem klar bestimmbaren Zeitpunkt die lebenserhaltenden Systeme abschalten zu dürfen? Bei der Ehe schafft es die Kirche nicht, den geregelten »Exit« zuzulassen. Und um den Widersinn noch zu toppen: Eine nicht sakramentale Ehe kann in den Augen der Kirche jederzeit aufgelöst werden und beide Ehepartner hätten das Recht auf das Sakrament der Ehe bei einer erneuten Eheschließung nicht verwirkt. Menschen, die sich scheiden lassen, weil es anders nicht mehr geht, verdienen doch nicht noch eine zusätzliche Strafe – sondern unsere Hilfe, Anteilnahme, Barmherzigkeit – statt Kirchenrecht. Ist das die frohe Botschaft, die Menschen ausgrenzt, weil sie nicht perfekt sein konnten? In den meisten Fällen sind das tiefgläubige Menschen, die unter ihrem Ausschluss heftige Seelenqualen zu durchleiden haben und unglücklich sind. Jemand der nicht glaubt, wird der Kirche getrost den Rücken kehren.

Auch sakramental geschlossene Ehen – und wenn sie noch so tief im Glauben und voller Liebe und Zuversicht geschlossen wurden – können trotz aller Bemühungen scheitern. Ich habe da inzwischen so eine Art Tumormarker, wo ich bei Paaren in meiner Gemeinde die Krise kommen sehe, lange bevor sie es selbst erkennen und die Krise offen ausbricht. Ich sage meinen Brautpaaren immer, kommt rechtzeitig zu mir – aber bitte nicht erst dann, wenn eure Verbindung unwiederbringlich zerrüttet ist und nichts mehr zu reparieren ist und ihr dann nur noch jemanden braucht, vor dem ihr streiten könnt. Manchmal ist es so – da ist nichts zu retten. Es kann ein Paar völlig schuldlos treffen. Wir suchen dann einen Weg, auf dem zwei Menschen noch einmal den Faden aufnehmen können, um aus ihrem Labyrinth herauszufinden. Das ist mein Ziel im seelsorgerischen Gespräch: dass die beiden wieder Mut finden, sich neu entdecken zu wollen. Oft funktioniert das wunderbar. Grenzenlose Liebe ist das einzige Gebot Jesu. Das allein hat die Menschen verändert. Jesus grenzt niemanden aus. Für beide würde dann der schöne Satz gelten, den ich irgendwo mal aufgeschnappt habe: »Eine erste Ehe kann vielleicht nicht mehr zu retten sein – während die zweite Ehe oft ein Leben rettet!«

Liturgie darf nicht wehtun. Wir sind sehr aufgeschlossen für ungewöhnliche Ideen in Sankt Max, weil wir Kirche als öffentlichen Begegnungsraum begreifen. Die Menschen kommen wegen unserer ungewöhnlichen Gottesdienste. Die vierhundert Plätze in meiner Kirche sind dann meist bis auf den letzten Platz besetzt. Oft wird im Gottesdienst geklatscht, da es nicht nur erlaubt, sondern erwünscht ist, sich zu äußern! Im Fasching kommt die Faschingsgilde der Narhalla zu uns in die Kirche und gibt zusammen mit Prinz und Prinzessin und dem gesamten Elferrat eine Vorstellung nach dem Pfarrgottesdienst. Der Fasching in München hat eine eigene, jahrhundertealte Tradition. Vor zwei Jahrzehnten war noch in den tollen Tagen jedes Büro, jeder Laden und jedes Lokal in der Stadt dekoriert, die Menschen gingen sogar kostümiert zur Arbeit, haben dort eher weniger gearbeitet – und mehr gefeiert und den norddeutschen Geschäftspartnern ab dem Zwölfuhrläuten nur noch in den Hörer gelacht und keiner hat's krummgenommen. Anschließend ging der Trubel privat weiter. Drei Tage Party. In den Kneipen, auf den Straßen. Herrlich war das. Ausnahmezustand. Der Fasching ist seither auf dem Rückzug aus dem öffentlichen Raum. Da aber gehört er eigentlich hin. Die Fröhlichkeit und Lebensfreude soll anstecken, sich verbreiten, die Leute mitreißen – und das kann der Fasching nicht, wenn er sich mehr und mehr ins Private zurückzieht und sich die Menschen lieber den Fasching in Veitshöchheim, Mainz oder Köln anschauen – im Fernsehen und zu Hause. Also habe ich die Narhalla gebeten, ob sie nicht nach einem Gottesdienst zu uns kommen wollen – und die haben sofort begeistert Ja gesagt, weil sie genauso denken wie wir alle hier. Die Prinzessin der Narhalla hat in ihrem feschen Kleidchen eine Ansprache gehalten, zum Niederknien schön war das, und hat zum Abschluss voller Rührung gesagt: »Ich bin gläubige Christin und dass ich heute als Faschings-Prinzessin hier sein darf, mit euch beten und tanzen darf – dass ich hier reden darf, mich mit euch freuen darf – hier in dieser Kirche –, das ist mein ganz persönlicher Höhepunkt dieses Faschings, ja meines Lebens.« Tosender Applaus. Die Zuhörer waren bewegt und voller Freude bei der Sache, als es wieder »ans Beten« ging. Denn der Fasching mit seinem Postulat der Lebensfreude ist schließlich auch ein Protest gegen die Vergänglichkeit, das Altern und den Tod. Er erinnert uns, jetzt zu leben, die Schöpfung voller Freude in uns aufzunehmen, zu genießen und einfach dankbar zu sein, dass wir da sind. Das war die Idee – und sie ist an diesem Tag voll aufgegangen. Das gab natürlich wieder ein Riesenspektakel in den Medien.

Je kritischer die Stimmen waren, desto faschingsferner vom tatsächlichen Ereignis suchten sie sich Gehör zu verschaffen. Ein Leserbriefschreiber meinte, wie ich dazu käme, diese »Halbaffen« in der Kirche tanzen zu lassen und dadurch die Kirche zu entweihen. Das sind die Anlässe, bei denen bei mir die entschlossene Härte einer Wiesnbedienung durchbricht, die notwendig ist, wenn betrunkene Gäste randalieren. Den Schreiber habe ich ausfindig gemacht und ihn angerufen, gefragt, wie er dazu käme, Menschen einfach so als »Halbaffen« herabzuwürdigen? Er wäre doch gar nicht da gewesen und könne wohl kaum beurteilen, welche Wirkung dieser Gottesdienst auf die Anwesenden gehabt hätte und wie erhebend es da zugegangen sei. Ich selbst hätte nur glückliche Menschen gesehen – und keiner sei in so abwertender Weise auf mich herangetreten wie er. Der Mann war hörbar verlegen, so wie es immer ist, wenn man Kritiker dieser Art aus der Anonymität holt. »Wissen Sie«, habe ich gesagt, »das sind Menschen, die Lebensfreude leben.« Und dann war es ganz still im Hörer und ich habe gespürt, dass er es nicht tut, mit Freude leben. Da setzt dann das Nachdenken ein. Da kommt man ganz schnell wieder auf eine menschliche Ebene – was mir immer wieder zeigt: Du musst dahin gehen, wo die Menschen sind. Unsere Aktionen sind immer sehr zeitaufwendig und arbeitsintensiv – aber der Einsatz lohnt sich und deshalb machen alle jedes Mal gerne wieder mit, obwohl sie einen großen Teil ihrer Freizeit opfern. Es geht ihnen um die Sache, unseren Glauben. Und darum, dass wir ihn nach außen sichtbar werden lassen. Eins unserer ältesten Projekte ist die Fahrzeugsegnung. Rund um den Gedenktag des beliebten Schutzheiligen Sankt Christophorus am 24. Juli lädt seit über 80 Jahren die gleichnamige Bruderschaft dazu ein. Zu der Fahrzeugsegnung kommen Hunderte und die Messe ist – bei allem Ernst und Schutzverlangen – immer eine Gaudi. Ich segne alles, auf dem sich Menschen auf der Straße, im Garten oder auf dem Feld, zu Lande, zu Wasser und in der Luft fortbewegen. Vom Rasenmäher, über Skateboards, Roller, Fahrräder, Traktor, Quads, vom LKW, den Motorrädern der Väter bis zum Bobbycar der Kinder – den Schutz des hl. Christophorus können alle brauchen. Gerade vor der beginnenden Urlaubszeit Ende Juli ist die Fahrzeugsegnung sehr begehrt. Dann fahre ich schon mal im Messgewand auf Inlineskatern durch die Kirche zum Altar oder mit meinem Motorrad in voller Messmontur um die Kirche. »Lacht doch über solche Einlagen!«, sage ich meinen Kritikern immer – die Leute behalten das in Erinnerung und reden später drüber. Sie erinnern sich, weil etwas geschehen ist, was eben nicht die übliche Routine und Langeweile ist. Sondern sie sehen einen Pfarrer, der sich einsetzt und begeistert selbst mitmacht – und das erhöht natürlich auch die Glaubwürdigkeit solcher Segnungen.

In unseren Messen nutzen wir gerne den über fünf Meter breiten und über 70 Meter langen Mittelgang in Sankt Max für »Provokationen«. Einmal haben wir in der Christmette zehn Mülltonnen hintereinander hingestellt mit der Aufforderung: Müll trennen! Auf den Mülltonnen stand jeweils ein Wort: HETZE, UNGERECHTIGKEIT, MISSTRAUEN, EIFERSUCHT, NEID – die ganzen Todsünden. Jeder Besucher sollte im Gottesdienst ein Symbol seines Gedankenmülls mitbringen und in »seiner« Tonne entsorgen, sich befreien wenigstens für die Feiertage, sich von etwas trennen, was ihn in seinem Leben belastet. Das Gewissen entmüllen. Den Ballast des Negativen entsorgen. Sich eigene Sünden und anderen Menschen vergeben. Bei dieser Aktion haben wir noch einen draufgesetzt. In unseren Werkstattgesprächen – unser Pfarrgemeinderat heißt nur Sankt

Max-Werkstatt und ist ein völlig offenes Gremium – waren wir zu der Auffassung gekommen, es wäre nicht ausreichend, die Tonnen geschlossen und lediglich mit der plakativen Aufforderung zur Entsorgung hinzustellen. Nein. Wir entschlossen uns, noch einen draufzusetzen. Die Tonnen waren im Gottesdienst geöffnet und nicht leer. Jede hatten wir mit Stroh ganz aufgefüllt. Die Besucher standen tatsächlich davor, verharrten nachdenklich, beteten, entsorgten, Eltern sprachen mit ihren Kindern. Wunderbar. Das war angekommen. Und dann ist Krippenlegung in der Christmette, bei der ich mit zwei Kindern – jedes mit einem Korb Puppen – den ganzen langen Mittelgang entlang zu jeder dieser Mülltonnen gegangen bin und wir zusammen je eine Puppe zu den Sorgen ins Stroh gelegt haben. Zu Bethlehem geboren. Das war unser Symbol für diesen Gottesdienst. Ein ganz starkes Zeichen. Der Herrgott kommt und legt sich auf das Stroh zum Trost unserer ganzen seelischen Unrast. Wir waren uns gar nicht so sicher, wie die Besucher reagieren würden – wir erleben immer wieder überraschende Reaktionen, mit denen wir nie gerechnet hätten. Aber das macht den Reiz aus: die Menschen aufzurütteln und zum Nachdenken – am besten noch – zum Handeln und Mitmachen zu bringen. So seltsam sich diese Aktion vielleicht anhören mag – die Menschen in der Kirche hatten es sofort verstanden. Das Jesuskind, das sich jeder unserer Sorgen annimmt und sie zudeckt.

Das hatte eine ungemeine Wirkung. Eine Familie meinte hinterher zu mir, sie wären mit ihren Kindern kaum noch nach vorne zu der eigentlichen Krippe gekommen, weil ihre Kinder in jede der Mülltonnen schauten und sie an jeder Station erklären mussten, was negative Gefühle wie Neid, Hass, Eifersucht bedeuten und was sie bei uns auslösen. Und dass Jesus Christus, dass Gott uns hilft, uns daraus zu befreien, indem er unsere schlechten Gedanken auf sich nimmt. So ist Gott, er legt sich mitten in meinen ganzen Müll des Lebens rein und nimmt sich meiner Sorgen und Nöte an, so sehr liebt er mich – auch in meinen ganzen Fehlern. Das ist die tiefere Bedeutung der Geburt im Stall. Dazu ist er zu uns auf Erden erschienen. Die traditionelle Krippe, so die Eltern, die wir wie jedes Jahr wunderschön gestaltet hatten, war gar nicht mehr so interessant für die Kinder. Dieser Gottesdienst sei eine Lehrstunde im Glauben gewesen für die ganze Familie, eine Andacht, über die sie noch lange gesprochen hätten. So was in der Art machen wir häufiger. Solche Aktionen verlangen Mut, Neues zu wagen, und ein gutes Gespür für die Gemeinde. Nach 28 Jahren Erfahrung hat man das mehr als ein blutiger Anfänger. Ich glaube auch nicht, dass man unsere Aktionen überall machen kann. Unsere Gläubigen erwarten das und machen mit. Aber genau das macht den Unterschied: Spule ich jedes Jahr, jedes Weihnachten die immer gleiche Routine ab, fühle ich mich sicher und kann hinterher nach dem Weihnachtsbraten in seligen Schlummer sinken. Möchte ich aber, dass die Menschen einen wichtigen Gedanken mit nach Hause nehmen, durch den sie bewegt wurden, etwas erlebt haben, das sie freudiger macht, das sie lebendiger macht – das sie miteinander sprechen lässt –, dann muss ich mutig sein. Kirche lebt davon, dass sie vielfältig ist. Dass sie wie eine blühende Almwiese ist. Dass sie viele Farben und Kräuter besitzt. Wir in Sankt Max möchten eine besonders kräftige Farbe in diesem bunten Blütenmeer sein.

◆

Wir versuchen zunehmend, auch in Heilig Geist Kirche und Glauben wieder in die öffentliche Wahrnehmung zu bringen, als einen Ort, der zum Nachdenken, zur inneren Einkehr, zum Gebet Anregung gibt. Die drei Kunstaktionen, die wir bisher veranstaltet haben, waren jedes Mal ein voller Erfolg. Gemeinsam mit dem Kultur Management der Erzdiözese München stellen wir den Kirchenraum jungen Künstlern zur Verfügung. Ziel ist es immer, die Besucher in die Kunstprojekte einzubringen. Auf den Mitmachfaktor kommt es uns besonders an. Der ist die Voraussetzung, dass die Künstler in unserer Kirche wirken können. Bei einer der Aktionen schmückten einmal Tausende Papiertauben den Kirchenhimmel – als Symbol des Friedens. Die Papiertauben haben wir mit den Gottesdienstbesuchern, in Kneipen und Wirtschaften und mit Passanten nach einer Anleitung gefaltet und auch dazu eingeladen, auf die weißen Papiertauben seine Gedanken zu schreiben, was mir der Heilige Geist bedeutet oder über Frieden und Streit, den wir selbst ausgelöst und beizulegen haben. Innerhalb kurzer Zeit brachten die Besucher fast zweitausend Tauben zustande – und jeder, der eine mitgefaltet hatte, war nun Teil dieses Kunstprojektes. Die Kirche blieb bis spät in die Nacht geöffnet und die ganze Szenerie wurde mit speziellen Scheinwerfern in ein magisches Licht getaucht, wobei die Lichtstimmung sanft wechselte. Dazu kam sphärische Musik aus einer sehr guten Lautsprecheranlage. Es entstand eine positive Gesamtstimmung, sodass sich die Kirche in einen riesigen Meditations- oder Andachtsraum verwandelte, der deutlich sichtbar von Menschen aus allen Teilen der Welt, aus den unterschiedlichsten Ethnien und Glaubensrichtungen verstanden werden könnte und entsprechend mit guten Wünschen und Gefühlen erfüllt war.

Es gibt noch eine andere wunderbare, fast meditative Aktion, die ich durch ein weiteres Kunstprojekt in unserer Heilig Geist Kirche kennengelernt habe. Es ist die Lehre der Knoten. Das, was in unserem Leben unlösbar, unentwirrbar verknotet scheint. Gordisch sozusagen. Diese Knoten sichtbar zu machen, soll bei dieser Aktion der erste Schritt sein, um sie aufzulösen. Aber nicht mit Gewalt – niemand möchte jemanden mit einem Schwert wie Alexander in der Kirche hantieren sehen –, sondern durch die Macht der Gedanken und das Gebet. Dazu hatten wir in der Kirche neben dem Seitenaltar mehrere Baugitter aufgestellt und einen Korb voller Seile bereitgestellt, die man an ein Baugitter knoten konnte. So wie Liebespaare mit ihren Schlössern an den Brückengeländern europäischer Städte ihre Liebe sichtbar machen, sollte jeder Besucher mit seinem Knoten hier sein Problem aufzeigen und ein Licht anzünden: »Lieber Beter, auch Sie bringen Ihren Knoten im Leben im Gebet hierher zur

Muttergottes. Knoten gibt es unendlich viele in unseren Beziehungen, Ängsten, Sorgen, Nöten um unsere Familien, unsere Gesundheit oder den Arbeitsplatz, den Frieden in der Welt oder unserer nahen Umgebung. Auch hier in der Kirche gibt es keinen Lösungsknopf, den man nur drücken müsste und alles wäre sofort gut. Aber Sie können Ihren »Knoten« hierlassen. Bei der Muttergottes. Als Zeichen, dass hier ein Platz ist, an dem wir alle unsere Probleme abladen dürfen. Im Vertrauen auf ihre Fürsprache dürfen wir wissen, dass sie uns beisteht, unseren Lebensknoten langsam, ruhig und besonnen selbst aufzulösen. Und wenn sich nur ein Knoten lockert, können wir dies spüren. Unser Opferlicht vor dem Altar ist ein sichtbares, warm flackerndes Zeugnis dafür.« Am Samstagmorgen haben wir ein Gitter aufgestellt, kalt und fremd und leer stand es da – als würden Renovierungsarbeiten beginnen. Ich selbst hatte eine Schnur an das Gitter geknotet – ich habe ja auch meine Problemzonen, aber vor allem, um einen Anfang zu setzen und zum Nachmachen zu animieren. Als ich drei Stunden später wieder vorbeikam: alles voll! Alles. Das Gitter war so verknotet, dass es hinter einem Vorhang von Aberhunderten von Seilen verschwunden war. Ich habe gleich ein zweites Baugitter organisiert. Später noch eines. Am Ende standen sieben Gitter mit Tausenden Knoten in der Kirche. Diese Knotenwand hat Menschen aller Nationen und Ehtnien und Glaubensrichtungen in so großer Zahl angesprochen, dass ich wirklich perplex war, was sich da für ein ungeheurer Bedarf an Zuspruch auftat. Während der Aktionen ist die Kirche immer voll und die Menschen sind begeistert, weil sie Kirche auf diese Art noch nie erfahren haben. Offenbar hatten wir wieder einen Nerv getroffen, der zeigt, wie wichtig Kirche heute als ein Raum für Besinnung ist. Viel zu selten nutzen wir den Raum der Kirche, um ihn außerhalb der Gottesdienste mit Leben zu füllen und den Raum wieder zu einem Ort des Trostes und der Andacht, des Innehaltens und vielleicht auch der Dankbarkeit zu machen. Gerade in unseren schnelllebigen touristischen Innenstädten müssen wir eine Botschaft anbieten die zum Verbleiben anregt und die Besucher anspricht. Überleben wird die Kirche nur, die von den Menschen angenommen wird. In Sankt Max und Heilig Geist zeigen wir einen möglichen Weg von vielen. Es mag bessere geben, wir suchen täglich weiter und wachsen – auch im Scheitern. Aber: Wir haben eine junge, moderne Kirche in Sankt Max, die offen ist und boomt. Eine Gemeinde, die vor Enthusiasmus brennt, sich einsetzt, ihren Glauben wirklich lebt, die Freude hat, ihn weiterzutragen, zu experimentieren, Neues auszuprobieren ohne Hemmungen und ohne Widerstände.

◆

Ich kann und will die Kinder zu nichts zwingen – wenn es um den Glauben geht, setze ich voll auf Freiwilligkeit. Dass sie ihre eigenen Erfahrungen machen. Die Wertschätzung ist dann umso höher – weil es aus ihrer eigenen Erkenntnis erwachsen ist – und sie erwachsen geworden sind. Sie haben erkannt, dass sie selbst ins Tun kommen müssen, um Werte zu schaffen. Das ist ein Nebenbei-Effekt der Jugendarbeit, wie wir sie in Sankt Max verstehen: in Selbstständigkeit und Freiheit und aus Überzeugung selbst entscheiden, dass du mitmachen möchtest. Was ich tun kann, ist: Christentum lebendig vorleben, so, wie es mir in meiner Gemeinde vorbildlich vorgelebt wurde, als ich jung war. Dieses System klappt bei uns perfekt. So gut, dass ich in meinen beiden Kirchen nicht einmal einen Ministrantenplan erstelle. Den organisieren sich die Jugendlichen selbst. Ich kümmere mich erklärtermaßen um nichts. Sie sind verantwortlich. Ich stehe vorne am Altar und die Jungen und Mädchen bringen mir Brot und Wein. Manchmal muss ich sogar nachfragen, wer da neben mir steht – zum Glück lachen sie immer und niemand nimmt mir das krumm. Es ist ihr »Ding«, ihr eigenständiger Verantwortungsbereich – und ich wirke da eben mit. Dieses ausgeprägte Selbstbewusstsein hat die Truppe. Ich gehe das Risiko ein, dass ich eventuell auch mal alleine dort stehe, weil schönstes Wetter ist und alle beim Baden sind – aber in all den Jahren ist das noch nie geschehen. Die Ministranten, das sind bei uns in der Gemeinde selbstverständlich Jungen – und Mädchen. Einen Fall wie zu Jahresbeginn 2015 in der Pfarrkuratie Altenau, mein erster pastoraler Wirkungsbereich 1986 (!!) im Landkreis Garmisch-Partenkirchen, würde es bei mir nicht geben: Weil 23 Burschen kein Mädchen als Ministrantin mit dabeihaben wollten, setzten sie den Pfarrer derart unter Druck und drohten aufzuhören, falls ein Mädchen aus dem Ort zugelassen würde, das sich als Ministrantin beworben hatte. Es mag ja regionale Besonderheiten geben, örtliche Animositäten, die ein Dorf so an sich hat – grundsätzlich aber gibt es nichts zu diskutieren: Geschlechtertrennung in der Kirche ist ein Skandal und von gestern. Öffentlich gemacht wurde das Ministranten-Mobbing in der Juli-Ausgabe der Pfarrverbandsnachrichten. Dort betonen Pfarrer, Pastoralreferent und der Vorsitzende des Pfarrgemeinderates, dass sie »entgegen ihrer eigenen Überzeugung« den Ministranten nachgeben würden. Es sei festzustellen, dass, entgegen landläufiger Meinung, Mädchen zum Ministrantendienst neuerdings durchaus zugelassen werden *können*, aber nicht zugelassen werden *müssen*. Mädchen könnten derzeit in dem betreffenden Pfarrverband nur in den Kirchen in Bad Kohlgrub, Bad Bayersoien und Saulgrub den Altardienst verrichten. Aber auf Betreiben der Burschen nicht in Altenau. Am 25. Juli 2015 wurden in der Vorabendmesse in St. Antonius die neuen Ministranten aufgenommen. Ausschließlich Buben. Wir schreiben das Jahr 2015 – da muss ein Mädchen ministrieren dürfen. Ich hätte als Pfarrer sofort gesagt: ja dann, Buben, geht's – wir leben die Kirche Jesu Christi. Seine Liebe gilt für Mann und Frau gleichermaßen. Bei uns funktioniert das Zusammen mit Mädchen und Jungen doch auch einwandfrei. Kein Zwang. Keine Kontrolle. Keine Disziplinarmaßnahmen. Selbstorganisation. Genauso wie bei meinen Ministranten halte ich es mit dem Kommunionunterricht. Es war ein langer Weg, bis ich das Prinzip der Freiheit als das stärkste Moment begriffen habe, um den eigenen Glauben entfalten zu können.

Normal ist vielerorts immer noch der alte Frontalunterricht, 40 Kinder in Gruppen zu acht, zu zehnt. Und die marschieren dann am Tag der Kommunion in Kompaniestärke ein wie ein nordkoreanisches Wachbataillon vor dem Präsidentenpalast, im Gleichschritt durch den Mittelgang zum Altar. Das Kind kapiert nichts. Spürt nichts. Vertane Chancen. Ich muss sogar noch vorher raus zu den Eltern und sagen, bitte nicht andauernd fotografieren, sie lenken mir die Kinder ab vom Sakrament – Kinder, die nur oberflächlich involviert sind, weil sie den Sinn des Sakraments nicht verstanden haben und für jede Ablenkung dankbar sind – »Sakramente musst du spüren!«.

Diese Art von Kommunionunterricht habe ich in den ersten Jahren als Pfarrer selbst so gemacht – und in allen Tiefen durchlitten. Alles. Ich habe nicht gewusst, dass es anders geht. Ich habe mit vierzig hyperaktiven Kindern im Stuhlkreis gesessen und habe Seil-Zuwerfen und andere gruppendynamische Spielchen gespielt und diesen ganzen Mist, nur um die Massen ruhig zu halten, was völlig abwegig war – und bin dann aus Verzweiflung manchmal selbst laut geworden. Bei kleinen Gruppen von vier Kindern, die ich heute habe, passiert mir das nicht mehr. Keine Aufmärsche, keine Massenproben mehr, keine Anweisungen mit dem Megafon. Kein »Ben Hur« – sondern: in Andacht und Konzentration zur Kommunion, mit Kindern, denen die Bedeutung des Sakraments bewusst ist und die sich darauf freuen. Das Kind kann sich voll auf mich konzentrieren. Und auf das, was in der Messe geschieht. Es wird sich an diesen Tag erinnern, weil er besonders war – und weil er nicht in der Masse untergegangen ist.

Aber damals, in meinen Anfangsjahren, war Verzweiflung und Resignation … Irgendwann habe ich das nicht mehr mit anschauen können, innegehalten und mir gesagt: Nein. Nein. Nein. Das ist alles grundfalsch, was ich hier mache. Es wird mir und erst recht den Kindern nicht gerecht. Ich bin nicht Schule. Ich bin nicht Kinderzirkus, kein »Full-Metal-Jacket«-Militärausbilder, der auf Drill und Disziplin achtet – ich bin Gemeinschaft Jesu. In meiner Unzufriedenheit, ja, Verzweiflung, fand ich zunächst nicht die Lösung, mit der ich meine Zweifel an meinen Fähigkeiten und meine Unzufriedenheit hätte heilen können. Die Lösung habe ich dann »frei Haus« serviert bekommen, ausgerechnet dort, wo ich nie damit gerechnet hätte – auf dem Oktoberfest, bei Hendl und Bier. Es war in meinem ersten Jahr als Oktoberfestbedienung – ich komme später noch ausführlich darauf, was mich dorthin verschlagen hatte. Da war nachmittags mal wenig los – und ich hatte mich mit an einen Tisch zu einer Runde dazugehockt, bei der auch einige Pfarrer dabei waren. Natürlich redet man irgendwann über den Beruf, was einen plagt. So nebenbei habe ich in das Klagelied eingestimmt, wie mir es immer grausen würde, dass es im November wieder losgeht mit dem Kommunionunterricht. Wie undankbar und sinnlos es sei, jedes Jahr wieder eine Rasselbande von vierzig, fünfzig Kindern zu bändigen und einige stellvertretend für ihre Eltern auch erziehen zu müssen. Dass meine Arbeit wirkungslos verpuffen würde. Dass ich die Kinder nicht erreichen und nichts hängenbleiben würde. Dass wir auch mit den Eltern nicht mehr über den Glauben reden würden, sondern vor allem über Oberflächliches, Glaubensfernes wie zum Beispiel die Terminfindung, bei deren Suche ich niemals jedem gerecht werden könnte. Dass über diesem zerfressenden Organisationskram der eigentliche Sinn der Kommunion völlig untergehen würde. Dass ich die »Schnauze voll« hätte von der ewig gleichen Wiederholung à la »… und ewig grüßt das Murmeltier«.

Einer der Pfarrer, der meinem Wehklagen ruhig zugehört hatte, sagte nach einer Weile: »Warum tust du dir den Schmarrn auch an?« Ich: »Wie bitte, soll ich etwa keine Kommunion mehr machen?« Er: »Du sollst eine andere Kommunion machen.« Und dann hat er mir genau das System geschildert, nach dem er gearbeitet hatte und nach dem ich jetzt seit knapp acht Jahren – zur Freude wirklich aller Beteiligten – vorgehe: Freiwilligkeit, Selbstorganisation, geführte Eigenverantwortlichkeit. Das System der Freiwilligkeit habe ich also von der Wiesn mitgebracht, auf dem Oktoberfest, im bierseligsten Trubel habe ich das gelernt – als Bedienung. Schau an. Heute noch sage ich mir, selbst wenn nur ein Grund übrig bleiben sollte, warum ich als Bedienung auf der Wiesn gearbeitet habe, dann der, dass ich hier meinen Mitbruder getroffen habe und er mir die Vorteile des Systems der Freiwilligkeit erläutert hat. Ich bin an diesem Abend heim und war wie erleuchtet. Freiwilligkeit! Selbstverantwortung! Selbstorganisation! Genauso mache ich es heute. Ich habe das Prinzip der Freiwilligkeit auf die gesamte Gemeindearbeit ausgedehnt. Aus der eigenen Überzeugung heraus, das Richtige zu tun. So bestimmt wie nötig – und so frei wie möglich. So überlebst du auch fünf Jahrzehnte Gemeindearbeit. Die Kinder melden sich bei mir an und suchen sich selbst einen Sonntag nach Ostern aus, an dem sie zur Kommunion gehen wollen. Das ist dann ihr eigener Wunschtermin – so geht es schon mal los. Sie sind verantwortlich. Sie transportieren das in ihre Familie. Was schon mal den schönen Nebeneffekt hat, dass ich ein Organisationsproblem weniger habe und mich nicht damit herumschlagen muss, dass »Tante Greta« und »Opa Hugo« am vorgeschriebenen Termin nicht können. Terminproblem elegant delegiert. Das Praktische mit dem Nützlichen verbunden. Im nächsten Schritt schauen wir dann, dass eine Gruppe entsteht – wenn möglich nicht größer als vier Kinder. Auch hier suchen sich die Kinder selbst ihre Partner. Diese Kleingruppe bereitet sich auf die Kommunion vor. Möglichst selbstständig. Die treffen sich, wann sie wollen, wo sie wollen, wie oft sie wollen, beschließen, was sie machen wollen, wie sie es machen wollen, teilen sich selbst die Aufgaben zu. Von uns bekommen sie nur einen Kommunionbegleiter. Ich frage in der Kirche, wer eine Gruppe übernehmen möchte. Das sind Freiwillige, meist Eltern aus der Gemeinde, die Lust haben, mit Kindern zu arbeiten – oft auch Elternteile der Kommunionkinder selbst, die entsprechend vorbereitet und geeignet sind. Wer wäre näher an den Kindern dran als Eltern, die ihre Kinder im Glauben erzogen haben? Grundsätzlich stellen wir nur Material bereit und zeigen

Möglichkeiten auf, holen die Vorschläge der Kinder ein – aber wir schreiben nichts vor. Die Kommunionbegleiter haben einen Leitfaden, nach dem sie vorgehen können – aber in Abstimmung mit den Kindern. Ich sage allen immer wieder: Wir arbeiten keine Lehrpläne ab. Wir sind nicht die Fortsetzung der Schule mit anderen Inhalten. Es geht nicht um Zensuren, Leistungsdruck und Konkurrenz. Uns geht es um die Entwicklung von Glauben und ein Verständnis davon, was das für mein Leben bedeuten kann. Wenn uns die Kinder Löcher in den Bauch fragen und das Fragen vom Leitfaden abweicht, dann hat das Fragen, das Sich-Wundern, das Selbst-Entdecken und Miteinander-Reden absoluten Vorrang. Reden, reden, reden, selber denken, zu eigenen Schlüssen kommen, Glauben erleben ist alles, was zählt. Wir versuchen, den Kindern ein Gottesbild beizubringen, das mit dem aramäischen Wort »ABWUN« (mein geliebter Vater) beginnt, das aus Liebe, Achtung und Hinwendung besteht. Das »ABWUN« ist aramäisch, eine wundervolle Sprache, und steht für »mein geliebter Vater«. Wir fahren mit den Jugendgruppen regelmäßig ins Heilige Land. Zum ersten Mal habe ich das Vater-Unser auf Aramäisch vor Ausbruch des Bürgerkrieges in einem Ort namens Malula, ca. 40 Kilometer nördlich von Damaskus, gehört – einer Gegend, die man heute nicht mehr bereisen kann, eine Landschaft, in der man heute nicht mehr leben kann – einst ein blühendes Land, das zu einer Todeszone der unterschiedlichen Interessengruppen, national wie international, entstellt wurde. Dort wurde noch dieser aramäische Dialekt gesprochen, jene Ursprache – die vielleicht noch so klingt, wie sie die Menschen zur Zeit von Jesus Christus gesprochen haben, und in der auch Jesus Christus seine Botschaft verkündet hat. Wir haben dort eine Messe gefeiert, mit einer Gruppe von Menschen aus meiner Gemeinde, von denen fünf kurz davorstanden, aus der Kirche austreten zu wollen. Ich hatte aus diesem Grund ganz bewusst die Gruppe zusammengestellt – denn ich wollte diese Menschen in der Kirche halten. Sie hatten keine Glaubenskrise – sondern eine Krise mit der Amtskirche. Und meine Botschaft für alle Menschen ist immer: auftreten statt austreten! Wir standen dann in dieser kleinen, uralten Kirche und es kam ein bildhübsches fünfzehnjähriges Mädchen nach vorne und hat auf Aramäisch das »Vater unser« gesprochen. Das »Abwun« – in einer Sprache, so sanft und weich, dass ein »Vater unser« in Aramäisch wie eine Liebeserklärung klingt. Versionen des aramäischen »Abwun« kann man auf »youtube« hören, leider habe ich das dort nicht so vollkommen erlebt wie damals in diesem Gottesdienst. Schöner kann man dieses Gebet nicht sprechen – in dieser Sprache und mit der Stimme dieses wunderschönen Mädchens. Damals habe ich verstanden, warum die Botschaft Jesu so gut angekommen ist, wenn Jesus in diesem Dialekt, in dieser Weichheit mit seinem Vater spricht. Ich war nicht der Einzige, der derart tief beeindruckt war. Dank dieses Erlebnisses ist dann nur einer von den fünf Personen ausgetreten. Es ist das Erleben von Glauben, das stark macht.

Ich sage den Kommunionbegleitern immer, verbrennt Lehrpläne und gebt lieber Zeugnis von eurem Glauben, berichtet von euren eigenen Fragen und Erfahrungen. Erzählt. Seid spannend. Und nie langweilig. Liturgie darf nicht schmerzen, das gilt auch in der Jugendarbeit. Fachkenntnisse müssen unsere Mentoren nicht mitbringen. Wir »popen« nicht: Wir bilden keine »Popen«, Theologen, Priester, Mönche oder Nonnen aus. Wir reden mit Kindern und versuchen, ihnen Gott näherzubringen, aber so offen, fragend, damit sie sich ihr eigenes Bild entwickeln. Ich schaue drauf, was in den Gruppen geschieht – muss es aber nicht. Die Eltern, die sich beteiligen, sind alle mit großem Engagement dabei und richtig gut. Wer heute noch in die Kirche geht, wer heute noch offenes Interesse am Glauben hat, sich mit seiner Freizeit in die Gemeinde einbringt, zeigt, wer selbst Kinder hat und mit Kindern gut umgehen kann – der bringt alles mit, was für den Kommunionunterricht benötigt wird. In Sankt Max habe ich interessierte, verständnisvolle Eltern – denen die Arbeit umgekehrt auch etwas gibt. Die Kinder kommen durch diese Freiwilligkeit und die Übernahme von Verantwortung gerne und ihre Kommunion wird so zu ihrem eigenen Anliegen. Sie tun es, weil sie es wollen – nicht weil sie es müssen. Und dann treffen wir uns alle wieder, einen Tag vor der Kommunion, bei uns in der Kirche vor dem Altar und reden. Damit sie Ängste abbauen, wissen, dass sie alles dürfen. Die Kinder lernen von mir, wie offen und frei und ungeschminkt und froh sie mit dem »lieben Gott« reden können, dass sie alles, was sie beschäftigt, ohne Scheu bei ihm ansprechen dürfen – und das Ganze nennt sich dann Beichte. Am nächsten Tag kommt das Kind und nimmt am normalen Gemeindegottesdienst inmitten unserer Gemeinschaft teil – ist aber hervorgehoben durch das Kommunionkleid und bringt eine Kerze mit als Zeichen, dass es innerlich ein Licht angezündet hat für Christus.

Mit den Kommunionkindern habe ich neulich die Gruppenkerze gesegnet und angezündet und ich habe gesagt: »Schaut her – das haben wir alle mit der Kerze gemeinsam. Das warme Licht strahlt nur, wenn ich wie die Kerze bereit bin, mich für andere zu verzehren und zu verschwenden, mich zu verschenken.« Da meinte eine Mutter einwerfen zu müssen: »Aber der Mensch wird, anders als die Kerze, nicht weniger dadurch!« Sag ich: Doch, natürlich wird jeder von uns weniger – vom ersten Tag unseres Lebens an. Und irgendwann erlischt jede Kerze und jedes Menschenleben. Und wenn er alles gegeben hat von seiner Liebe, dann ist das nicht tragisch – denn das Leben vollendet sich gemäß seiner Natur. Das Einzige, worauf es ankommt, ist, ob wir uns in unserer Lebenszeit entschieden haben, heller und wärmer zu brennen und mehr Licht zu geben für andere. Mit meinem Licht löse ich in anderen Menschen etwas aus, was diese dazu bringt, eine gute Idee weiterzutragen. Ein Netz von Lichtern macht die Nacht zum Tag. Und das ist die tiefere Wahrheit der Kerze und eines Menschenlebens: teilen und keine Angst haben, weniger zu werden – sondern wissen, ich verschwende mich nicht sinnlos, sondern gehe in Gott hinein. »Fürchtet euch nicht!«, so stellt sich der Auferstandene vor – und sagt nicht: »Hallo, ich bin's, der Jesus – was geht ab, wo ist die nächste Party heute.« Gott ist das große

Unbekannte, vor dem sich viele Menschen fürchten. Jesus ist gekommen, um uns diese Furcht zu nehmen. Darum diese Auferstehung. Unser Ziel ist es, den Kindern jede Angst zu nehmen, vor dem Leben und vor Gott, und zu vertrauen.

Wir in Sankt Max fragen daher nicht so angsteinflößenden Blödsinn wie »Glaubst du an Gott und widersagst du dem Teufel?«. Wir machen nicht Angst – sondern wünschen uns selbstbewusst handelnde Kinder. Ich habe es mir bei Kindersegnungen zur Pflicht gemacht, wenn Kinder zu mir nach vorne kommen, bei der Kommunionausteilung, wenn sie ein Kreuzzeichen bekommen oder den Blasiussegen oder wenn sie das Aschenkreuz bekommen – dann gehe ich auf die Knie. Nur auf den Knien schaue ich dem Kind direkt in die Augen – und leg ihm die Hand auf. Und Gott muss »erreichbar« nahe sein. Gott muss erlebbar sein. Gott muss fühlbar sein. Und deshalb gehe ich auf die Knie. Und das werde ich tun, solange ich keine Osteoporose habe und meine Knie krachen. Das Kind muss nicht zu mir aufschauen, ich bin ja nicht der Weihnachtsmann, es kann mich berühren und auch mir in die Augen schauen. Du öffnest das Herz der Menschen nur, und dein eigenes dazu, wenn du ihnen auf Augenhöhe begegnest und ihre Sprache sprichst und verstehst, was sie dir mitteilen wollen. Nur durch die Augen schaust du in die Seele eines Menschen. Und nicht von oben herab. Gnade kommt von dem deutschen Wort »geneigt sein«, und das bedeutet: sich hinabbeugen.

Bei unserer Kommunion entzündet das Kind seine Kerze am Altar und spricht eine persönliche Fürbitte, die es sich selbst ausgedacht hat – mit dem Zusatz: »Und ich möchte als Licht dafür leuchten!« Dafür ist die Kerze da. Das alles macht das Kind ganz alleine. Dann erst beginnt die eigentliche Kommunion, die Eltern treten nach vorne hinter ihr Kind, umarmen ihr Kind, legen ihre Hände auf seine Schultern, das Kind bekommt dann den Leib Christi auch als Zeichen dafür, dass die Eltern Wort gehalten haben. Sie haben bei der Taufe versprochen, sie wollen ihr Kind zu einem guten Christen erziehen. Am Tag der Kommunion ist das sichtbar. Denn wenn die Eltern nicht Wort gehalten hätten, wäre das Kind nicht freiwillig im Kommunionunterricht und heute vor dem Altar erschienen. Sicher ist das auch für die Eltern ein Moment der Freude und ein Anlass, zurückzuschauen, sich zu erinnern, wie ihre Kinder geboren wurden, wie sie großgezogen worden sind – vielleicht auch an den Moment, als diese Kinder gezeugt worden sind. Ich sage manchmal: »Da kann ich auch als Nichtwissender mit euch mal in Freude zurückschauen …«

Es gibt keine Eltern, keine Mutter, keinen Vater, denen an dieser Stelle nicht die Tränen in die Augen schießen. Rührung. Dankbarkeit. Innerlich bewegt. Das Erlebnis einer solchen Feier ist für alle überwältigend. Würdevoll. Innig. Und schön. »Sakramente musst du spüren!«

Eltern haben eine so herausragende Verkündigungsaufgabe. Das Höchste an Verantwortung, die ich als Mensch, als Vater oder Mutter erfahren kann – einen anderen Menschen zu erziehen – mein Kind. Hier geht's um die Zukunft. Daher nehme ich mir, wenn es irgendwie geht, auch Zeit für Eltern. Vor allem bei Taufgesprächen. Kein Taufgespräch läuft dann ab wie das andere. Nicht vorhersehbar. Du fällst da unmittelbar rein. Darum bin ich immer so wach und neugierig auf die Eltern und das Kind, wenn wir zusammen ein Taufgespräch führen. Ich hatte mal eine junge Apothekerin, die kam mit ihrem Baby zum Taufgespräch und dachte wohl, jetzt lass ich mal was vom Stapel und sage dem Schießler Rainer mal ordentlich Bescheid, was mir alles nicht passt an der Kirche. Die hat vom Leder gezogen. Über den Machtmissbrauch der Kirche. Den Missbrauch generell – Blick aufs unruhiger werdende Kind –, über die Ohnmacht der Gläubigen angesichts des Irrsinns in der Amtskirche generell. Das Kind wurde noch unruhiger. Richtig wütend war sie, so hat sie sich hineingesteigert. Das Kind fing an zu schreien. Ich dachte schon, das wird doch keine Taufe, sondern die übliche Einleitung für einen Kirchenaustritt. Dabei hatte sie sich ausdrücklich zum

Taufgespräch angemeldet, habe ich gedacht und sie reden lassen. Um ihr Kind zu beruhigen, begann sie, ihr Kind zu stillen. Mancher Pfarrer würde das vielleicht als gezielte Provokation empfinden – ich finde das schön. Es gibt nichts Friedlicheres als eine Mutter, die stillt. Mit ihrem Kind, das gestillt wird. Das Wort »Stillen« sagt es ja schon. Eine Mutter, die stillt, kann nicht gleichzeitig schimpfen – das passt nicht zusammen. Und so wurde sie wieder ruhig, sanftmütiger. Ich fragte sie: »Ist Ihnen aufgefallen, was Sie da gerade tun?« Sie zickte mich an: »Ja – stört Sie das etwa?« »Neeeeiiin – gar nicht! Ich freue mich, dass Sie keine Scheu haben, Ihr Kind vor mir zu stillen. Nein, ich meine etwas ganz anderes.« Und schilderte ihr meine Sichtweise, was für eine große Verantwortung sie für den kleinen Menschen übernommen hätte, der da gerade an ihrer Brust saugen würde. Wie sehr ihr Kind auf ihren Schutz angewiesen sei – und dass sie doch viel mehr Macht hätte als ich, denn sie bestimme doch, ob dieses unschuldige Wesen zu einem Menschen – oder auch zu einem Scheusal werde: »Sie allein haben es in der Hand, ob das ein guter oder ein böser Mensch wird.« Eltern müssen tolerant sein. Toleranz heißt Duldsamkeit. Güte. Mitgefühl. Auch Schutz und Stärke. Kinder sind wie der Pfeil auf einem Bogen, den du in den ersten Lebensjahren des Kindes spannst – sobald du den Pfeil abgeschossen hast, kann der Bogen nichts mehr tun. Als Erwachsener wird ihr Kind selbst für sich verantwortlich sein – aber die Grundlagen, die legen die Eltern. Das fängt schon damit an, ob sie ihr Baby anlachen – das ist schon mal die Grundlage dafür, ob es das Lachen lernt. Ob sie dem Kind Lieder vorsingen oder Geschichten erzählen, bis es einschläft. Ob sie immer Zeit für ihr Kind haben und ein gutes Wort finden, egal was es anstellt, ob sie es in einer Welt aufwachsen lassen, in der Erwachsene nur streiten. Ich fragte: »Merken Sie, welche Verantwortung Sie haben – und welche Macht? Und jetzt predigen Sie mir von der Macht der Kirche?« Ich sagte: »Vor Ihnen sitzt der einfachste, der hallodrigste, der ärmste Mensch, den es gibt. Sie haben viel mehr die Macht über das kleine Wesen, Sie entscheiden doch allein über Ihr Kind, ob Sie es taufen lassen oder nicht – aber doch nicht die Kirche!« Ich sagte ihr, wie sehr ich sie um diese Aufgabe und diese Verantwortung beneiden würde, dass ich mir dieses Glück selbst versagt hätte durch meine Entscheidung, Priester zu werden. Dass mir jedoch das Herz bluten würde, immer, vor Wehmut und Freude, wenn ich einen jungen Papa sehen würde, der mit seinem Kind herumtollt, der ihm beibringt, worauf es im Leben ankommt, der mit seinem Kind lacht und es aufhebt und tröstet, wenn es gestürzt ist – beim Laufenlernen hilft, beim ersten Mal alleine Radfahren, beim ersten Liebeskummer … Dass ich Eltern beneiden würde um die bohrende Neugier ihrer Kinder, die Welt zu erfahren, Mama, Papa, wie ist das? Und wie geht das? Und warum ist das so? Familie. Kinderglück. Nähe zu Menschen, die dich lieben und die du liebst. »Ich habe auf all das verzichtet.« Das aber genau sei es, was mir den Verzicht am schwersten machen würde im Zölibat. Es ist das unbeschwerte Lachen meiner eigenen Kinder, das ich nie erleben werde – das reißt mich innerlich manchmal ganz schön auf. Darauf zu verzichten – das bedingt für mich die Schwere des Zölibat. Und dass ich sie als Mutter bewundern würde, dass sie trotz ihrer ganzen Wut über die Kirche zum Taufgespräch gekommen sei, um nach dem besten Weg für ihr Kind zu suchen. Aus ihrer Verantwortung heraus, da sich das Kind noch nicht selbst entscheiden kann. »Es geht nicht um Sie oder um mich. Oder die Kirche. Wir taufen Ihr Kind, weil wir mit der Taufe beide unsere Verantwortung für dieses wunderbare Stück Schöpfung übernehmen. Deswegen taufen wir Ihr Kind. Es ist ein Versprechen für seine Zukunft und ein Zeichen, dass wir uns kümmern wollen.« Und dann hat sie geweint. Sie hatte mich verstanden. Solche Taufgespräche sind nicht eine banale Verwaltungsangelegenheit. Punkte auf einer Agenda, die abzuhaken sind. Sondern hier geht es um Zweifel und Glauben und das geht an den Kern der Seelsorge. Solche Gespräche sind für mich ein wertvoller Impulsgeber für meine Arbeit, weil der Anlass so wichtig und der Kontakt so unmittelbar ist – und beiderseitig fast immer ein großes Interesse an einem Austausch zugrunde liegt, wenn die Hürden mal überwunden sind – auch über das, was nicht passt, wo es drückt und wo Zweifel bestehen.

Ich mache das bei der Firmung genauso und schreibe den Jugendlichen nichts vor. Ich sage gleich zu Beginn klipp und klar, es ist eure Firmung und ihr entscheidet, was ihr daraus macht. Das gehört zum Erwachsensein mit dazu. Deshalb möchte ich nie was mit eurer »Mami« oder »Papi« zu tun haben. Ihr meldet euch an. Ihr regelt das. Termine, Stunden. Inhalt. Alles. Und wenn ihr Fragen habt – hier bin ich, wendet euch direkt an mich – ich rede mit euch. Und bekomme so einen Hals, kriege so einen Bluthochdruck, wenn es doch wieder passiert und die aufgeregte »Mami« trotzdem anruft und ihr Kind wieder entmündigen will. Was ich mich da schon mit »Mamis« angelegt habe, wenn ich sie gefragt habe: »Warum rufen Sie mich an? Ihr Kind hat mir bereits seine Entscheidungen mitgeteilt. Möchten Sie jetzt alles hintenrum wieder aufheben? Wollen Sie etwa nicht, dass Ihr Kind lernt, seine Dinge selbst zu regeln?« Ruhe im Hörer. »Die Jugendlichen melden sich an oder melden sich eigenständig ab. Und sonst niemand. Wenn Ihr Sohn, Ihre Tochter irgendetwas braucht, sollen die bitte mit mir persönlich reden. Seien Sie mir nicht bös – mit Ihnen rede ich gerne über alles, nur nicht über die Firmung Ihres Kindes. Das ist zunächst die Aufgabe Ihres Kindes.« Alles fein. Fast alle Eltern verstehen spätestens jetzt, worum es mir beim Prinzip »Freiheit und Eigenständigkeit« geht. In vielen Pfarreien geht es anders zu. Neulich rief eine verzweifelte Mutter bei mir an und erzählte mir, dass der Pfarrer ihre beiden Buben nicht firmen wolle, weil sie zweimal im Firmunterricht gefehlt hätten. Ich habe da nur den Kopf geschüttelt, mit den Jugendlichen geredet – und jetzt werden sie bei mir die Firmung empfangen – denn sie hatten gute Gründe. Nur: geredet hat keiner mit ihnen. Wie bei der Kommunion gibt es bei mir auch in den Firmgruppen nicht einmal eine Anwesenheitspflicht, sie organisieren sich selbst – und die Jugendlichen kommen freiwillig.

Ich treffe mich mit den Firmlingen an vier Samstagen vor der Firmung. Wir theologisieren nicht nur, wir gehen raus – wir besuchen Menschen. Obdachlose, Gefängnisse, Menschen in Not, die Tiertafel. Die Teilnahme ist freiwillig, sage ich immer, es ist schließlich deine Firmung. Du selbst entscheidest darüber, wie viel du davon hast, wie viel du mitnimmst. Es ist wie mit dem Führerschein – der Fahrschule ist es wurscht, ob du in den Theorieunterricht gehst. Aber die Prüfung wirst du am besten bestehen, wenn du dort warst und gelernt hast. Ob du das tust ist aber deine Entscheidung. Die meisten strengen sich an, denn wenn du durchfliegst, musst du zahlen. Ich frage daher immer: Um wie viel wichtiger als der Führerschein – wo es nur um die Fahrerlaubnis für eine Maschine geht – ist euch die innere Vorbereitung auf die Firmung, wo es um die Führung eures Lebens geht, um eure Einstellung zur Schöpfung und allem, was damit zusammenhängt? Ich strenge mich an, werde euch aber nicht zwingen, das zu erkennen – denn Glaube muss von innen kommen und die Sakramente musst du spüren wollen. Es ist euer Leben und nicht meines. Was für eine Zeitverschwendung, wenn ihr nur herumsitzen würdet – statt euren Kommunion- oder den Firmunterricht selbst zu gestalten, zu etwas, was wertvoll und von Nutzen ist für euer ganzes weiteres Leben.

Für die Kinder bringt diese Einführung in das selbstständige Handeln auch etwas ganz Enormes. Es entsteht ein Gemeinschaftsgefühl in der Gruppe. Kommunion, Firmung, was sie glauben – wird ihre Sache. Und entsprechend groß ist ihr Stolz über das Erreichte. Seit ich auf Freiwilligkeit setze, Selbstständigkeit und Gestaltungswillen abfordere, habe ich keine Probleme mehr mit Absenzen. Früher, als wir das strenge Kontrollsystem noch hatten, die »Firmgruppenüberprüfung«, der Zählappell, ob alle da waren, habe ich reihenweise Ausfälle gehabt. Einige haben sich einen Sport draus gemacht, sich zu entziehen. Gespräche mit genervten Jugendlichen. Mit genervten Eltern. Mahnung. Sanktionsmaßnahmen. Ärger. Habe ich heute alles nicht mehr. Gibt es bei uns nicht.

Ist nicht überall so. Wenn ich in anderen Kirchen predige, erlebe ich oft, dass die dortigen Firmlinge zu mir in die Sakristei kommen und meine Unterschrift wollen für ihre »Firmgruppenkontrollheftchen«, als Bestätigung, dass sie brav die Messe abgesessen haben. Ich mache mir dann immer den Spaß und kreuze in ihrem Fleißheftchen gelangweilt Messe für Messe an, als Test im Voraus. Bis das Strahlen im Gesicht über den Betrug umschlägt – und der Firmling selbst aufschreit: »Halt, halt, halt hörn'S auf – bitte, nicht so oft … das glaubt mir doch keiner!« Ich frage dann immer, ob sie so ein Kontrollheftchen wirklich nötig hätten? Für wen sie das machen würden – für Gott? Für ihr eigenes Seelenheil? Oder nur für den Pfarrer? Gott brauche keine Kontrollheftchen. Ihre Seele auch keines. Sie seien doch als Firmlinge erwachsene Christen. Und ihr eigener Pfarrer würde sich vermutlich eher freuen, wenn ein Christ aus einem inneren Bedürfnis in seiner Kirche ist und nicht nur, damit sein Kontrollheft voll wird. Schweigen. Nachdenken. Manchmal Irritation. Abgang. Oder ein Lächeln – und ich weiß, er hat's kapiert. Die Kirche ist keine Drückerkolonne. Kein Schleppnetzfänger im Ozean. Nein – das Sakrament entfaltet seine Wirkung nur aus uns heraus, aus dem Herzen – und das kann nur durch Freiwilligkeit und Überzeugung entstehen, niemals durch Zwang – oder durch ein oberflächlich verabreichtes Sakrament. Man ist nicht Christ, nur weil man getauft ist, Kommunion hatte oder die Firmung – sondern weil man aus Überzeugung und innerer Freiheit täglich diesen Glauben lebt und weiterschenkt.

Freiheit bedeutet Vertrauen statt Kontrolle. Meine Jugendlichen in Sankt Max haben im zweiten Stock ihr eigenes Stockwerk. Das ist ihr Reich. Dort sind sie verantwortlich und da gehe ich ohne ausdrückliche Einladung niemals rein. Sie treffen sich dort vor ihren Chorproben. Sie treffen sich dort privat. Das ist ihr Treffpunkt. Bei uns in der Kirche. Ich vertraue denen voll und ganz. »No Sex, no drugs, no Rock 'n' Roll.« Ich habe zurzeit keinen Jugendlichen, der raucht. Vielleicht knutschen die auch mal rum? Ich war auch mal jung und weiß das. Meinen ersten – harmlosen – Teenagerkuss hatte ich an der Mauer hinter dem Kirchsaal. Mit meinem ersten Rausch bin ich von der Kirche heimgekommen, Maiandacht mit Maibock nachher, so breit, dass meine Mutter gesagt hat: »Mei, was ist das für eine Kirche?« Warum sollen die Jugendlichen heute anders sein? Von solchen »Exzessen«, die keine waren, sind wir in Sankt Max weit entfernt. Da achte ich auch drauf. Die Jugendlichen kennen meine Spielregeln, die strikt beachtet werden müssen. Ich bin nur wenige Male sehr bestimmend geworden.

»Do ut des« – ich bin für euch und ihr seid für die Gemeinde da. Und so funktioniert es – auf Basis der Freiheit und gegenseitigen Achtung. Du musst den Menschen die Freiheit lassen, selbst Verantwortung zu tragen und das Gefühl zu entwickeln: Auf mich kommt es an. Du kannst die Jugendlichen in der Stadt nicht rekrutieren und kasernieren wie die Kadetten. Vielleicht ist das auf dem Land noch anders – hier in der Stadt hat die Kirche nicht mehr die Autorität und die Macht. Wer mit einem autoritären Ansatz in die Gemeindearbeit geht, womöglich noch mit dem Faktor »Angst« droht, wird bald sehr einsam dastehen. Kirche muss heute ganz anders sein, wie ich finde »urchristlicher«, sich zugetan, partnerschaftlich, verantwortlich für den anderen mitdenkend, vernetzt, ohne Hierarchien.

Bei den Kapuzinern habe ich mich damals für eine Karriere nach unten entschieden. Ich wollte gar nicht nach oben, nach Rom. Ich fühle mich in meiner Gemeinde in diesem Zustand des Gelingens meinem angestrebten Ideal der Urkirche viel näher als der oft so unnahbar daherkommenden Amtskirche mit ihrem monströsen Autoritätsgehabe und dem Dünkel, den manche Würdenträger ihren Gläubigen gegenüber meinen ausstrahlen zu müssen.

Das freiheitliche System ist der starren autoritätsgläubigen Kirche auf Dauer überlegen. Weil es flexibler ist. Weil es den Menschen Raum zur Entfaltung lässt. Weil es die stete Aufforderung beinhaltet, selbst aktiv zu werden und nicht in Duldung zu verharren, bis Anweisungen kommen. Wir müssen dorthin, wo die christlichen Gemeinden zum Beispiel in Brasilien heute längst hingekommen sind. Dort ist die Gemeinde für sich selbst Autorität und braucht weder Kritik noch Tadel noch irgendeine Motivation von dritter Seite, vor allem nicht von oben. Sie sind sich selbst genug. Und fühlen sich selbst verantwortlich. Die Gemeinden dort führen oft Laien und die machen auch die Katechese. Der Priester ist nur für das Spirituelle zuständig und kommt drei- bis viermal im Jahr, um Sakramente zu spenden und Gottesdienst zu feiern, lebt vor allem eine Zeit direkt unter den Menschen mit und dann geht er wieder. In der Konsequenz bedeutet das für uns hier: Auch Laien müssen unsere Gemeinden leiten dürfen – wenn sich kein geeigneter Priester finden lässt. Bei dem sich abzeichnenden Priestermangel haben wir doch allein rein rechnerisch gar keine Alternative mehr.

Oft wären die Laien vor Ort sogar die besseren Gestalter einer lebendigen Gemeindeverwaltung. Schon der Begriff »Laie« ist absoluter Unsinn. Laie bin ich, wenn ich etwas nicht verstehe. Aber ich bin getaufter und gefirmter Christ. Da kann ich gar kein Laie mehr sein! Oder bin ich denn wirklich nur ein vollwertiger Christ, wenn ich ein theologisches Diplom habe? Ich glaube, Jesus Christus und Gott hatten auch kein Diplom. Freiwilligkeit statt Überregulierung ist das höchste Gebot. Ohne Zwang. Ohne Geschlechtertrennung. Aus. Fertig. Amen. Bei mir kommen die Eltern, als Kommunionbegleiter ebenfalls Laien, und ihre Kinder aus freien Stücken – weil sie einfach gerne kommen. Aus Interesse. Für ihren Glauben. Ich habe zunächst große Kritik geerntet, als ich vor ein paar Jahren damit angefangen habe. Viele Eltern glaubten nicht, dass das Prinzip der Freiwilligkeit funktioniert. Mittlerweile sind die »Slow-Down-« und »Back to Basic«-Sakramente von Sankt Max – Taufe, Kommunion, Firmung, Trauung – sehr gut angenommen worden, ja begehrt. Aber diese Freiheit müssen wir atmen dürfen und die atmen wir in weiten Teilen der Kirche noch nicht.

◆

Ich setze mich konsequent für die Beteiligung von Laien in der Gemeindearbeit ein. Eben weil ich so gute Erfahrungen gemacht habe – und weil sie so wichtig ist für die Identifikation der Gläubigen. Ich mache keinen Unterschied zwischen den Geschlechtern und schließe niemanden aus, nur weil er in einer anderen Art der Beziehung lebt. Wer sich freiwillig mit seiner Zeit und seiner Persönlichkeit bei uns einbringt, zeigt doch, dass er dem Glauben gar nicht fernstehen kann. In der Beteiligung von Laien liegt ein gigantisches Potenzial, das die gesamte Kirchen- und Gemeindeverwaltung umspannt und den Mangel an Priestern sofort ausgleichen würde. Das Ordinariat zum Beispiel bräuchte, wenn man es genau nimmt, nur zwei Priester. Das sind der Generalvikar und der für das Kirchenrecht zuständige Offizial. Was wir brauchen, ist eine Rückbesinnung darauf, was die eigentliche Aufgabe des Priesters ist. Wir müssen wieder in den Vordergrund stellen: Der Priester ist für die Seelsorge und den Glauben zuständig. Und wenn das Zölibat überhaupt einen Sinn haben soll – dann ist es der geistliche, spirituelle Bereich, nicht aber die Verwaltung einer Gemeinde. Für das Anlegen eines Verwaltungsvorganges brauche ich kein Zölibat – sondern Aktenordner. Die Verwaltungsaufgaben könnten Laien übernehmen. Warum nicht? Bitte einen stichhaltigen Grund? Wenn man bedenkt, dass in der Urkirche nicht die Priester, sondern die Diakone – also die erste Weihestufe – die eigentliche Macht innehatten, weil sie die Finanzen führten und die ganze Caritas organisiert haben, dann zeigt das die Richtung auf, in die es zukünftig wieder gehen muss, wenn wir den Priestermangel kompensieren wollen. Es waren die Diakone. Sie haben die Gemeinden verwaltet und die aufreibende, wenig geistliche Alltagsarbeit erledigt und ihren Priestern vom Hals gehalten. Die Priester damals waren allein für das sakrale Tun und die Leitung der Gottesdienste zuständig und taten das entsprechend entrückt vom Alltag mit einiger Intensität. Heute ist es genau umgekehrt: Ich stecke in einem Berg von Verwaltungsaufgaben, beauftrage Reparaturen, führe Schriftwechsel mit Baubehörden und Denkmalschutz, manage Kircheneintritte und Personalgespräche, organisiere Jugendfahrten und lasse das Geläut reparieren – und soll binnen Sekunden aus der Rolle eines Krisenmanagers der Verwaltung in die des ruhigen, mitfühlenden Seelsorgers »switchen«, der Trost spendet aus seiner Verbindung mit dem Transzendenten, obwohl ihn das Adrenalin nervender Telefonate und der vielen unerledigt gebliebenen Angelegenheiten durchpulst und ständig auf den Boden zurückholt?

Bei der Einsetzung der Priester bedarf es eigentlich einer Mitbestimmung der Gemeinde – die das Recht haben muss, mit gut begründeten Argumenten einen vom Ordinariat eingesetzten Priester abzulehnen. Der Priester muss sich zunächst um seine Gemeinde kümmern, sich bewerben – bevor er installiert wird. Die zweite große Möglichkeit, dass wieder mehr Menschen in der Kirche Möglichkeiten sehen, aktiv ihren Glauben zu leben, ist der Abschied vom Zölibat, so wie wir es kennen.

Ich bin für die Öffnung des Zölibats: für unverheiratete und verheiratete junge Männer mit oder ohne Familie, wie in der evangelischen Kirche, die gerne als Priester wirken würden, aber nicht unter dem Zölibat leben wollen. Wir brauchen also den Priester ohne Zölibat als eine zusätzliche Möglichkeit. Das Zölibat bleibt auf freiwilliger Basis erhalten – aber darf nicht länger Bedingung dafür sein, als Priester und Seelsorger in der katholischen Kirche arbeiten zu können. Nun werden Gegner dieser Idee sagen: Das Zölibat war immer schon freiwillig. Stimmt – ich habe es auch freiwillig angenommen. Wäre es anders, wäre ich ungültig geweiht – denn die Freiheit ist immer die Voraussetzung, um ein Sakrament empfangen zu können. Ich hatte jedoch Glück, weil ich mich aus voller Freiheit wirklich mit Leib und Seele für das Zölibat entschieden habe. Aber was ist mit den vielen anderen, fähigen potenziellen Priesterkandidaten, die vor dieser Lebensform zurückschrecken – es sich nicht zutrauen, sogar Angst davor haben – oder es schlicht als weltfremd und menschenfeindlich ablehnen, aber trotzdem eine sehr hohe Begabung für das Priesteramt und die Verkündigung mitbringen würden? Sollen wir so wertvolle Menschen für immer ausschließen und verlieren? Meine Kirche hat bis heute nicht die Frage beantwortet, warum ein verheirateter Mann, der sozusagen am Schöpfungswerk Gottes teilnimmt, der Kinder in die Welt setzt und seiner Frau oder auch einem gleichgeschlechtlichen Partner in Liebe verbunden ist – wieso dieser nicht authentisch Christus und sein Evangelium verkünden soll? Es ist ein völliges Missverständnis, das nur unverheiratete Männer, die keusch leben, das Evangelium in der Rolle des Priesters glaubwürdig verkünden können. Es geht mir nicht darum, das Zölibat abzuschaffen – es geht darum, die Kernschmelze meiner Kirche zu stoppen und Menschen wieder hinzuzugewinnen – statt sie abzuschrecken. Es geht darum, verwaiste Felder und Höfe wieder zu bewirtschaften. Sich zu öffnen. Statt sich abzukapseln. Neues hinzuzugewinnen. Statt im Alten zu erstarren und zu verlieren. Warum versagen wir uns die Möglichkeit, beide Wege anzuerkennen ein Priester zu werden – mit und ohne Zölibat. Warum sagen wir nicht: Wir kennen den Weg des nicht verheirateten, zölibatär lebenden Priesters und wir kennen ebenso den Weg des verheirateten, mit Familie durch die Welt gehenden Priesters. Und beide sind auf ihrem Weg lautstarke, positive Verkünder des Evangeliums und beide bringen Frucht und Leben in unsere Gemeinschaft zurück. Triff deine Wahl.

Ich bin nach all den Gesprächen, die ich darüber führe, völlig überzeugt, wir könnten uns nach so einer Entscheidung vor Interessenten für das Priesteramt nicht retten, wenn diese Wahlmöglichkeit da wäre. Dann wäre auch Schluss mit der Doppelmoral, den Lügen. Ein junger Mensch könnte im Zölibat starten und später eine Familie gründen, und keiner könnte etwas sagen, wenn ein Mann, der vorher mit einer Frau zusammengelebt hat, sich für den anderen Weg entscheidet und Priester und Bischof wird. Es wäre umgekehrt auch der Weg offen, dass ein Priester sich erst in höherem Alter und mit der entsprechenden Reife befähigt fühlt, den zölibatären Lebensweg zu wählen, so wie es Siddhartha (Buddha) einst getan hat. Ich habe einen guten Freund, der ist seit vierzig Jahren verheirateter Diakon, drei Kinder, und hat das Evangelium bis heute voller Überzeugung verkündet und weitergetragen. Als er in den Ruhestand ging, habe ich zu ihm gesagt: »Du und deine Familie sind ein Skandal – weil du meiner Kirche als eine Art lebendiges Mahnmal klarmachst: Ihr habt vier Jahrzehnte versäumt, euren Priestern die Wahl zu ermöglichen, auch mit einer Familie so christlich zu leben und zu wirken wie du. Du wärst vier Jahrzehnte ein perfekt verheirateter Priester gewesen.« Wie viele solcher befähigter, überzeugter Christen grenzen wir mit dem Zölibat aus? Wie lange wollen wir uns noch diesen Luxus leisten, solche Menschen nicht mit dem Priesteramt zu betrauen, nur weil sie Schöpfung anders leben, Kinder zeugen und in einer Familie leben möchten – statt im Zölibat? Sind sie deshalb schlechtere Christen? Ebenso wenig ist geklärt, warum Frauen nicht verkünden sollen? Eine gern verwendete Begründung gegen das Priestertum der Frau lautet: »Den Hamlet spielt auch keine Frau!« Was soll man darauf noch antworten? Die Wahrheit sieht doch – auch historisch – anders aus. Jesus lief das Volk nach. Darunter waren natürlich auch sehr viele Frauen. Und keineswegs nur Männer. Wer ist denn Maria Magdalena? Warum finden ausgerechnet Frauen sein leeres Grab vor? Und nicht Männer? Die Kirche kann doch heute nicht mehr einfach die Hälfte der Gläubigen – nämlich Frauen – aus der Verkündigung ausblenden! Oder sollten Mütter ihren Kindern keinen Glauben vermitteln? Zu Hause tun sie es – warum dürfen sie es nicht in den Kirchen? Ich bin Priester – aber zum Priester gemacht worden bin ich von einer nicht studierten und nicht geweihten Frau – das war meine Mama. Niemand hat mir als Kind Gott so nahegebracht wie sie. Hätte die Kirche ihr das nicht verbieten und sie ausgrenzen müssen? Die Beauftragung zur Verkündigung des Evangeliums – und da geht es nicht nur um die Verkündigung am Altar – ist geschlechtsunspezifisch. Christus hat jedem Getauften ungeachtet seiner Herkunft oder seines Standes oder seines Geschlechts die Verkündigung des Evangeliums aufgetragen. Allen. Christus hat nie selbst getauft – das taten seine Jünger. Das aber wiederum waren auch keine geweihten Priester mit Hochschulabschluss – sondern Fischer, Zöllner, Handwerker, Arbeitslose. Wenn wir bestehen wollen, in dieser sich so schnell verändernden Zeit, kommen wir nicht drumherum, neues Denken zu entwickeln, wacher, offener zu werden und der Zukunft mit einer begrüßenden vorwärtsgewandten Haltung zu begegnen. Die Botschaft, die ich jeden Morgen, wenn ich aufwache, für mich aufsage, lautet: verwandeln, gestalten und nicht verwalten. Nach vorne gehen und nicht zurück.

◆

Ich möchte eine Atmosphäre in meiner Gemeinde, wie sie inzwischen Millionen anderer Menschen in Taizé erlebt haben. Ich bin ein absoluter Taizéfan, weil es unter den Gläubigen dort keine Hierarchien, und keine Reibungen zwischen verschiedenen Nationalitäten und Ethnien – sondern eine begrüßende, optimistische Offenheit gibt. Taizé ist das Woodstock für Gläubige. Nur ohne Drogen. Sich wieder im Leben spüren, unmittelbar sein, unbeschwert sein, getragen von einer unglaublich schönen Stimmung der Hoffnung und der Erkenntnis, dass es doch auch anders geht. Eine physisch erlebte Intensität und Leidenschaft für den Glauben und das Miteinander. Ich bin dort jedes Jahr hingefahren mit Jugendlichen, die keine Ahnung hatten, was sie in Taizé erwartet. Ich habe scherzhaft gesagt, es werde hart: »Da müsst ihr acht Stunden beten am Tag, gibt kaum was zu essen und alles ist sehr, sehr streng!« Da sind sie alle schreckhaft zusammengezuckt. Ich wollte, dass sie sich überraschen lassen. Weil ich mir der Wirkung dieses Ortes so sicher bin. Und zum Schluss habe ich sie aus der Kirche herausziehen müssen, so berührt waren sie und wollten gar nicht wieder weg. Die Reaktionen in unseren Nachgesprächen zeigten bei allen Teilnehmern dieser Jugendreisen immer eine große Bereicherung durch das, was erlebt und aufgenommen worden ist. Das ist das Unglaubliche, was Taizé mit dir macht: Taizé verleiht wirklich Flügel. Du wirst aufgenommen in diese Gemeinschaft. Ohne Prüfung. Ohne Antrag. Nur weil du da bist. Du wirst Teil dieser Gemeinschaft und, unabhängig von deiner Herkunft, deinem Beruf, deinem Bildungsstand, deinem Geschlecht, als Mensch und als Christ wahrgenommen. In Taizé gibt es auch keine Geschlechtertrennung, keine Unterscheidung von Mann und Frau, dich fragt keiner, wen du liebst und warum. Du kommst als Mensch und als Mensch wirst du als Gleicher unter Gleichen aufgenommen. Was faszinierend ist: Es gibt auch keine konfessionellen Schranken. Allein der Glaube an das Ewige, Allumfassende, Unbegreifliche, die Faszination am Prinzip universeller Liebe eint die Menschen und überwindet die unterschiedlichen Ausprägungen der verschiedenen Glaubensrichtungen. Mit den immer noch bestehenden konfessionellen Trennungen und Ausschlüssen machen unsere beiden großen christlichen Kirchen große Fehler. Sie konkurrieren, obwohl die Konkurrenz ganz woanders steht. Sie trennen – anstatt die Christen zusammenzubringen. In Taizé geht das plötzlich alles – hier gibt es in ganz erlaubter Weise die gemeinsame Kommunion, es funktioniert reibungslos. Im Gegenteil: Der gemeinsame Gottesdienst überwindet Grenzen und eint – im Glauben, egal welcher Prägung. Ich habe Taizé noch in den Anfängen erlebt – ich war das erste Mal 1977 dort, vor knapp vierzig Jahren, und jedes Jahr ist Taizé größer geworden, sind mehr Menschen dorthin geströmt. 5000 Besucher geplant und gekommen sind Zehntausende. Ich kenne Taizé vom größten Dreck und Schmutz her – was der Andacht keinen Abbruch tat –, dagegen ist das heute fast schon ein klinisch reines Campingdorf. Und trotz all des Wachstums hat sich Taizé seinen Geist erhalten. Weil es mit der Zeit gegangen ist und in einem permanenten, dynamischen Prozess der Erneuerung steht. Taizé ist ein defensives Modell vollkommener Freiwilligkeit. In Taizé würde nie jemand schreiben oder aussprechen, geschweige denn auf die Idee kommen zu drohen: Ihr sündigt, wenn ihr fernbleibt. Das Tolle an Taizé ist ja gerade, dass die Menschen jedes Jahr gerne wiederkommen – weil sie sich nach dieser besonderen Stimmung an diesem Ort sehnen. Ich frage mich jeden Tag wieder: Warum geht es in Taizé – und bei uns nicht? Warum reicht es nicht, dass auch in unseren Gemeinden jeder Christ und auch Menschen anderer friedlicher Religionen zur gemeinsamen Kommunion willkommen sind? Ich muss dazu in meiner Gemeinde nicht Taizé kopieren. Ich bin mit meiner Gemeinde mein eigenes Taizé. Wir entwickeln zeitgerechte Formen des Gottesdienstes, um die Menschen hier zu bewegen und wieder zusammenströmen zu lassen. Hier bekommen alle den Zuspruch und die Kraft, die sie brauchen, um in der folgenden Woche den Alltag durchzustehen und wieder Sinn im Leben zu finden. Dass ich spüre, hier in der Gemeinschaft werde ich willkommen geheißen mit meiner ganzen Geschichte, werde als vollwertig angenommen mit Interesse und Wohlwollen, so wie ich bin – mit all meinen Fehlern, meinen Lasten und Vorzügen – das ist ja schon das Wesentliche von Taizé. Und das kann ich in meiner Gemeinde herstellen – jedenfalls begreife ich das als meine Aufgabe, es täglich zu versuchen. Für diesen Geist, also die Aufbruchsstimmung, bin ich als Priester zuständig und das kann ich hinbekommen durch meine Worte, durch meine Aufmerksamkeit, durch meine Zugewandtheit, durch all mein Tun. Dazu wiederum benötige ich nicht das Zölibat – sondern vor allem Begeisterung und die Liebe zu den Menschen. Fehlt das, hilft Keuschheit auch nicht weiter, sondern wird ein zusätzliches Zeichen von Vereinsamung

◆

Warum tue ich mir das an? Tag für Tag. Wochenende für Wochenende. Hochzeiten, Taufen, Kommunion, Firmung, Sterbebegleitung, Seelsorge …? Warum habe ich es in diesem Jahr auf mich genommen, zusätzlich zu meiner Arbeitsbelastung noch eine Talkshow im Bayerischen Rundfunk anzunehmen? Und warum habe ich nach zwei Jahren Pause wieder begonnen, auf dem Oktoberfest als »Bedienung des Herrn« zu arbeiten, wie eine Tageszeitung schrieb? Es ist ganz einfach. Wie sonst erreiche ich Menschen, die nicht mehr in die Kirchen kommen und in Räume ausweichen oder sich dort vorzugsweise aufhalten, in denen die Kirche nicht anwesend ist oder noch nie vertreten war? Ich mache das, weil ich aus Leidenschaft und Überzeugung das Evangelium predige und es den Menschen wieder nahebringen will, weil Glauben etwas so Kostbares und Erfüllendes für das eigene Leben sein kann – für alle, die in ihrer täglichen Maloche, in ihrer materiellen, gesteuerten Welt den Sinn des Lebens aus den Augen verloren haben. Wie notwendig es für die Kirche ist, rauszugehen, dorthin, wo sie nicht vorkommt, erlebe ich tagtäglich auf dem Dach meines Pfarrheimes. Dort stehen mehrere Bienenkästen. Von Albert Einstein stammt die Warnung: »Wenn die Bienen verschwinden, hat der Mensch nur noch vier Jahre zu leben.« Ohne Bienen keine Bestäubung. Ohne Bestäubung keine Fruchtfolge. Das Ganze hat einen Nebeneffekt: Stadthonig ist oft besser als der vom Land. Die Bienenvölker finden wegen der arten- und abwechslungsreichen Bepflanzung auf unzähligen Balkonen, in den Kleingärten und Parks der Stadt inzwischen bessere Überlebenschancen und ihr Honig ist nährstoffreicher als der Landhonig. Vor allem aber fasziniert mich an den Bienen ihr unermüdlicher Fleiß. Jeden Morgen bei Sonnenaufgang schwärmen sie aus und beginnen Pollen zu sammeln für die Herstellung von Nektar, Honig und Gelee Royal für die Königin. Und erst abends mit dem letzten Licht kommen sie zur Ruhe. Sie halten den Stock am Leben und sichern gemeinsam ihre Art. Würden sie in ihrem Bienenstock verharren, würden sie binnen kurzer Zeit sterben. Und genau an diesem Punkt bin ich wieder bei meiner Kirche: Wir dürfen nicht länger darauf hoffen, dass die Gläubigen, die wir schon verloren haben, zu uns zurückkommen – warum sollten sie? Nein: Wir müssen vielmehr ausschwärmen und die Kirche wieder dorthin bringen, wo die Menschen heute sind. Neue Räume erobern, alte zurückgewinnen, inmitten der Menschen, in der Zeit und an der Spitze der Entwicklung stehen – und nicht per Rollator am Ende der Ereignisse abgeschlagen synodal hinterherrollen. Ich möchte mit meiner Arbeit Kirche und Glauben zurück in den öffentlichen Raum bringen. Dorthin, wo sie nicht mehr ist. Zeigen, dass wir wichtig sind.

Entmutigte zu bestärken: Das ist die Grundaufgabe von Kirche, dass wir unermüdlich den Retter der Welt in unserem Leben willkommen heißen! Schönwetterchristen, Palmsonntagschristen gibt es genug unter uns. Wir wissen ja, wie die Geschichte weitergeht: Die Palmsonntagschristen, die Jesus damals in Jerusalem mit Jubel willkommen hießen, die haben ihn wenige Tage später mit Hassrufen aus ihrer Stadt, aus ihrem Leben hinausgejagt in den unverdienten Tod. Enttäuschte Gläubige sind gefährlicher als gekränkte Liebhaber! Christen sollten wie gute Fans zu ihrem Club stehen, auch wenn er mal absteigt. Bei den Münchner Löwen sagt man kurz: Einmal Löwe, immer Löwe! Ich sage: auftreten – statt austreten. Nur so kommen Christen ans Ziel. Denn wer beim Jubel des Palmsonntags stehen bleibt und nicht weitergeht zum Schmerz des Karfreitags, der wird auch kein Ostern erleben. Der Weg nach Ostern, der Weg zum ewigen Leben, der Weg zum Ziel, geht nur über den Karfreitag. Christsein ist ein Wettkampf, ein Marathonlauf. Um jetzt ans Ziel zu kommen heißt, den Wettlauf anzunehmen! Wir wollen unbedingt losgehen, aufbrechen und uns anfeuern und stärken lassen, immer das Ziel vor Augen haben und am Ende wirklich dort ankommen. So habe ich immer gepredigt.

◆

Ein Highlight unseres Kirchenjahres in Sankt Max ist die Viecherlmesse. Viele, die im Alltag nie mit Tieren in Kontakt kommen, machen sich über die Tierliebhaber lustig oder schlimmer noch – kritisieren sie. Tiere sind für sie – so ist das ja auch im Bürgerlichen Gesetzbuch niedergeschrieben – »Sachen«. Theodor Heuss, der erste Bundespräsident Deutschlands nach dem Krieg, hat gesagt, allein schon, dass es das Wort »Tierschutz« gibt, dass man per Gesetz Tiere vor uns Menschen schützen muss, weil wir Menschen anderen Lebewesen ihren Lebensraum widerrechtlich streitig machen, sei eine Bankrotterklärung der Menschheit. Der Mensch meint, er allein stehe im Mittelpunkt der Schöpfung. Ich teile diese Auffassung nicht. Tiere sind wie wir ein gleichberechtigter Teil der Schöpfung. Deswegen feiern wir jedes Jahr einen Gottesdienst für Tiere in Sankt Max. Für Frauchen und Herrchen – für alle Kinder und Erwachsenen, die Tiere lieb haben und sie segnen wollen. Die Tiersegnung soll die Verantwortung und die Verbundenheit zwischen Mensch und Tier sichtbar machen. Zeigen, dass wir offen und mitfühlend sind, für alle Teile der Schöpfung, auch für die Pflanzen.

Da kommen Hunderte Tierhalter jeden Alters. Vom Kleinkind mit Hamsterkäfig und Katze bis zur Oma mit Hund und Kanarienvogel ist alles dabei. Da ist ein Bellen, Jaulen und Kläffen in der Kirche – eine unglaubliche Geräuschkulisse. Dieser Gottesdienst ist inzwischen weit über die Stadtgrenzen Münchens bekannt, ohne dass ich irgendwie Werbung mache. Nur im Pfarrbrief und unserer Internetseite wird der Termin bekannt gemacht – und das war's dann. Trotzdem ist meine Kirche jedes Mal rappelvoll. Kirche kann also durchaus ein Sozialisationspunkt des Glaubens sein, wenn wir die Menschen dort abholen, wo sie berührt werden. Niemand kann ernsthaft bezweifeln, dass es ein sehr starkes Bedürfnis unter den Gläubigen gibt nach so einem »biozentrischen Gottesdienst«. Gott hat die Tiere ja bereits am fünften Tag erschaffen – und erst danach, am sechsten Tag, kamen wir Menschen. Anthropozentrisch gedeutet könnte einer meinen: das Beste kommt zum Schluss – biozentrisch sollte man das mal umdrehen und sagen: Natur und Tiere zuerst! Denn ohne sie wird der Mensch nicht überleben. Auch das steht in der Bibel, dass Mensch und Tier für Gott als Teil seiner Schöpfung eine absolut gleichwertige Bedeutung haben. Das ist die Geschichte von Noah und seiner Arche. In die Arche kamen zuerst die Tiere. Für Noah und seine Familie hätte ein wesentlich kleineres

Boot gereicht – nicht so ein gigantischer »Bio-Flugzeugträger«. Vielen Menschen erschließt sich das biozentrische Weltbild noch nicht. Ich erlebe auch Kritik an meinem »Viecherl-Gottesdienst«. »Man müsse eigentlich die Kirche jetzt komplett neu weihen, weil Tiere im Gotteshaus waren«, meinte ein Kritiker unserer Viecherlmesse. Von dieser Logik ausgehend wäre Noah mit seiner Arche alleine losgefahren – ohne Tiere. Und die Welt sähe heute anders aus. Christus ist doch nur für die Menschen gestorben, meinte eine Frau einmal. »Nein, für uns alle, damit wir das Leben in Fülle haben. Christus ist in diese Welt gekommen – für die gesamte Schöpfung, also weder nur für die Tiere oder nur für die Pflanzen und genauso wenig ausschließlich für uns Menschen. Weil diese Schöpfung keine Trennung von Mensch und Tier, Flora und Fauna kennt – und alles Schöpfung und damit göttlichen Ursprungs ist. Und ausgerechnet aus diesem Bereich sollte sich Kirche fernhalten? Weil Tiere angeblich nicht in eine Kirche gehören? Gott bewahre! Genau da müssen wir hin – zu den Menschen und zu ihrer Tierliebe und zum heiligen Franziskus und seinen Vorstellungen vom Wert der Schöpfung. Wir müssen hin zu einem biozentrischen Schöpfungsverständnis, in dem sich nicht mehr alles um den Menschen als »Krone der Schöpfung« dreht – sondern jede Form von Leben in der Schöpfung gleichberechtigt neben der anderen steht, auch wir, die Verantwortung tragen – als eine Art Schöpfungsauftrag sozusagen. Der angebliche Gottesauftrag aus dem Alten Testament »Seid fruchtbar und vermehret euch, bevölkert die Erde, unterwerft sie und herrscht über die Fische des Meeres, über die Vögel des Himmels und über alle Tiere, die sich auf dem Land regen« hat großen Schaden angerichtet. Weil wir Menschen, vermeintlich ausgestattet mit diesem Qualitätslabel »Krone der Schöpfung«, einen derartigen Missbrauch getrieben haben, dass wir dabei sind, die Lebensgrundlagen dieses Planeten unwiderruflich zu zerstören: für Mensch, Pflanzen und Tiere. Dass wir Menschen angeblich die Krone der Schöpfung seien und die Erde ausbeuten dürfen nach Lust und Laune, ist nicht gottgegeben – sondern beruht auf einem krassen Übersetzungsfehler. Nicht: Zerstört eure Umwelt, verseucht Flüsse und Seen, ruiniert euer Grundwasser, ist damit gemeint, oder gar: Vernichtet dieses Erbe durch Fracking und eure Lebensgrundlagen durch genmanipulierte Pflanzen, führt Kriege und verwüstet die Erde. Das hebräische Verb »kabasch«, das bisher übersetzt wurde als »unterwerfen«, »untertan machen« – muss jetzt als »urbar/dienstbar machen« übersetzt werden. Was ja aus dem ganzen Kontext sehr viel sinnvoller wäre. Denn »urbar« machen bedeutet nicht hemmungslos ausbeuten. Sondern ist die nachhaltige Entwicklung von Natur zum Kulturland, so wie ein Ökogärtner oder Ökobauer das tut. Aus dem angeblichen Beherrschungsauftrag Gottes ist damit definitiv ein »Gärtnerauftrag« geworden, in dem wir unsere Verantwortung für den Schutz der gesamten Schöpfung wahrnehmen.

Bei meinen Gläubigen, die zur »Viecherlmesse« kommen, erlebe ich die unglaubliche Sehnsucht der Menschen, in ihrer Liebe zur Kreatur ernst genommen zu werden. Eine Frau kam am Ende des Gottesdienstes zu mir: »Entschuldigung, leider sind wir zu spät gekommen!«, und bat mich, ihre fünfzehn Jahre alte Katze zu segnen. Sie seien von weit hergekommen, ihre Katze sei alt und sie wisse nicht, ob sie das Jahr bis zur nächsten Viercherlmesse überleben würde. Nein, das ist mir nicht zu blöd – ganz im Gegenteil –, da wird natürlich nachgesegnet. Natürlich habe ich meinen Finger mit Weihwasser befeuchtet – Katzen sind ja sehr wasserscheu – und habe ganz vorsichtig ihren Kopf abgetupft. Sollte ich sie in ihrer Angst alleine lassen, was sein wird, wenn ihre Katze sterben würde? Das mache ich immer so – dann geht's demjenigen gut, der das Tier gebracht hat. Er fühlt sich erleichtert. Was will ich denn mehr erreichen? Mit der »Viecherlmesse« gehen wir noch einen Schritt weiter und wieder dreht es sich darum, in einen weiteren Raum vorzustoßen, in dem Kirche nicht mehr ist. Die Kollekte sammelt stets für die Münchner Tiertafel – für all jene, die nicht so viel Glück haben in ihrem Leben. Wie bei allem, was wir in unserer Sankt Max-

Werkstatt austüfteln, haben wir dabei nicht nur das Wohl der Tiere – sondern natürlich auch die Menschen im Sinn, die zur Tiertafel kommen. Einige über weite Strecken, oft zu Fuß, stundenlange Märsche durch die Stadt, aus Armut, weil sie sich lieber das Geld für die Fahrkarte vom Munde absparen, damit ihr Tier ausreichend zu essen bekommt. Viele von ihnen können schon Mitte des Monats kaum noch das Haus verlassen, weil sie keinen Cent Geld mehr haben. Sie sind auf die Tafel angewiesen – auch auf die Tiertafel. Es gibt genügend Elend in der reichen Stadt München. Hinter jedem Tier stehen Geschichten einsamer, kranker, alter Menschen, die ohne ihr Tier keinerlei Sinn mehr sehen würden – und das bekunden sie selbst –, noch länger an ihrem Leben festzuhalten. Manches Tier muss diese übergroße Liebe oft aushalten. Und selbst das macht das Tier noch ohne Murren. Tiere sind die geduldigsten, liebevollsten Seelsorger der Welt, mit unerschöpflicher Treue gesegnet – treu bis in den Tod. Die Tiertafel ist damit tätige Sozialarbeit für Menschen und für meine Begriffe das Beste, was wir unterstützen können – weil die Hilfe direkt an die Ärmsten der Armen in unserer Gesellschaft geht. Das Geld aus unserer Kollekte überweisen wir nicht etwa – sondern wir kaufen Tierfutter, Medikamente, Kauknochen – alles was gebraucht wird – und liefern es bei der Tiertafel ab. Wie unpraktisch, wird da mancher sagen, ein Scheck oder Bares würde doch reichen? Nein, anonym und abstrakt Geld spenden reicht eben nicht – weil es viel mehr Freude bereitet, jemanden mit etwas Konkretem zu beschenken – eben nicht nur mit Geld. Deshalb teilen wir mit aus. Ich laufe meinen Gläubigen überallhin nach, schwärme aus, wie die Bienen auf dem Dach meiner Pfarrei. Wie kann es besser gelingen, Kirche wieder zu einem Ort werden zu lassen, zu dem Gläubige sich voller Vertrauen hinwenden? Mit unserer »Viecherlmesse« immer Anfang Juli eines Jahres kann ich mich direkt auf meinen Papst berufen, der von einem kleinen Jungen gefragt wurde, ob sein verstorbener Hund in den Himmel komme – und der Papst hat gesagt: »Ja!«

Ich werde hin und wieder als »Rebell« bezeichnet. Andere nennen mich »Problembär«, vielleicht wegen meines Aussehens. Nun bitte. Was stimmt: In unseren Gottesdiensten wird nichts ausgespart. Es gibt keine Themen, um die wir uns drücken. Zugegeben, wie kaum ein anderer Geistlicher habe ich öffentlich, auch in meinen Predigten gegen Doppelmoral, den rückwärtsgewandten Umgang der Kirche mit geschiedenen Eheleuten, Homosexuellen, Lesben und gleichgeschlechtlichen Partnerschaften, das Zölibat und während des Missbrauchsskandals auch den Missbrauch protestiert. Das Wort »Rebell« gefällt mir nicht, denn da steckt das lateinische »bellum« drin und das bedeutet Krieg. Und ich habe einen anderen Ansatz. Ich bin Pazifist. Christ. Und trotzdem kämpfe ich, für meine Kirche – nicht gegen sie. Ich lasse es nicht zu, dass meine Kirche vor die Hunde geht. Ich lasse es nicht zu, dass sie unter die Räuber fällt. Und ebenso lasse ich nicht zu, dass Menschen aus dieser Kirche etwas machen, was sie nicht ist. Denn für mich ist diese Kirche meine Heimat. Meine Familie. Meine Unkündbarkeit nach der Installierung als Pfarrer von Sankt Maximilian habe ich immer auch als Verpflichtung verstanden, Grenzen nach vorne zu schieben, andere Räume auszuleuchten und Neues auszuprobieren. Man muss nur den Mut haben, diese unglaubliche Freiheit als Geschenk zu begreifen, sie zu nutzen – aber nicht auszunutzen. Und das habe ich getan. In den folgenden Jahren begann ich, angesichts der sich immer deutlicher abzeichnenden Krise in der Akzeptanz meiner Kirche, angesichts der Kirchenaustritte, des Nachwuchsmangels, der aufflammenden Missbrauchsskandale und des autoritären Auftretens der Kirchenmacht und ihrer Reformlethargie, auf Widerstand zu setzen. Auftreten statt austreten. Das muss ich selbst auch tun. Aber ich weiß, ich bin nicht alleine mit meinem Unwohlsein über die Erosion meiner Kirche und dem Wunsch nach Veränderungen.

Daher möchte ich ja gerade, dass unsere Vorgesetzten forschend fragen, wonach ich lebe, was ich tue, dass meine Kirche voll ist – und warum sie voll ist und andere leer bleiben? Das wäre doch auch das Natürlichste von der Welt, dass sie schauen, wo funktioniert etwas – wie kann ich das stärker machen, und dass ich dann anfange, diese Erkenntnisse an allen Stellen, wo es nicht funktioniert, einzusetzen und meine Kirchen wieder mit Leben zu erfüllen. Aber meine Kirche tut es nicht – und falls sie es tut, tut sie es viel zu wenig im Dialog mit ihren Priestern, die jeden Tag an der Basis stehen und die Kirchentüren offen halten. Dort erlebe ich doch täglich dieses Suchen und Fragen der Gläubigen, das ohne Antworten bleibt. Der Wunsch, zu bewahren und das Anklammern an das Überkommene hat damit zu tun, dass sie nicht schwimmen können und sich wie ein Schiffbrüchiger an jedes Wrackteil klammern, das sie vermeintlich über Wasser zu halten vermag – wodurch sie immer weiter vom sicheren Ufer wegtreiben, anstatt dorthin zu schwimmen. Dabei sollten gerade wir Priester auf allen Ebenen den Mut haben, nach vorne zu gehen und Zukunft zu gestalten. Banal gesagt gerade weil wir wirtschaftlich und durch die Weihe auch spirituell in unserer irdischen Existenz völlig abgesichert sind und damit eine Verpflichtung haben, diese Freiheit zu nutzen. Ich bin geerdet. Lebe 24 Stunden im Direktkontakt mit den Gläubigen. Bin immer erreichbar. Ansprechbar, wenn jemand mich braucht. Auch nachts und am Wochenende – an den Feiertagen. Ich bin wie ein Baum in meiner Gemeinde verwurzelt. Und ich frage mich oft, wie weit man karrieremäßig nach oben gezogen werden muss in der Kirchenhierarchie, bis einem die Wurzeln ins Kirchenvolk vollständig abgerissen sind. Warum fragt die Kirche nicht ihre Priester und geht mit ihnen in den Dialog? Ich fahre jeden Tag mehrfach mit dem Fahrrad durch meine Gemeinde oder gehe zu Fuß. Ich lebe und rede mit den Menschen im Viertel. Mich kennt jeder und man spricht mich an. Ich weiß, was dort vorgeht, was sie bewegt. Durch Direktkontakt – und nicht vom Hörensagen, von Expertentagungen oder aus teuren wissenschaftlichen Studien und Meinungsumfragen. Wie oft habe ich in den Anfangsjahren in Sankt Max gedacht, ob die im Ordinariat wissen, dass es mich noch gibt? Dass ich jeden Tag wieder meine Arbeit aufnehme, meinen Teig knete und das Brot teile, alles tue, was ich aus meiner Überzeugung für den Glauben tun kann. Ob sie wissen, zu wie viel mehr ich bereit bin, wie viel mehr ich leisten könnte, wenn ich oben einen Partner hätte, mit dem ich mich stets austauschen könnte, der sich mit meinen Ideen und Anregungen auseinandersetzt, sie unterstützen würde? Was, wenn das Schweigen anhält? Was, wenn sich die Gemeinschaft aller Gläubigen noch weiter aufspaltet in die Basis und eine Führung, die mehr und mehr mit sich selbst und ihrem Machterhalt beschäftigt zu sein scheint? Deren Richtlinien und Moralvorstellungen sich mehr und mehr von der Alltagswirklichkeit ihrer Gläubigen entfernen?

◆

Die Überschrift über meinem Leben lautet daher immer: Wo ich bin, was ich tue, was ich sage – alles ist Verkündigung. Ich gehe mit meinem Glauben überall hin – vor allem dorthin, wo Kirche nicht anwesend ist. Das ist auch und vor allem da, wo die Massen sind: im Fasching, bei Eishockey- und Fußballspielen, oder nehmen wir als weiteres Beispiel das Münchner Oktoberfest, auf dem ich 2015 zum achten Mal als einfache Bedienung gearbeitet habe. Meine Leidenschaft für die Wiesn entstand in frühester Kindheit – damals wohnten wir noch in der Nähe der Theresienwiese und wenn der Wind richtig stand, roch die ganze Wohnung nach Bratwurst, Hendel, gebrannten Mandeln und sämtlichen sonstigen Verheißungen des Oktoberfestes. Und von den Brauereien wehte der Duft von Hopfen und Malz durch die Straßen. An meinem ersten Tag beim Herbstfest in Rosenheim war diese Sehnsucht wieder aufgeflammt, mein großer Seelentrost nach der Vertreibung aus meinem Paradies in Bad Kohlgrub. Meine Jugenderinnerungen kamen wieder hoch, als ich 2006 auf einem Neujahrsempfang zufällig mit Michael Schottenhammel ins Plaudern gekommen bin, dessen Familie seit 1867 das Festzelt auf dem Oktoberfest betreibt, in dem traditionell der Bier-

Anstich »Ozapft is« stattfindet. Aus einer Laune heraus hatte ich gefragt: »Kann ich bei Ihnen mal arbeiten, als Bedienung?« Schottenhammel musterte mich, meinte wohl, dass ich ausreichend fit für den Knochenjob wäre, und schrieb eine Telefonnummer auf: »Rufen Sie da an, Gruß von mir, dann klappt das.«

Ich bin nicht der Depp, der nichts mit seiner Zeit anzufangen weiß. Schon bevor es zum ersten Mal losging, habe ich jedem gleich gesagt, warum ich diesen Job übernommen habe: Dass ich meine Kirche und meinen Glauben in den Bereich der Lebensfreude eines bierseligen Oktoberfestes hineinbringen möchte. Dass ich mit meinem Lohn, mit jedem Cent Trinkgeld und jeder Spende die Entwicklungsprojekte von Lotti Latrous in Afrika unterstützen werde. Ich will hin zu den Menschen, da, wo sie sind und meine Kirche nicht ist – oder sich nicht hintraut. Ich wollte einfach mal dabei sein, nicht als Besucher, sondern mittendrin, wie damals schon, als ich Ministrant und dann Priester werden wollte. Deswegen meine Begeisterung für Eishockey und Fußball. 2006 hatte ich mich wegen dieser Fußballleidenschaft schon als »Volunteer« bei der Fußball-WM beworben – mit dem Taxischein wedelnd listigerweise für den Bereich Transport und Verkehr. Ich wollte auch ein paar Spiele möglichst nahe im Stadion mitmachen, das war die Idee, alles ganz dicht miterleben. Die Verantwortlichen haben dann mitbekommen, dass ich nicht nur Taxifahrer, sondern auch Pfarrer bin und schon war ich Koordinations-Volunteer für über 200 Fahrer. Wobei es meine Aufgabe neben Fahrdiensteinteilungen auch war, den Kontakt unter den Fahrern zu halten. So habe ich die ganze Atmosphäre »Backstage« miterleben dürfen. Die Menschen in ihrer Begeisterung zu sehen, wie sie darin aufgingen – das waren Eucharistiefeiern des Lebens, Schöpfung pur – einfach nur göttlich. Warum kann Kirche nur selten – vielleicht noch an Feiertagen, auf dem Weltjugendtag oder beim Papstbesuch – so begeistern? Nach der WM 2006 begann meine erste Wiesn und ich stand mittendrin als Akteur auf einem der größten Volksfeste weltweit. Obwohl ich das Masskrugschleppen vorher wochenlang geübt und sogar Gewichte gestemmt hatte, war die Landung hart. 16 Tage lang von früh bis spät auf den Beinen. Bei Sonne. Bei Regen. Die Leute haben halt Durst. Meine Dienstmarke mit Nummer hängt auf der Brust neben einer hölzernen Wäscheklammer, auf der »Christlicher Bierexpress« und mein Name eingebrannt steht: Rainer. Hier bin ich nicht der »Herr Pfarrer Schießler« – alle rufen mich nur Rainer. Kein Mensch käme hier auf die Idee mich »Herr Pfarrer, no a Mass« zu siezen, wenn ich mit einem Baumwolltuch gegen den Schweiß um den Hals zwischen Tischen, Gästen und Schänke hin- und herlaufe. Das würde dämlich klingen. Ich bin ihr Freund – solange ich Bier bringe; eine Quell, die nie versiegt – weil es nicht aus Fässern kommt, sondern aus riesigen Containern, die von einer Bierpipeline gespeist werden. »Servus servorum Dei«, als Kellner bin ich der Diener aller Diener Gottes. Papst Gregor hat sich mal so bezeichnet. »Servus servorum Dei – Diener aller. Das ist ein Titel des Pontifex, des Papstes und Bischofs von Rom. Und wie oft denke ich, wenn es doch so wäre. Wir alle sollen das sein, meint der Titel. Und? Führen wir uns auf wie Diener oder Herren? Uns laufen die Leute in Scharen davon, um den Theologen Romano Guardini zu zitieren: »Natürlich möchten die Christen alle dienen – aber möglichst weit oben, denn da tut es nicht so weh.« Deswegen habe ich mich schon sehr früh für eine Karriere nach unten entschieden – ich wollte bei denen »da oben« gar nicht ankommen und mit ihnen sein – sondern lieber mit den Gläubigen »da unten«, an der Basis – wo Glaube entsteht und wo Glaube sich im Alltag jeden Morgen wieder beweisen muss. Da kann ich jedem angehenden Seelsorger empfehlen: nachts Taxi fahren in einer Großstadt oder aber als Wiesnbedienung arbeiten. Da lernst du alles für das Leben – egal, welchen Beruf du später ausübst. Ich dränge mich niemandem auf – habe aber für jeden Zeit und ein offenes Ohr. Denn das ist der Hauptgrund meines Hierseins. Seelsorge. Ich habe schon alles am Tisch sitzen gehabt: Mädchen und Jungen mit Liebeskummer, Glückliche, Verzweifelte, Todkranke, einsame Menschen, die plötzlich sehen, wie endlich und unendlich schön das Leben ist – und was sie versäumt haben. Ich nehme keine Beichte ab, aber was die Leute mir erzählen, ist oft beichtwürdig. Zuhören tut all diesen Menschen gut. Für mich ein Zeichen, warum Kirche hier durchaus hinmuss. Nur hier treffe ich manchmal auf die härtesten Kirchengegner. Niemals würden diese in meinen Gottesdienst kommen, wozu? Viele erzählen mir Geschichten einer Enttäuschung. Eines Verlustes. Ihrer Wut auf Gott. Weil er nicht da gewesen sein soll, als man ihn so gebraucht hätte. Ich kenne ja selbst diese Gedanken – aus der Krise, als meine Mutter starb. Auf der Wiesn erlebte ich weitere solcher Begegnungen. Gegen Ende der Wiesn hatte ich viele, viele Menschen angesprochen und berührt.

Das Schönste an der Wiesn ist die Gemeinschaft in unserem Team. Ich halte in meiner Pfarrei immer eine Wohnung frei für Notfälle und in der Wiesnzeit übernachten etliche Wiesnleute bei mir im Pfarrhof. Hendlbrater. Bedienungen. Männer und Frauen. Ich kann da niemanden wegschicken. Manche von ihnen verdienen sich hier während des Oktoberfestes einen Großteil ihres Jahresverdienstes. Bei vielen muss das Geld reichen bis zur nächsten Wiesn. In den vergangenen sechs Jahren Wiesn sind wir zu einer verschworenen Gemeinschaft zusammengewachsen. Das für mich Bestimmende ist, was für ein unglaubliches Gemeinschaftsgefühl da entsteht. Menschen, die auf engstem Raum miteinander hausen, bedürfnislos, was Privatheit und Intimität anbelangt, die den ganzen Tag auch noch in einem der stressigsten Berufe der Welt arbeiten. Vermietern sei gesagt: Es ist das Idealste, einer Wiesnbedienung eine Wohnung zu geben. Die kommt spät in der Nacht, früh am Morgen geht sie wieder. Sie lebt auf der Wiesn, sie arbeitet und isst auf der Wiesn, sie lebt auf der Wiesn – und kommt nur zum Schlafen. Tagsüber nichts zu sehen, nichts zu hören. Abends zu müde für Remmidemmi. Zwei Wochen voll Power. Alles Private ist reduziert. Die brauchen nur einen sauberen Schlafplatz, Dusche und eine Waschmaschine. Ich verlange nichts für die Unterkunft – sondern bitte um eine Spende, die ich jedes Jahr wie alles andere auch ebenfalls in ein Aids-Waisen-Projekt der Schweizerin Lotti Latrous gebe. Ein richtiges Spendenwerk habe ich mit meiner Arbeit hochziehen können.

Ich hätte beim ersten Mal auf der Wiesn 2006 gar nicht damit gerechnet, dass ich Aufmerksamkeit bekommen würde. Bald kamen vereinzelt Medienberichte über mich, dann immer mehr. Immer positiv. Alle schienen begeistert. In jedem Medium war mein Anliegen plötzlich Thema: Ich war der Pfarrer, der sich nicht zu schade ist, für einen guten Zweck zu kellnern. Die Idee hatte funktioniert – der christliche Glaube, Barmherzigkeit und Mitgefühl waren plötzlich überall wieder im Gespräch. Die Journalisten fragten ungläubig, was meine Motivation sei, derart Anstrengendes wie einen Wiesnjob, noch dazu in meiner Urlaubszeit, freiwillig auf mich zu nehmen – und alle Einnahmen anschließend zu spenden. Die Menschen, die das sahen, hörten und lasen, kamen zu mir an die Tische, um mich zu bestaunen – oder mit mir zu sprechen, es war ein unglaublich schöner Austausch. Das waren ganz andere Schlagzeilen, als so manche meiner Vorgesetzten es nach der negativen Berichterstattung auf dem Höhepunkt des Missbrauchsskandals 2010 gewohnt waren.

Am letzten Tag meiner ersten Wiesn haben wir Bedienungen noch einmal alle zusammengesessen und uns wehmütig verabschiedet. Meine neue Familie würde sich wieder in alle Himmelsrichtungen zerstreuen – aber im nächsten Jahr, so versprachen wir uns, wollten wir uns wiederfinden. Sonntagnacht, eigentlich war es schon Montag früh, befand ich mich, obwohl müde und erschöpft, in einer Art Hochgefühl wie nach einem Marathonlauf, weil ich völlig überzeugt war, für meine Kirche und meinen Glauben wirklich Großes geleistet zu haben.

Jesus Christus wäre heute auch auf dem Oktoberfest, da, wo das Volk ist, so meine Überzeugung. Er wäre mittendrin, wie auf der Hochzeit in Kanaa. »Solange Sie nicht seriös werden, Herr Schießler, werden Sie nie etwas in unserer Kirche!«, hat man mir einmal gedroht – zudem eine Beleidigung. Denn mit Unseriosität verbinde ich ganz bestimmte Inhalte und die treffen auf mich nicht zu. Ich lüge nicht. Ich stehle nicht. Ich betrüge nicht. Mich als unseriös zu bezeichnen, war unglaublich und machte mir deutlich, dass eine Verständigung nicht immer möglich ist. Wenn ich dann aber von denselben Leuten Sätze lese wie: »Kirche kann nur existieren, wenn sie auf den Menschen zugeht!«, dann fühle ich mich wieder versöhnt und bestätigt. Was anderes hatte ich denn getan?

◆

2012 schien mir der richtige Zeitpunkt zu sein, meine Tätigkeit auf dem Oktoberfest zu beenden. Sieben Jahre mit sehr viel positiver Berichterstattung und wohlmeinenden Kommentaren von überall her schienen mir Nachweis genug, dass es für die moderne Kirche keinen Raum in unserer Gesellschaft gibt, vor dem sie Angst haben müsste, hineinzugehen. Dass es keine Tätigkeit gibt – und sei sie noch so gering –, die die Kirche sich nicht zu eigen machen kann, um das Evangelium zu verkünden und den Gläubigen zu dienen. Ich habe auch aufgehört, weil ich mehr und mehr das Gefühl bekam, dass ich diesen Erlebnisraum Wiesn mit den Jahren komplett ausgeleuchtet hatte. Ich dachte, das kannst du nicht mehr steigern. Bei einer Fortsetzung würde es nur endlos Wiederholungen geben – wie im Ferienprogramm der TV-Sender. Dass es besser wäre, jetzt den Schnitt zu vollziehen. Und damit meine ich kein Bier. Sondern: Aus. Fertig. Amen. Ich habe abtreten können mit einer Würde, die war beispiellos. Zum Abschied stand der »Dammerl«, mein Freund und Klarinettist, oben auf der Bühne, während ich mich unten von der ganzen Mannschaft verabschiedet habe, für immer, wie ich damals dachte. Wehmut. Große Gefühle. Adieu nach sieben Jahren Wiesn-Irrsinn. Und dann kam der Dammerl mit seiner Musik. Die Lieder von Hubert von Goisern haben mich schon immer getroffen. Plötzlich spielt es himmlisch über mir »Heast es net, wie die Zeit vergeht«! Der Dammerl wusste genau, was passiert, wenn dieses Lied kommt.

Sie meinten damals, sie wären gespannt, wie lange ich es aushalten würde ohne sie … Wie recht sie behalten sollten. Zwei Jahre später stand ich wieder im Schottenhammel, um für die Syrienhilfe Christian Springers Geld und Spenden zu sammeln. Ob ich es 2016 noch mal packe?

◆

Die Wiesnzeit und die Gemeinschaft mit Menschen, die diese knapp drei Wochen genauso existenziell durchleben wie ich und sich als Einheit erfahren, bedeutet mir sehr viel. Während der Wiesn habe ich Familie. In diesem engen Miteinander gibt es keine Feindschaft, keine Konkurrenz, keine Peinlichkeit, nur Vertrautheit. Verständigung bei Missverstehen. Zugewandtheit. Da gibt es nur das Hier und das Jetzt und das nutzt du bitte in vollen Zügen aus. Wenn man dieses existenzielle Gefühl einmal erlebt hat, wie einfach und möglich es ist, mit fremden Menschen in diesem Gleichklang zu schwingen, in dieser Einfachheit, reduziert auf die Grundbedürfnisse, freundschaftlich und liebevoll, dann wird es einen befreien – von so vielem Nutzlosen, von vielem Überflüssigen, das uns bedrängt – und damit von vielen Illusionen und Streben nach materiellen Dingen, die für unser Seelenheil so vollkommen wertlos sind. Für mich ist das inzwischen wenigstens eine Antwort auf die Frage geworden: Wie finde ich Glück! Ich habe in dem Gemeinschaftserlebnis und der Reduzierung sehr viel über mich selbst gelernt. Dass ich eigentlich das ganze Jahr über in diesem existenziellen Zustand lebe – nur eben allein: den ganzen Tag mit mir selbst unterwegs, erst spät am Abend notgedrungen und widerstrebend in meiner Dienstwohnung, dass ich niemanden bei mir habe, mit dem ich meinen Tag besprechen kann, lustlos essen, beten, kurz schlafen – am nächsten Morgen früh um fünf schon wieder aufstehen, beten, saubere Kleidung aus dem Schrank nehmen und wieder den ganzen Tag mit mir selbst unterwegs. Durch die Gemeinschaft mit den anderen und ihrer Anspruchslosigkeit habe ich mich selbst erkannt, verstanden, was sich die ganzen Jahre nach meiner Abberufung aus Rosenheim innerlich bei mir abgespielt hat. Dass ich mein ganzes Leben lang immer Heimat und diese Gemeinschaft mit anderen Menschen gesucht – aber nicht gefunden habe. Dass über lange Jahre mein Körper das einzige Zuhause meiner Seele war – und dass ich zukünftig nur ein Zuhause finde, egal wo, wenn ich es verstehe, mit mir völlig eins zu sein. Ich realisierte, dass ich die ganzen ersten Jahre in Sankt Max eigentlich gar nicht zugelassen hatte, dort anzukommen. Dass ich mich dagegen gewehrt habe, Heimat zu finden – aus Angst, sie erneut hergeben zu müssen. Und tatsächlich ist es jetzt noch so, wenn ich diese Zeilen schreibe, dass ich von heute auf morgen aus meiner Dienstwohnung ausziehen könnte und immer noch würde alles, was mir wichtig erscheint, in mein Auto passen. Das daraus folgende Prinzip ist das der Bedürfnislosigkeit, sich an nichts zu klammern, nichts anzuhäufen, nichts zu sammeln, nicht Wurzeln zu schlagen, unbeweglich zu werden. Zum einen, um keinen tiefer gehenden Verlust betrauern zu müssen, wenn es wieder Abschied nehmen heißt. Zum anderen, weil Bedürfnislosigkeit, Dankbarkeit, sich selbst genügen zu können und Gemeinschaft mit Menschen in dieser Bedürfnislosigkeit, diese fast mönchischen Traditionen aus einer Zeit als Kapuziner und für mich die Grundpfeiler für ein erfülltes Leben geworden sind. Ich habe diese Bedürfnislosigkeit eines Kapuziners zu meinem Lebensprinzip erhoben und erlebe den Zauber im Kleinen. »Reich ist nicht der, der alles hat, sondern der, der wenig braucht«, sagt ein kluger Spruch. Ich bin nicht arm, besitze ein Motorrad und habe ein gutes Einkommen. Trotzdem muss ich nicht alles denkbare Materielle besitzen und tue es auch nicht – denke ich doch immer wieder, wie unendlich reich ich selbst in meinem einfachen, auf's Notwendigste reduzierten Lebensstil bin gegenüber all den Menschen, die heute auf der Flucht zu uns nach Europa wollen: ich habe die Sicherheit, dass ich mich abends an einem sicheren Platz ablegen kann, um zu schlafen, und dass ich mit großer Wahrscheinlichkeit am nächsten Morgen wieder genauso sicher aufwachen und aufstehen kann, dass bei uns in München kristallklares Trinkwasser aus dem Hahn kommt und falls ich nicht wieder vor lauter Arbeit vergessen habe, etwas einzukaufen, sich auch etwas Essbares in meinem Kühlschrank findet, spätestens jedoch beim Bäcker um die Ecke. Meine Grundbedürfnisse sind vollkommen abgesichert. Niemand bedroht mein Leben. Ich lebe ohne jede Not. Die Dankbarkeit für diese Unversehrtheit auch in den kleinen, für uns in Europa so selbstverständlichen Dingen wieder für sich zu entdecken, ist etwas, was ich so vielen Menschen dringend wünsche. Es ist die Antwort auf die Frage, was ich wirklich brauche zum Leben und um glücklich zu sein – und wie viel von dem, was ich besitze, ich mit anderen Menschen teilen könnte. Überlegen Sie nur mal, welche Sachen sie wirklich täglich brauchen und wie viel Ballast sie über die Jahre nutzlos in Ihrer Wohnung angehäuft haben? Überlegen Sie auch mal, was von dem kann ich mitnehmen, wenn ich sterbe? Ich habe die Antwort für mich gefunden. Es ist der Reichtum, den ich in mir trage. Meine Gedanken, meine Träume, meine Liebe zu den Menschen, die auf mich achtgeben. Mein Zuhause ist nur dort, wo sich meine Seele wohlfühlt – und das tut sie, wenn ich mit mir im Reinen bin, ganz bei mir, in meinem Körper – wenn mich nicht Todesangst, Not und die Sorge um Essen und Trinken heimsucht oder die Sucht nach materiellen Dingen. Den Raum dafür bekommt sie durch die Gemeinschaft mit Menschen, die sich achten, lieben und gegenseitig stützen. Alles Weitere, das über die Grundbedürfnisse hinausgeht, ist eigentlich überflüssige Dekoration, Luxus – den wir nicht zum Überleben benötigen.

◆

Wenn ich nach einem langen Arbeitstag die Komplet bete, dann entfaltet das eine ungeheuer beruhigende Wirkung. Der ganze Tag zieht noch einmal an dir vorüber – fast so, wie der Zeitrafferfilm, von dem Sterbende berichten, die ihren Tod überlebt haben, in dem sich ihr ganzes Leben noch einmal vor ihnen entfaltet hat, wie eine

Art Bilanz. Die Komplet hat eine sehr große Bedeutung für mich. Wenn ich das Gebet mal auslasse oder dabei einschlafe, was auch schon passieren kann, dann fehlt mir am nächsten Morgen etwas. Die Komplet ist der perfekte Abschluss des Tages. Jeder Psychotherapeut wird die Bedeutung einer inneren Sammlung zum Abschluss des Tages bestätigen – du kannst besser schlafen, schöner träumen – denn die Distanz der Nachschau schafft Versöhnung. Du trägst alles, was dich belastet, vorbehaltlos zu Gott hin. Das und das habe ich wieder alles angestellt, den lieben langen Tag über – das ist gelungen, hier habe ich Prügel bezogen und das hier ist unfertig oder wartet auf Heilung und Besserung. Wundervoll. Es ist ein Versiegeln deiner ganzen Probleme für die Nacht und deine Vorbereitung für den kommenden Tag. Oft wache ich mit Lösungen auf. Es funktioniert! Bitte nachmachen! Die Nachschau in der Komplet hat noch eine tiefere Bedeutung. Sie bereitet uns nicht nur auf den Schlaf vor – wir lernen so ein bisschen sterben. Denn der Schlaf ist der kleine Bruder des Todes. Nicht anhaften, nicht dagegen ankämpfen, erlöst und gelassen, gelassen und zufrieden – loslassen und einschlafen. So, wie es mein Vater damals fast geschafft hätte, wenn man ihn gelassen hätte. Genauso ist es, wenn wir gut sterben. Dann ist der Tod wie sanftes Einschlafen. Ohne Angst. Sich voller Vertrauen in den Transitus begeben: »Nunc Dimittis.« Nur wenn ich loslasse, kann ich Raum schaffen für Neues, für Veränderungen und kann weitermarschieren. Das ist wie in der Geschichte von dem Mann, der auf der Flucht unter großen Mühen und Entbehrungen ein Floß baut, um einen Fluss zu überqueren. Obwohl eine Wüste vor ihm liegt, beschließt er, das Floß mitzunehmen. Was, wenn hinter der Wüste wieder ein Fluss seinen Fluchtweg versperren würde? In der Wüste gibt es keine Bäume für ein Floß. Und so ging er seinen Weg durch die Wüste, gebeugt von dem schweren Floß auf dem Rücken. Bald verspürte er großen Durst, denn Wasser hatte er nicht mitgenommen, um Gewicht zu sparen. Auch weil er sicher war, dass da bald wieder ein Fluss kommen würde. Als er einmal auf eine Karawane traf, spotteten die Kamelführer über den inzwischen Verdurstenden, was er da mit einem Floß anstelle – mitten in der Wüste, die zwar auch weit wie ein Meer – aber eben ein Meer aus Sand sei. Der Mann erzählte seine Geschichte, wie viel Anstrengungen er unternommen hatte, um das Floß zu bauen, das ihn sicher über den Fluss getragen hätte, und dass er hier, in einer Wüste ohne Bäume, wohl kaum die Möglichkeit finden würde, ein neues zu bauen. Die Kamelführer lachten wieder, er werde in der Wüste auf Dutzenden von Tagesreisen in alle Himmelsrichtungen nirgendwo auf einen Fluss stoßen. Und sie sagten ihm: »Lass los! Lass dein Floß liegen. Du gehst doch viel leichter!« So ist die Komplet am Abend. Sie steht für das Loslassen all der Niederlagen, aber auch all der schönen Erfolge des Tages. Du musst alles hergeben. Auf alles schauen wie auf die dahinziehenden Wolken an einem schönen Sommertag. Damit du am nächsten Tag unbeschwert – und das bedeutet in diesem Fall: ohne Last – anfangen kannst: nun alles liegen lassen – morgen geht's weiter – ich begebe mich jetzt in deine Hände. Nunc Dimittis.

Gibt es den guten Tod? Ich finde, jeder Tod ist gut, weil er das Leben vollendet. Der Tod hat nichts Ängstigendes. Aber davor, da gibt es das schlimme Sterben. Angst, Schmerz, Verzweiflung. Darum bete ich ja im Hochgebet, dass sich alle Gläubigen auf den Tod vorbereiten und in Frieden scheiden können – so wie Simeon, als er Christus auf dem Tempelberg trifft. Ich bete daher auch für alle, denen das verwehrt wurde, die durch ein Unglück plötzlich mitten aus dem Leben gerissen wurden. Ohne sich verabschieden zu können. Für alle Opfer von Terror, Krieg und Gewalt. Deswegen beten wir im Ave Maria jeden Tag um eine gute Sterbestunde.

Ich habe keine Angst. So wie es ist, wird es mein Tod sein. Aber natürlich lebe ich in der Hoffnung, dass ich vernünftig gehen kann. Ich träume nicht vom Sekundentod – sondern ich möchte gerne gehen dürfen, sanft »ausleben« mit dem zufriedenen Gefühl: »Das war's jetzt und jetzt ist es gut.« Das Leben loslassen zu können, wie abends nach der Komplet. In der Bibel gibt es den treffenden Begriff dafür: »lebenssatt!« Nicht lebensmüde. Sondern erfüllt mit Leben, so, dass nichts mehr reinpasst in deine Seele: »Ich habe alles gesehen, was für mich wichtig war.« Der heilige Irenäus, um 177 nach Christus Bischof von Lyon, spricht vom vollkommenen Menschen – nicht vom perfekten – aber vom vollkommenen. Das Leben ist nicht perfekt. Der Mensch ist nicht perfekt. Die Situation für irgendetwas ist nie perfekt. Aber das Leben eines Menschen kann vollkommen sein – in der Fülle, die alles beinhaltet, was für ihn wichtig gewesen ist. Aus diesem Grund fühle ich keine Verantwortung für das Leben danach – das hat mir Christus abgenommen – ich habe jedoch eine Verantwortung für das Leben davor. Wir müssen jetzt leben. Hier und heute. Hier und heute entscheiden wir, ob das Leben Himmel oder Hölle wird. Für uns und für die anderen Menschen. Jesus hatte die alles entscheidende Antwort: bedingungslose Liebe – zu anderen Menschen wie zu dir selbst und zum Leben.

Wir müssen Männer Gottes sein, sagte unser Kardinal in diesem Jahr bei der Priesterweihe. Gottes Werk und Teufels Beitrag. Sankt Angelus. Um sieben Uhr läuten die Glocken wie bei einem Boxer die nächste Runde in meinem Leben ein. Und ich beginne, die nächste Geschichte aus einem Tag in meinem Leben zu erzählen.

Ich stellte mein Motorrad ab, zog den Helm ab und die Handschuhe aus. Ich ging auf das idyllisch gelegene Haus zu, das der Sterbende in den kommenden Stunden für immer verlassen würde. Ich sah den liebevoll gepflegten Vorgarten. Die Arbeit, die plötzlich liegen geblieben war, Holz, das für den Winter aufgestapelt gehörte und jetzt auf dem regennassen Boden lag. Im Fenster hatten sie eine Kerze aufgestellt, deren Licht im warmen Rot feierlich strahlte. Endgültig. Du kannst nichts mitnehmen. Nun lässt du, Herr, deinen Knecht, wie du gesagt hast, in Frieden scheiden. Es ist und bleibt ein schwerer Gang. Jedes Mal wieder. Und jedes Mal wieder wünschte ich mir, warum wir nicht leichter gehen können, angesichts dessen, was uns erwartet, worauf wir hoffen, woran wir glauben. Ich würde ihn salben. Ihm beistehen. Ihm seine Sünden vergeben. Und wenn ich die Kraft habe, wenn ich die Kraft zu lieben in mir finde für diesen Moment, dann wird es mir auch diesmal wieder gelingen und er wird seinen Weg finden. Trost. Barmherzigkeit. Vergebung. Dazu bin ich da. Ich bin jetzt für dich da. Ich bin Priester.

Lasset uns beten:

Denk net z'vui drüber nach

Manchmal sinnier i so dahi,
was war, was is, was wohl no kimmt?!
Wia d'Zeit verfliagt! Und was für mi
As Leben no gibt und was 's no nimmt.

S'is guat, dass ma net woaß, was wird.
S'is scho recht eigricht auf dera Welt,
sunst machatn mia wohl vui vakehrt
und überhaupt moan i – waars gfehlt.

Drum denk net gar z'vui drüber nach,
was morgen sei wird und nächst's Jahr.
Sei froh und frei di, scherz und lach.
Und eines Tages is's halt gar.

Epilog

An dieser Stelle gilt es noch zu danken. Allen wunderbaren Menschen, die mich bis hierher begleitet haben und so ehrliche und aufrichtige Zeugen der Frohbotschaft Jesu für mich gewesen sind, ob sie nun in diesem Buch namentlich vorgekommen sind oder nicht.

Ganz besonders danke ich meinem Co-Autor Stefan Linde für die vielen, herrlich lebendigen und starken Gespräche. Da lief mein Leben wie ein Film vor mir ab und machte mich glücklich.

Ich danke dem Kösel-Verlag, der über Jahre hinweg stur genug blieb und nicht lockerließ, dass ich mit ihm dieses Buchprojekt umsetze. Diese heilsame Hartnäckigkeit war enorm, hat mich schwer beeindruckt und beschämt zugleich. Vergelt's Gott für die ganz und gar unbürokratische Umgangsweise.

Sehr verbunden bin ich all denen, die mich so öffentlich gemacht haben, dass man überhaupt auf die Idee kommt, mit mir ein solches Buch zu machen. Ich danke meiner Kirche, meiner Heimatdiözese München und Freising, die mich als ihr ganz besonderes Pferd im Stall so sein lassen, wie ich bin, und mich spüren lassen, was ich ihnen bedeute.

Ganz wichtig ist mir der Bayerische Rundfunk geworden, dabei vor allem das ganze Team von WIR-IN-BAYERN und sein Chef

Wolfgang Preuss, der mich zu einem von ihnen gemacht hat und mich so dem bayerischen Fernsehpublikum vorgestellt hat.

Der entscheidende Dank aber gilt meinem Herrgott, der mich ein so wunderbares Leben leben lässt. Es ist alles ein Geschenk. Vergelt's Gott!